世界四大间谍组织机构内幕

Inside

The world's four major spy agencies

世界四大间谍组织机构

李大光 余 洋◎著

解密现实版“007”组织|解密惊爆眼球的“潜伏”|追寻“超人”们的蛛丝马迹

台海出版社

图书在版编目(CIP)数据

世界四大间谍组织机构内幕 / 李大光,余洋著. -北京:台海出版社,2011.5

ISBN 978-7-80141-790-9

Ⅰ.①世… Ⅱ.①李… ②余… Ⅲ.①间谍-情报机构-研究-世界 Ⅳ.①D526

中国版本图书馆 CIP 数据核字(2011)第 052783 号

世界四大间谍组织机构内幕

著　　者:李大光　余　洋

责任编辑:孙铁楠

装帧设计:凡人书装　　　　版式设计:通联图文

责任校对:韩　海　　　　　责任印制:蔡　旭

出版发行:台海出版社

地　址:北京市景山东街 20 号,邮政编码:100009

电　话:010-64041652(发行,邮购)

传　真:010-84045799(总编室)

网　址:www.taimeng.org.cn/thcbs/defauit.htm

E-mail:th-cbs@163.com

经　销:全国各地新华书店

印　刷:北京高岭印刷有限公司

本书如有破损、缺页、装订错误,请与本社联系调换

开　本:760×1040　1/16

字　数:200 千字　　　　印　张:18

版　次:2011 年 5 月第一版　　印　次:2011 年 5 月第 1 次印刷

书　号:ISBN 978-7-80141-790-9

定　价:36.00 元

前言

自从上帝让摩西"派人去探明迦南"以来，形形色色的间谍活动便生生不息，并在20世纪美苏对抗时达到顶点。间谍，作为古老的职业，产生于敌对双方对知己知彼的需要。冷战时期，美苏之间的间谍与情报战一直为人们津津乐道，一批有关间谍战的小说和电影也将这种幕后的较量戏剧化和传奇化。

对特殊部门的重视在大国是普遍现象。有国家，就有相互的情报搜集和特工活动，这是维护国家利益的一个手段，任何国家都会采用。在战争时期，特工获得的一份情报抵得上千军万马；特工所起的作用是其他手段无法取代的，甚至可以预防战争和避免战争。俄总理普京曾说，特工是对国家最忠诚的一群人。在俄罗斯、美国和以色列等国对特工的保护措施是非常坚决而且不惜代价的。这样做是为了保持队伍的稳定，激发他们为国家献身的精神。

如今，冷战结束了，往日的敌人也握手言和了，猖獗的间谍活动是否也有所收敛？冷战时期，西方联盟各国的对外政策目标虽然比较一致，但也从来不是完全一致的，现在更是如此。1998年，德国在反间谍活动中发现中情局试图招募一名波恩官员从事间谍活动。第二年，德国驱逐了三名从事间谍活动的中情局特工。1999年初，东京和华盛顿因日本计划研制自己的间谍卫星并加强情报能力而发生争执。欧洲议会的一名法国议员指责美国、英国、加拿大、澳大利亚和新西兰联合搞的一个名为"梯队"的窃听行动是"盎格鲁—撒克逊新教徒的阴谋"。

冷战结束后，间谍们发现自己有了新的用武之地——"弃政从商"。美国拥有世界上最庞大的间谍机构，中情局的使命就是使用各种手段获取情报。冷战年代，中情局跟苏联克格勃势不两立，两家大打间谍战。随着冷战的结束，世界局势发生了改变，中情局将战略重点瞄准了古巴、朝鲜和俄罗斯等国，同时也参与了诸如防范恐怖分子、跟踪贩毒者等行动。中情局虽然在窃取军、政情报方面的职能有所削弱，但它并没有因此而消亡。日益浓厚的商战气氛，使他们又重新找到了用武之地。

据悉，目前有50%左右的美国公司将自己的要求委托给中情局去落实。一个包括中情局情报人员在内的协调机构每月召集一次与出口、科技有关的19个政府部门官员出席的例会，研究情况、寻求对策。例如1995年在美日汽车贸易谈判中，美国最后凭借中情局窃听到的情报，迫使日方作出了重大让步。还是1995年，当时的法国总理巴拉迪尔访问沙特阿拉伯期间，沙特方面希望从法国购买价值数亿美元的包括军舰、导弹、后勤保障在内的武器装备和空中客车民航飞机。然而，在双方即将签署协议的前夕，沙特方面突然变卦且未做任何解释。这笔法国梦寐以求的生意事后被美国的波音公司和麦道公司抢了过去，究其原因是中情局从中插了一杠子。

可见，无论过去、现在，还是将来，间谍这个古老而又新颖的职业是不会退出历史舞台的。本书通过对美国中央情报局、克格勃/俄罗斯情报机构、以色列的摩萨德和英国军情六处四个世界著名的情报机构的研究，揭示世界四大间谍组织是如何产生、发展，如何招聘、培养和训练间谍，主要领导人基本情况，以及他们是如何进行间谍破坏活动的，让人们进一步了解间谍云谲波诡的生活。同时，也想通过本书让人们居安思危，在全球总体和平稳定的大环境下，不忘各领域复杂激烈的斗争，以便更好地维护国家的安全与稳定。

目录

The world's four major spy agencies

星条旗下的魔影：

美国中央情报局

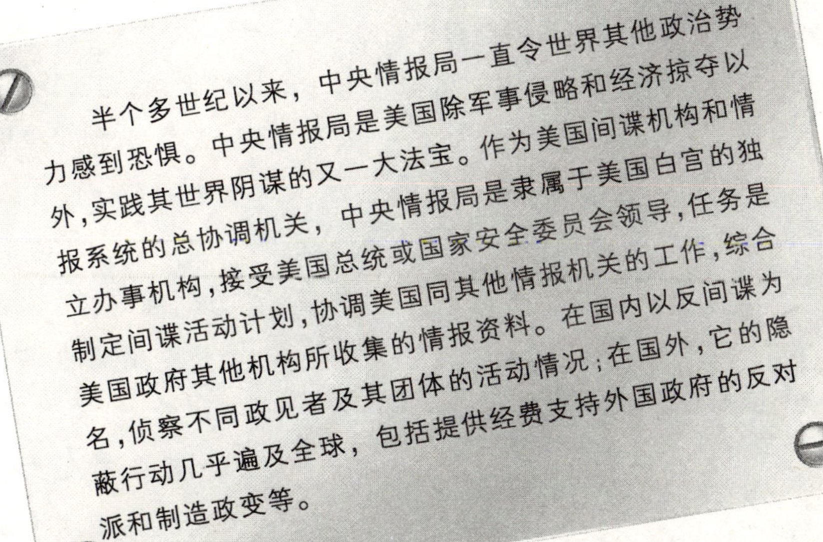

引子:阿富汗战争的神秘部队

2001年10月7日,因遭到"9·11"恐怖袭击的美国对阿富汗开战,阿富汗战争爆发。然而,自开战以来,美国一直苦于对塔利班重要人员侦破没有多大收获。

11月13日,就在塔利班政权的部队撤出喀布尔的混乱中,美方的情报人员和侦察机却发现了一支车队特别可疑。尽管这队人马避开大路,行踪隐蔽,似乎有意躲闪北方联盟的追兵和美国方面的侦察,但美国的"掠夺者"无人驾驶侦察机在他们离开喀布尔的那一刻,就已盯上了他们,并穷追不舍。

16日凌晨1时左右,这支车队来到一个小镇。当晚月黑风高,只有微弱的星光。不远处有一架美军"掠夺者"侦察机正偷偷地在高空盘旋,并将现场拍下的影像传送回远在美国佛罗里达州的中央指挥中心。

紧接着,侦察机便把夜视摄影机对准镇内一栋三层楼旅店内的灯光。旅店外有几名带头巾的男子在停了一批小卡车的地方聚谈,其间不时有人出入楼房,似乎楼里正有重要的聚会。在遥远的美国佛州,军方经分析判断,确定这些人就是美国想要缉捕的"基地"组织成员。"掠夺者"侦察机本身配备两枚"地狱火"反坦克导弹,本可立即进行攻击,但后方的控制中心

"掠夺者"无人机

决定放长线钓大鱼，指示“掠夺者”继续监视目标的一举一动。与此同时，美军指挥中心则调派三架空军F-15攻击机飞到目标附近待命。

虽然不清楚身处旅店内的“基地”组织成员具体是何人，但美军指挥中心深信，这是“基地”组织高层成员在旅店内商讨放弃喀布尔后的对策。于是，佛州指挥中心下达开火命令。三架F-15战机立即各投下一枚重达2500磅的GBU15“聪明炸弹”，然后再由“掠夺者”侦察机向停车场内的汽车发射两枚“地狱火”导弹“补中”。在场的所有塔利班人员身陷火海，总共有上百人丧生。

“基地”组织领导人阿提夫

美军当时并不知战果如何。直到好几个钟头后，美英联军截听到一个从阿富汗拨出的卫星电话，经破译后，才知道通话者是一名“基地”组织的特工。他也许是情绪过于激动，竟忘了遵守“基地”的严格保安守则，直接在电话中披露了“基地”组织有多名高官阵亡，并点名提到57岁的阿提夫也是死者之一。

阿提夫死了，真正幕后的功臣究竟是谁呢？是谁向“掠夺者”侦察机提供的情报呢？这是美国中央情报局(CIA)派往阿富汗的神秘部队的杰作。原来美军在阿富汗战场上有一支神秘部队，CIA的局长特尼特还为此颇为神气。

早在9月27日，CIA的神秘部队就已经进入阿富汗，成为第一支美军地面部队，为日后的空袭和特种部队突击行动探路。虽然美国政府和CIA一直拒绝公开承认有这支部队的存在，但据外界所知，这支部队名叫“特别行动队”，由大约150名军人、战斗机飞行员和专家组成。所有队员在行动时都不穿军服，但他们的装备比正规部队要强得多，他们有直升机、战斗机，还有安装了先进摄像设备和“地狱火”导弹的“掠夺者”无人驾驶侦察机。

阿富汗战争开战以来，美军花了很多时间和精力搜集情报和确定空袭目标，而这些工作大部分是由CIA神秘部队负责，他们直接或间接地提供了不少有用的资料。除了“特别行动队”外，CIA还从其所属的“中东司”抽调了一批精通阿富汗方言的专家深入阿富汗，与北方联盟部队联络和沟通，协调地面战。美国官员私下透露,北方联盟部队取得的许多胜利得益于CIA神秘部队的协助。

一、美国中央情报局概况

乔治·华盛顿

美国特工系统包括"中央情报局"(CIA)、"国家安全局"(NSA)、"国防情报局"(DIA)三个主要部分,另外还有同时负责国内反情报任务的"联邦调查局"(FBI)、"财政部税捐稽征署"(IRS)等。在所有的特工系统中,中央情报局处于核心地位。它的创始人就是乔治·华盛顿,他曾率领美国人取得了独立战争的胜利,建立了第一个联邦政府,创建了美国宪法;同时他也是美国情报事业的开山鼻祖,被称为中情局"间谍之父"。

(一)处于美国特工系统核心地位

美国中央情报局(Central Intelligence Agency,中文简称中情局,英文简称CIA)是美国最大的情报机构(美国政府的间谍和反间谍机构,是美国庞大情报系统的总协调机关),主要任务是公开和秘密地收集与分析关于国外政府、公司和个人在政治、文化、科技等方面的情报,协调其他国内情报机构的活动,并把这些情报报告到美国政府各个部门。它也负责维持大量军事设备,这些设备在冷战期间用于推翻外国政府,例如前苏联和对美国

中央情报局别动队员

利益构成威胁的反对者，又如危地马拉的阿本斯和智利的阿连德。总部设在弗吉尼亚州的兰利。有些人认为中央情报局经常进行一些暗杀活动，暗杀敌国领导人。美国中央情报局的工作地点和各种活动几乎完全隐蔽，谢绝外人的参观和访问，这一点和FBI联邦调查局不同。

美国中央情报局于1947年9月18日成立。中央情报局成立之初的办公地点设在华盛顿地区的林肯纪念碑附近。1961年后，中央情报局的总部搬迁到华盛顿特区与弗吉尼亚州交界处的波托马克河边的兰利，占地约200多亩，在华盛顿地区有许多办公室和2万名雇员，每年预算为80亿美元。中央情报局总部的组织机构非常庞大而复杂，主要有局长办公系统、秘密行动司、行政管理司、情报司、科学技术司，它们分别管理有关业务。中情局不仅有遍布全世界的监听站，还有自己的广播设施、航空线、宇宙卫星、印刷所以及训练特种部队的基地，拥有大批间谍、特务和情报技术人员。

中央情报局徽标

中央情报局的局徽造型独特、警醒，在蓝色镶金边的圆形底盘中心，是一面银色的盾牌。盾牌中心是一个有16个红色尖角的罗盘图形，盾牌上面是一颗美国秃鹰的头，外圈写着“美利坚合众国中央情报局”的字样。银盾象征中央情报局是保护美国安全的一道强有力的屏障，罗盘图形的16个尖角象征中央情报局的势力渗透到世界各地，各种情报资料从四处向中心汇聚。秃鹰头则象征机警、灵敏和冷酷——这正是中央情报局的风格。

在过去60多年里，尽管美国中央情报局在各条战线屡有失败，但是却能一直保持自己显赫的名声，主要是因为它把每次失败都藏在了自己的秘密档案里。当中央情报局在不能完成自己“让总统了解敌人从而作出正确决策的”使命时，它就利用秘密活动去改变世界，为美国的政治和外交政策服务。用美国前总统艾森豪威尔的话说，中央情报局给美国留下了一笔“灰烬的遗产”。

中央情报局局长也是中央情报主任，他负责管理整个美国情报界的活动。中央情报局分五部分:一个局长办公室和下属四个行政处,这四个行政处分别是:行动处、行政管理与后勤处、情报处、科技处,最高领导人是局长和副局长。管理处下设通讯、后勤、安全、财务、医疗服务、人事、训练与教育、数据处理科;行动处下设反情报、国外情报、隐蔽行动、中央掩护科,评价、计划和设计科;情报处下设管理与分析、武器控制情报、搜集需求与评价科,五个地区办公室和五个职能办公室，外加一独立的中心；科技处于1962年成立,当时称之为研究处。中央情报局不同于其他美国政府机构,它无需公开其预算,雇员人数或工作情况。四个处中,规模最大的是行动处,它约有6000名专职人员和办事人员,大约有45%的人员驻扎在海外。他们中绝大部分有官方身份作为掩护,这些间谍分布在亚洲、欧洲、拉丁美洲、非洲等地。中情局在世界各地的分站与基地是它在各国隐蔽的总部。分站一般都设在驻各国首都的美国大使馆里,而基地则设在其主要城市,或美国驻外国的军事基地里。此外,还有六个直接归局长和副局长领导的办公室、总审计办公室、总监办公室、平等就业机会办公室、人事主任办公室、政策与计划主任办公室。

(二)与联邦调查局并称“情报双雄”

美国中央情报局与美国联邦调查局并称为美国“情报双雄”。美国发动反恐战争,表面上看主要靠美军对阿富汗的轰炸和打击,但实际上还是要依赖美国的特工系统,即联邦调查局(FBI)和中央情报局(CIA)。这两个机构,一个对内抓间谍,抓恐怖分子;一个对外搞情报,开展特别行动。其目的都是一个:保证美国的国家安全和利益。

美国联邦调查局徽标

美国联邦调查局（英文全称Federal Bureau of Investigation,英文缩写FBI)是美国司法部的主要调查部门，隶属于司法部,主要任务是调查违反联邦犯罪法,调查来自于外国的情报和恐怖活动，在领导阶层和法律执行方面对联邦、州、当地和国际机构提供帮助，同时在响应公众需要和忠实于美国宪法前提下履行职责。根据美国法典第28条533款，授权司法部长“委任官员侦测反美国的罪行”，另外其它联邦的法令给予FBI权力和职责调查特定的罪行。FBI现有的调查司法权已经超过200种联邦罪行。

在FBI每次调查获得情报资料后，递交给适当的美国律师或者美国司法部官员，由他们决定是否批准起诉或进行其它行动。其中在五大影响社会的方面享有最高优先权：反暴行，毒品/有组织犯罪，外国反间谍活动，暴力犯罪和白领阶层犯罪。FBI曾经有不纯的历史，即有时支持法律，有时候又破坏它。但在大多数美国人的通常印象里，它是打击罪行最有效的机构。专门特工的人数每年都在增长，大多数的专门特务驻在外国，作为大使法律随员在美国使馆工作。

美国联邦调查局1908年成立，原名司法部调查局，1924年改为现名。它原是美国司法部下属的主要为执法收集情报的部门。近年来权力有所扩大，主要负责美国国内的反间谍和重大刑事案件侦破工作。2002年5月30日，美国政府宣布取消对联邦调查局原定的一些限制，扩大这个机构在国内调查和监视公众的权力，以进一步防范和打击恐怖活动。根据政府新的授权，联邦调查局特工以后可以对国内任何因特网站、图书馆、教堂、公众集会甚至政治组织进行监视。同时，联邦调查局在国内的各分支机构可以不必经过总部同意就启动有关调查程序。

中央情报局局长又是全国情报委员会的主席，他负责协调全国13个军队和政府部门的主要情报机构，包括联邦调查局。“9·11”事件以后，在美国加强全国情报机构协调的呼声高涨，中央情报局的地位有所上升，但它还不能直接指挥军队和政府其他部门的情报机构。作为美国两个主要情报机构，联邦调查局和中央情报局在工作中自然有一定竞争，但由于有较为明确的分工，两者矛盾不是很大。

在“9·11”恐怖袭击事件中，联邦调查局和中央情报局的工作都有失职之处。联邦调查局没能在国内发现和制止恐怖分子的准备活动；中央情报局也未能在国外获得本·拉登策划这一活动的预警情报。“9·11”事件后，美国首先要了解究竟谁是直接的嫌犯，整个恐怖事件是如何策划的，除了已经与飞机同归于尽的劫机者以外，是否还有同案犯。这个任务主要由司法部下属的联邦调查局承担。司法部长阿什克罗夫特2001年11月27日公布，联邦执法机构已经先后在全国各地拘捕了1800多名与此案有关的人员，经过讯问排除嫌疑，目前还关押着600多人。联邦政府已对其中的104人正式提出起诉。不过这些人的罪名还不是直接参与“9·11”恐怖事件，而是违反美国移民法等较轻的罪名。

本·拉登

美国中央情报局在“9·11”事件后，其主要的任务是找到本·拉登的下落，获取他和“基地”组织策划“9·11”事件的证据，以及为美国在阿富汗的军事行动提供轰炸目标和搜捕行动的情报，甚至组织暗杀拉登本人。在阿富汗战争中，有一名CIA特工在阿富汗殉职，这也从一个侧面反映了中央情报局已经深入战争的最前沿。实际上，美国老百姓对这两个机构的工作情况并不太了解，因为两者的工作都是秘密开展的。它们没有固定的制服，有时联邦调查局特工抓人时还穿上标有“FBI”的背心宣传自己，而中央情报局则连这一“便利条件”都没有，只好默默地干。联邦调查局和中央情报局在历史上都有过多次成功和失败的例子，但由于它们的工作大多和老百姓没有直接关系，所以只有在事情有了结果、新闻媒体给曝光后，人们才知道，并开始品头论足。

“9·11”之后，联邦调查局和中央情报局都面临着自身的改造问题，对FBI来说，美国政府通过了反恐怖法，扩大了它的权力，但也有不少人担心这样会有损美国的人权；而CIA面对的不光是要重视技术侦查，而且要把荒废了的人力情报抓起来，因为只有这样，才能在阿富汗的穷乡僻壤中找到情报。

(三)命运多舛的中央情报局特工

在美国中央情报局主大厅的星墙上，共有70颗星星，每颗星星代表一个在执行任务中死亡或失踪的有名或无名的官员，其中只有40个人的名字可以从中央情报局的荣誉名册中找到。但在一本名为《中央情报局隐秘的生者和机密的死者》一书中涉及的有名有姓的中央情报局官员共有65人。自1948年以来，在美国学校被招募为间谍的留学生，共有48名由于怕回国后暴露被捕入狱又没有其他解脱办法，只好自杀身亡。

从1949年的中国到1992年的索马里，都曾留下过中央情报局间谍的身影。他们当中许多人的名字和经历现在仍旧是机密。越南战争中，美国中央情报局派往南越的特工，多数人没有回到美国本土，只有少数特工驾驶直升机逃跑，保存了性命。

20世纪50年代，在抗美援朝战争中，美国中央情报局为了在朝鲜境内组织所谓的游击战，向朝鲜境内秘密空投了大量的间谍，结果都被朝鲜人民军或地方武装逮捕。之后，美国中央情报局又执行所谓的“6006”计划，向其境内、前苏联西伯利亚、中国东北空投一支特种作战部队和韩国特工，多数都是有去无回；派出的几架间谍飞机也被击毁。1965年10月，迈克·马洛尼和迈克·德纽尔两位中央情报局高官之子在老挝遇难身亡，他们乘坐的美国航空公司的中央情报局专用直升机也意外坠毁，没人知道事故原因。

美国驻贝鲁特大使馆被炸

1983年发生的美国驻贝鲁特大使馆被炸事件，导致了7名中央情报局的官员死亡，这是自越战以来中央情报局人员损失最多的一次。1986年美航空公司103航班凌空爆炸，一位名叫马特·加侬的中央情报局官员与其他乘客一起遇难。美国官员认为，这是一起恐怖事件，事件的幕后策划者是曾经遭到美国空中打击的利比亚人。值得注意的是，帮助策划对黎波里进行空袭的美国中央情报局资深官员托马斯·特维顿是马特·加侬的岳父。

1989年11月一个漆黑的夜晚，安哥拉境内一个偏僻的简易机场上空，一架装满武器弹药的军用运输机悄然而至。但是，在这架飞机试图进行仪表着陆时却没有成功，飞机最终坠毁，飞机上的6名成员全部遇难。这架飞机上武器弹药是美国中央情报局提供给以乔纳斯·萨维姆比为首的争取安哥拉彻底独立全国同盟军的。在此次坠毁事件中丧生的6名机组成员都是美国中央情报局特工。

●窈窕女郎以打情骂俏、挑逗调笑手段，从危险中逃出情网

伊丽莎白·奎恩是1988年参加美国中央情报局的，当时她25岁。伊丽莎白是个褐发褐眼、体态匀称、别有风韵的窈窕女郎，而且以擅长打情骂俏、挑逗调笑闻名。她擅长五国语言，在当时美国谍报部门显然是颇有才华的人物，备受美国中央情报局青睐。1992年她被派往巴黎潜伏下来。

伊丽莎白·奎恩于1988年参加美国中央情报局

为了适应巴黎的任务，伊丽莎白将头发染成迷人的金黄色，这样更利于吸引猎物——一位不便公开姓名的法国高级商务官员。伊丽莎白随身带着全套伪造证件，利用各种机会，施展魅力与之接近，终于在1994年与他建立亲密的私谊，使之身陷情网不能自拔。不久伊丽莎白搞到特别丰富、具有参考价值的情报。不过此时的伊丽莎白却也假戏真做，犯了中央情报局的天条——真的爱上猎物。本来总部下达了立即终止伊丽莎白任务的指令，但分部头头狄克·荷姆认为伊丽莎白提供的情报对政府制订外贸对策，作用不可小视，应该让她继续工作下去。

孰料老谋深算的狄克阴沟翻船，作出了错误的决断。1995年，伊丽莎白与猎物兼心上人在一个明媚春光里驾车郊游，伊丽莎白大胆地向心上人吐露真情，现出庐山真面目，企图用爱的魅力来打动心上人共同为美国政府效力。这位法国官员大吃一惊，表面上应承，找个借口抽身离去，赶忙向上级机关彻底交代。久等不见情人，伊丽莎白顿悟情况有变，在法国政府发出通缉之前，中央情报局已暗中护送她偷渡出境。

●好色之徒被拉下水，成为吃里扒外的间谍

美国人奥尔德里奇·埃姆斯，1962年进入中央情报局，1983~1991年任该局苏联东欧反间谍处处长。奥尔德里奇·埃姆斯是美国中央情报局具体负责策反苏联、东欧国家官员的反间谍主任，主要与苏联驻美使馆打交道。当时，苏联人早已知道他的身份，并掌握了他的详细个人档案。特别是知道他在1981年到墨西哥城招募间谍时，因为贪色把一名美女凯瑟丝发展为一名中央情报局特工。1982年，埃姆斯因公来到苏联驻美使馆，苏联驻美使馆人员召来美艳诱人的正在赴美演出的舞蹈演员柳嘉姑娘作陪喝酒。醉醺醺的埃姆斯喝醉之后一觉醒来，发现自己一丝不挂与柳嘉睡在一张床上。从此，他与苏联人交上了朋友，提供给苏联克格勃的第一份最有价值的情报，就是关于苏联间谍尤尔琴科叛逃到美国的详情及对苏联间谍网破坏的程度估计。中央情报局监控不力，发现疑点未及时予以清除，使得他能在关键岗位上长期为苏俄窃取情报，使美国损失惨重，教训深刻。1994年2月23日夜，美国联邦调查局在阿灵顿市郊的一幢豪华住所里，逮捕了在中央情报局供职达32年之久的职业间谍奥尔德里奇·埃姆斯及其妻子罗萨里奥·埃姆斯。从而曝出了美国情报史上在职情报人员为外国提供绝密情报的特大丑闻。4月28日，美国联邦法院以间谍罪判处埃姆斯终身监禁。

奥德里奇·埃姆斯

●霍华德特工叛逃苏联

在中情局历史上，爱德华·李·霍华德是第一位公开叛逃苏联的美国情报官员。他的叛逃，引起了美国情报界的一场大地震。因为他的叛变，美国情报机构进行了大幅度的改革。

1981年，29岁的霍华德开始为中情局效命。然而两年后，掌握着大量机密的霍华德因未能通过测谎仪而被解职。被解雇后，霍华德开始酗酒，随后得了严重的肺病，生活顿时变得十分窘迫。1984年，霍华德和身为中情局雇员的妻子玛丽到维也纳休养，他与苏联人秘密达成了出卖情报的协议。此后，霍华德到维也纳的“旅行”突然多了起来，与此同时，数十名潜伏在苏联的美国间谍相继落网，美国在莫斯科的间谍网几乎彻底瘫痪。

1985年，在“旅游”回到美国后，霍华德无意中向朋友炫耀起了自己的劳力士金表和各种贵重的“旅游纪念品”，引起中情局的注意，并开始对他进行监视。作为情报老手，霍华德很快就感觉到了不对头。中情局如影随形的监视，促使霍华德下了叛逃的决心。但要在中情局的层层监视下逃脱，谈何容易。为此，一出精心设计的“假人计”登场了。

1985年9月，在一次外出参加晚宴前，霍华德悄悄把一个穿上自己衣服的假人模型放在汽车后座。宴会结束后，霍华德偷偷溜下车，他的妻子则把假人扶起来坐好，继续驾车回家。为了让这个金蝉脱壳的计策更加天衣无缝，玛丽以霍华德的名义给朋友打了一个电话，播放了一段霍华德早就录好的录音带。这些伎俩果然瞒过了正对霍华德家电话搞窃听的中情局特工，他们以为霍华德仍在家里。而此时，霍华德已乘飞机来到了莫斯科。

霍华德的叛逃受到了苏联的热烈欢迎，因为他不仅带来了大量情报，还是一个极好的政治宣传工具。苏联专门给他提供了一套别墅。就这样，霍华德在苏联过起了舒适的生活，不仅每年前往欧洲与妻子约会，还经常秘密去世界各地旅游。不过，这种好日子并没有持续多久。2002年7月12日，霍华德在家中离奇地从楼梯上跌落，摔断了脖子而死，这在当时引发了人们对中情局报复杀人的大量猜测。

二、中央情报局的历史沿革

美国中央情报局(CIA)的历史可以追溯到美国独立战争时期。美国的情报工作诞生于独立战争时期。1776年，北美13个英国殖民地宣布脱离大英帝国独立，美国开始了独立战争。

乔治·华盛顿可以说是美国第一个重视情报工作的人。他重视情报工作的时效性和保密性，发布情报搜集命令，亲自对情报进行判断，运用自己的亲信作为情报助手，开展情报活动。华盛顿时期的情报工作没有专门的情报机构，其主要手段包括间谍、部队侦察和隐蔽行动。独立战争结束后，这些华盛顿建立起来的情报网也因失去了作用而解散。内战的爆发使得美国的情报工作重新有了用武之地，美国产生了第一个情报组织——安全勤务局。1882年海军情报部成立，1885年陆军情报部成立。与此同时，美国的武官制度也开始形成。美国终于建立了正式的情报机构。1918年陆军参谋部的改组是陆军情报史上一个具有里程碑意义的事件，陆军情报部成为总参谋部的常设机构。

人称“野小子比尔”的多诺万，是中情局精神之父。多诺万和他的得意门生艾伦杜勒斯游说富兰克林·罗斯福建立了一个统一的情报机构——战略情报局(OSS)，这就是CIA的前身。二战爆发后，罗斯福深感来自国外的纳粹主义和国内的孤立主义的危

最受爱戴的美国总统罗斯福

机加重。1939年，罗斯福总统发布秘密指示，将全部谍报工作、反谍报工作和对敌破坏工作交给联邦调查局和陆、海军情报部。同时，他还授权联邦调查局在拉丁美洲针对轴心国间谍开展反情报和安全工作。1940年7月，罗斯福授予多诺万一项特殊任务：作为总统特使出访英国，评估英国的士气和军事能力，并研究英国情报和反间谍方法。

7月14日，多诺万启程前往英国。在英国期间，多诺万会见了英国王室、首相、战时内阁成员，同主要的英军将领进行了交谈。特别是与英国军情六处的孟席斯上校和海军情报局长戈弗雷进行了多次接触，并建立了密切的个人关系，这对后来情报协调局的创建起了很大的借鉴作用。多诺万回国后，迅速向罗斯福和各方面通报了有关情况。罗斯福总统于当年12月再次派多诺万赴英国、巴尔干、北非、地中海等战区考察。在英国，他受到了丘吉尔的热情接见，丘吉尔向多诺万介绍了很多关于英国谍报工作的事情。

中情局精神之父多诺万

1941年3月19日，在返回美国的第二天，多诺万见到了罗斯福。多诺万向罗斯福建议“成立一个新的机构”，执行宣传、敌后游击战、心理战、特种情报和战略设计等任务。与此同时，多诺万用自己的影响四处奔走，呼吁建立统一的中央情报机构。他的建议得到了罗斯福的赞同和支持。5月31日，多诺万提交了《关于建立战略情报机构的计划要点》。6月18日，罗斯福就指定多诺万为情报协调人，执行他所提出的建议。7月11日，罗斯福签发了成立情报协调局的总统命令，并任命多诺万为情报协调局局长，其主要任务是“收集、复核来自各个部门的有关国家安全的情报和资料，并对这些资料加以分析和综合，以供总统和总统指定的官员使用”。多诺万从预算局要来45万美元的拨款，在白宫附近几间破旧的大楼里开始工作。正式工作是破坏、谍报、反间谍和部署、实施秘密行动，这些工作成为后来中央情报局的基本行动范围。

多诺万的工作在美国是开创性的。他起初的工作是靠自己丰富的想象开始的，后来得到了英国人的很多帮助。在美国的情报工作仍然停留在从一战中获得的经验时，英国人在情报领域所获得的经验和成就已俨然成为美国在这方面的“老大哥”。就在情报协调局的各项业务走向正规、情报业务得到初步开展、多诺万准备真正展开拳脚大干一番的时候，他也面临着来自军方和国务院的严峻挑战，其他情报机构对他的情报协调局恨之入骨。

从情报协调局成立的背景来看，这是一个妥协的结果。长期以来，由于出于各自利益的考虑，在军方内部、国务院内部的各个情报部门对多诺万的情报协调局表示不满。与情报协调局斗争最激烈的是胡佛的联邦调查局。作为老资格的情报机构，对于多诺万和情报协调局这个“后起之秀”当然存在着相当大的不满。双方围绕在南美情报活动的控制权之争激烈到派间谍打入对方搞破坏的地步。

在这种除了敌视就是观望的情况下，情报协调局在很大程度上根本不可能对美国的情报界进行协调。尽管如此，多诺万仍然继续加大情报协调局的活动范围和力度。他甚至一度从老朋友斯蒂芬森手中接过英国间谍原来干的一项活儿，即定期到西班牙驻华盛顿大使馆进行秘密搜查，偷拍亲轴心国的佛朗哥政府的密码本和重要文件，以协助英国攻克德国“迷”字机密密码。但是这一秘密举动令联邦调查局局长胡佛大为光火，因为这该是他管的事。胡佛一气之下，在情报协调局的密探再潜入使馆时，联邦调查局出动车辆，打开明亮的信号灯，并且高放警报信号，最后把惊慌失措的密探给逮回去了。

联邦调查局首任局长胡佛

多诺万气得浑身发抖，他和胡佛一直吵到罗斯福面前，但是总统出于自己的考虑，并没有训斥胡佛，反而是下令把这项任务转交给联邦调查局。1941年12月7日，“珍珠港”事件爆发的沉痛教训使得美国政府认识到自己的情报部门处于严重的无组织状态，美国迫切需要建立一个中央情报机构来协调各个情报机构，为国家的战略决策提供战略情报。

战略情报局最初的办公楼

为改善混乱的情报局面，1942年初，罗斯福一度想解散情报协调局，将其各个机构分配到其他情报部门中去。多诺万为使这一想法不被实施，费尽心思，后来他找到盟友——美国最高军事机构参谋长联席会议。后者坚信美国必须有一个机构专门从事对敌秘密工作，多诺万则使他们相信情报协调局就是最好的执行者。

经过几个月的权衡和各方势力的斗争，1942年6月13日，在参谋长联席会议和多诺万的联合建议下，罗斯福签署了第9182号总统令，解散了情报协调局，成立了战略情报局(OSS)，诺万被任命为战略情报局局长。

这是美国第一个统一的中央情报机构，也是中央情报局的前身。多诺万利用自己的种种特权，发挥其聪明才智，在全世界的范围内开展了情报搜集、心理战、战略评估、破坏、反间谍等活动，取得了巨大的成果，这一时期可以说是美国情报界发展的一个“黄金时期”。比较著名的有：“回形针”行动、伯尔尼情报网、配合盟军北非登陆、诺曼底的战略欺骗、在欧洲支援地下抵

中情局所在地区的警戒标志

中情局总部鸟瞰图

抗力量等等。在二战时期，由多诺万将军领导的战略情报局，在配合盟军反法西斯的战斗中，起到了极为重要的作用。

首任局长罗斯科·希伦科特

成立中央情报局。第二次世界大战结束后，美国总统杜鲁门于1945年9月解散战略情报局。然而，杜鲁门总统很快发现自己无法应付来自政府各部门的情报报告，于是决定再重新组建一个国家情报局及其行动机构，用以协调并核对这些报告。1947年杜鲁门总统批准了《1947年国家安全法案》。根据“国家安全法”的规定，中央情报局必须符合“没有警察、传票或执法力量或国内安全职责”的规定。这一结果导致了中央情报局和国防部其他情报机构之间以及中央情报局和联邦调查局之间的关系紧张。1947年9月18日，世界上最公开的情报组织——美国中央情报局就在这种微妙的政治环境中诞生了，并用于专门从事冷战期间情报工作。

中情局成立后，杜鲁门总统每天接见的第一个人总是中情局局长。二战结束后，随着美苏两个超级大国之间的冷战不断升级，中央情报局作为美国对外政策的一种特殊工具，在全世界范围内进行了一系列的阴谋活动。

杜鲁门

50年代以后，中央情报局的活动开始转向亚、非、拉，他们在那里组织武装叛乱，进行颠覆、暗杀。仅仅在六七十年代，美国中央情报局在世界各地策划的大规模政治、军事颠覆活动就达900多次。前美国国

"9·11"事件世贸双楼

防部长克利福德也承认:"世界上任何一个国家内部出现政治危机，人们都断定有中央情报局的份。"中央情报局也支持和资助一些对美国有利的活动，例如曾在1949年至1970年初期支持第三势力。根据很多报道和一些中央情报局重要人物的回忆录,中央情报局也组织和策划暗杀活动,主要针对与美国为敌的国家的领导人。中情局的根本目的,是透过情报工作维护美国的国家利益和国家安全。

"9·11"事件使神通广大的美国中央情报局大为丢脸。一段时间以来,中情局在美国国内频频受到攻击,导致局长辞职。美国国会和公众在"9·11"事件后对情报界提出了严厉批评,民众普遍存在对情报界不信任危机,因为在不安全气氛中，人们谈论的只是通过改革，提高情报界打击恐怖主义的效率，而对情报机构改革后的安全保障却不信任。美国总统布什2004年6月3日承认,美国的情报机构必须进行改革,美国需要最优秀的情报机构。因为美国的敌人现在藏在暗处,随时可能对美国实施恐怖袭击。因此,美国总统布什重申设立国土安全部的重要性。同时,进一步完善中情局的职

"9·11"事件世贸大楼坍塌瞬间

能机构、反恐怖体系，健全组织机构。中情局主要负责有关恐怖活动的情报搜集和分析。该局设有研究恐怖分子劫持人质小组和反恐怖情报中心。

根据有关法令，中情局的主要职责就是为总统的国家安全决策提供依据，其局长是国家安全委员会的情报顾问，还是整个情报界的头，这就决定了中情局在美国情报界的地位，它是最接近国家安全决策程序的情报机构。但中情局局长并不拥有对其它情报机构发号施令的权力，只起说服、协调作用，美国情报界的各个机构保持了相当程度的独立性。为加强情报分享，中情局设立一个情报办公室，由中情局派员管理，并由其派出专家帮助联邦调查局收集和分析情报。

三、中央情报局特工的招募与培养

中央情报局是美国从事情报分析、秘密人员情报搜集和隐蔽行动的重要机构。因此，该组织是一个人才济济的群体，从局领导到一般特工都经过严格挑选和培训才能在这里供职。

(一)中央情报局的特工招募

中央情报局的特工来源主要是从大学中挑选出来的成绩优异的学生，而在大学里物色情报机构的“朋友”，通常是那些有名望的教授。筛选工作十分严格，如果从毕业班中选出1000名学生作为被选对象，其中约有800人会因为家庭历史背景而被淘汰。

CIA新总部入口

美国中央情报局的特工人员的招

聘和选拔步骤非常复杂。一般来说，其选拔步骤如下：第一步，就是对初步确定名单的人员进行“姓名查核”。姓名查核的目的，就是要看这些人有什么不适合做间谍的背景和材料。第二步，对通过姓名查核的人员进行进一步的安全检查，包括家庭情况、本人经历。在这两步工作完成后，合格者将会接受一系列意想不到的考验。被考验者在完全没有思想准备的情况下接受考验，以能够充分考察出其智力、表现力和思想品质的真实情况。

合格者首先将会接受“观察力测验”考察，主考者会根据方案或专家的出题，让应试者自己去完成。“意志力测验”则是将应试者从家里突然逮捕并且送到地下室的黑房里，置于强烈耀眼的反光灯下，或者与死囚犯关在一起，从黑暗中传来严厉的审问声、恐吓声。应试者最后要通过的是测谎器的测试，测查其心理素质情况。

美国中央情报局的特工招聘广告

通过考察的合格者，将接受为期9个月到1年的初步训练。开始的3个月里，将对新学员进行伪装和语言训练，特别是对派驻国的历史、地理、政治、经济、风俗习惯等都要进行深入的学习和研究。3个月后，将到弗吉尼亚州的皮里营的“农场”(即美国间谍学校，对内称三军实验训练基地，对外称“农场”)接受强化训练。学员都要学习徒手格斗，但并不是像职业拳击手那样的系统训练，而只是学习如何用手、脚去击中对方要害部位的技巧。这其中包括中国功夫、柔道、擒拿术等精华的东西。全面训练的重点放在隐蔽行动和保密上。他们学习干“袋子活”(偷偷摸摸地进入私宅或公司办公室)和窃听。

“农场”内，建有控制塔的模拟的国境线供学员们进行非法偷越国境的练习。同时还训练如何盯梢、监视、摆脱敌人跟踪、建立安全接头点、及时转移，学会化装，学会接头暗号、代号、密码电报的接发方法、秘密集会、纵火爆破、纵制地图，还要研究敌人方面的反情报机构的行动方法和组织机构及保密教育……在经过一年的正规训练后，中央情报局对学员的能力、智力进行了测验和性格稳定性筛选后，分到中央情报局下属各个部门，在训练办公室的控制和指导下工作3年左右，然后正式派往世界各地，执行秘密任务。

1986年6月，中央情报局在美国设立11个招募中心。经考试合格后，有1000人受雇用，其中200~300人被培养成为间谍。1998年秋，美国中央情报局大张旗鼓地进行10年以来规模最大的征召间谍和分析人员的工作，中央情报局在全国范围内进行了大规模的广告宣传，并在美国许多地方的宾馆酒店接待应征者。美国中央情报局招募间谍，选择上注重才智和表现力，如喜欢冒险并肯作出牺牲，或在某一方面有专长等。当前，中央情报局看中的招募对象不是传统的美国人，而是来自拉丁美洲、亚洲特别是中东地区国家的移民或这些移民的后代，尤其是少数族裔和妇女。中情局的一位高级官员说，CIA一直都在招募移民，以便能够进入外国的社会基层获取情报。特别是在当前的形势下，美国更多地把国外的恐怖分子、毒贩、军火走私犯等视为国家安全的敌人，CIA就更需要精通敌人所在国家语言的特工。那些有能力潜入恐怖组织内部的志愿者将被优先录取。

从美国中央情报局现有的人员结构看，少数族裔占11%，女性占18%。随着移民的逐渐增多，很多少数族裔移民在美国繁衍了几代人，已经融入美国社会各个阶层，从而使中央情报局对他们的担心逐渐减弱。然而，由于冷战期间美苏间谍与反间谍战的激烈较量，尽管美国中央情报局的选拔和招聘乃至训练都非常严格，但也还会有被策反的叛逃者。

(二)从中央情报局大学走出情报特工

深色的砖墙，浅色的玻璃窗，看上去朴素无华的这幢建筑物就是2002年3月新成立的美国中央情报局大学的主教学楼。美国特工们在这里速成至少一门外语，学习怎样给总统写报告，研究如何应对一场全球性的危机。

公开而又保密的学校。2002年1月30日，中情局局长乔治·特尼特在一次广播讲话中正式宣布中情局大学即将诞生。他说："从现在起，我们前所未有地需要进行工作紧凑性和灵活性的训练，这就是这所大学的职能所在。我国

中央情报局把目光投向大学，要在那里挖掘和培训来自不同文化背景的特工

所面临的种种错综复杂的危险和机遇及其变化速度都使这种需要有增无减。”

学员出入都必须经过安检，教材封皮都标示着“机密”字样，电话分成绿色(保密)和黑色(普通)两种。至于这所教学楼的地址，人们只知道它位于弗吉尼亚州北部的商业区，周围全是办公楼。具体是哪一栋，一般人是搞不清的。中情局大学的教学楼本身并没有悬挂任何让人联想的招牌。它的停车场甚至对外开放，只不过停车场入口处有一位保安员负责检查证件。

中情局大学是由11所学院组成，其中有些学院已经成立多年，有些则是在“9·11”事件之后应运而生的。大学的宗旨也很简单：更好地协调中情局各机构对特工的培训工作，提高课报工作效率。中情局大学校长弗兰斯·巴克斯在接受路透社记者采访时说：“中央情报局新聘的雇员数以千计。在今后几年里，他们都将到这里来受训。我们正在为未来整整一代人提供强化训练。”巴克斯还说：“‘9·11’之后，中情局大学的训练内容加强和拓展了安全防范意识，计算机安全、人身安全、信息安全……不管在哪个领域都是如此。”

在中情局大学，最受学生欢迎的课程之一是为期4天的“为总统写报告”课，因为每位总统对中情局呈交的报告都各有一些特殊要求。另外一门课程代号是“CIA201”，为期3周，宗旨在于培养学员的团队精神。学员来自中情局各个部门，有搞技术的、搞财务的、搞分析的，也有专搞秘密工作的，专业背景差异很大。

“CIA201”课程首先让学员进行“鼯鼠”练习：每位学员都要被同伴用绳子吊到离地面10米~12米的高度，除了信任拉绳的同伴不会撒手让他摔死，别无求生之道。轮流当完“鼯鼠”之后，是集体走平衡木练习，学员们不仅要保持自己的平衡,也不能让同伴掉下去。同组学员都在平衡木上站住了脚,才能算是成功。这门课程的教员说,做到这一点其实很难,因为同一小组中,不可避免地总是有学员表现出只考虑自己的倾向。

最后是紧急应对危机小组练习。学员们首先观看一部假想某个国家入侵美国盟国的录像片。在该片模拟的恐怖袭击行动中,入侵者使用了导弹、坦克和化学武器。接着,教员分发给他们关于该片涉及的两个国家的情报手册要求学员提出对冲突后果的构想。其间,学员会受到一连串干扰:电话铃响个不停, 教员敲门要求得到最新情报等等。学员们还需准备一份局势报告,并向即将赶赴白宫参加会议的中情局官员作简要汇报。教员告诫学员们说:“局势极不明朗,只能在不完整的情报基础上,尽力作出结论。”

特殊的语言课。按中情局大学的安全条例规定,语言教员必须来自美国本土,有执教经历,还需经过中情局的背景检查。不过,校长巴克斯说,如果中情局高层能确定对懂得这些特殊语言的人才有长期需求的话, 他们就设法找到合乎中情局安全规定的教员。要知道,“达里语(现代波斯语的一种,主要为中亚塔吉克人使用)不是一夜功夫就能通晓的,需要很多年的学习”。在美国准备空袭阿富汗塔利班政权前夕, 中情局因缺乏懂得阿富汗当地部落语言的人才而受到尖锐批评。痛定思痛,目前,中情局正在大力强化对雇员的语言训练。法语、西班牙语、阿拉伯语、汉语、日语和德语都被列为“核心语言课程”。少数特工还要求通晓某些小语种语言。

中情局大学的绝大多数学员都是将来要从事秘密工作的特工,因而中情局无法利用商贸语言学校,甚至也不能利用国务院的语言培训项目。一名正在中情局大学学习法语的特工说:“外交官是不会和我们需要接触的那些人交谈的。你和一名恐怖分子交谈

《谍海计中计》里的中情局特工

所需要的词汇也不会被外交官用在他们的场合。”至于商贸语言课程也同样缺乏情报人员需要懂得的词汇。“有几个生意人会讨论大规模杀伤性武器或者足以致人死地的导弹降落距离呢?”中情局大学的语言课程普遍采用计算机教学。学员念单词时,特定的软件程序能在计算机显示器上显示出其声音的波纹图,并判断出学员是否正确地使用了他的舌、齿、唇进行发音。

隐秘的“农场”。实际上,对中情局地下谍报人员以及被派往海外搜集外国情报的特工来说,中情局大学的主教学楼还是显得过于引人注目了。但他们主要的受训地点不在那里,而在弗吉尼亚州另外一处隐秘的角落。那里的代号是“农场”。在“农场”,学员的学习成绩和平时的表现对其日后谍报生涯有着直接的、甚至是决定性的影响。在中情局大学“业务董事会”的秘密培训项目中,如果学员暴露出的弱点较多,他(她)不仅没有资格参加下一步培训,甚至有可能遭到淘汰。

(三)重点培养卧底内线间谍

以往,这些中央情报局特工往往以“外交官”身份作为掩护,利用美国驻外使馆当幌子,然后通过在其他国家发展“下线”以及盟友提供的情报来获取重要信息线索。不过,当白宫要搜集来自恐怖组织或者那些与美国尚未建立外交关系的国家内部情报时,上述传统方法就不灵了。不过,派遣美国特工打入敌人内部活动的风险极大,如果暴露身份,等待他们的只能是死路一条。

众所周知,一旦美国派往有外交关系国家的间谍暴露身份,那么这些人将被对方驱逐出境。根据戈斯提出的新方案,美国派出的间谍不会再享受类似的保护了,因此工作中面临的风险极大。尽管如此,情报局依然希望,美国未来的间谍人员应该尽可能“减少外交身份掩护”,从而用较大的风险来换回更宝贵的情报。与大刀阔斧改革中情局的步伐形成对照的是,五角大楼则在悄悄扩大其手下的间谍队伍, 甚至将利用其获得的2500万美元特殊经费来“入侵中情局传统的势力范围”,其中包括资助那些外国军队、非政府武装和个人来配合海外美军战斗, 以往此类工作无一例外地都要由中央情报局特工来具体运作施行的。美参议院公布的一份秘密情报证词披露，在“9·11”恐怖袭击发生前三年中，中情局在“基地”组织中已经派有“卧底内线”，只不过由于这些人级别较低，因此没能向白宫提前报告有关袭击警报。上述消息是前白宫反恐协调员克拉克2002年6月11日在国会“9·11”事件独立调查委员会作证时提供的。克拉克称，中情局卧底们曾3次对上级表示他们可确定拉登藏身地，但美军方高层对这些情报来源难以确信，因此拒绝采取有力的打击行动。因此，戈斯这个新官上任后将继续以追捕拉登为主要任务。

第二十任局长波特·戈斯

曾在中情局秘密行动处达31年之久的罗德里格兹承认，国家秘密行动司仍面临问题，在招募到足够多数量的卧底特工方面仍存在困难。秘密情报部门要到2013年才能完成前总统布什下达的扩大招募人数的指示，前总统布什曾下令中情局国家秘密行动司的人数在2010年前增加50%。罗德里格兹说，卧底间谍将至少需要6年的训练和工作经验才能真正发挥作用，这一准备时间自罗德里格兹于七十年代底加入中情局训练后一直没有改变。为了应对难题，中情局正在考虑采取以下措施：中情局第一次考虑在未进行安全审查的情况下招募人员进行非保密工作，安全审查的时间通常需要9个月或者更长时间。中情局还改变了在美国海外使馆安插其间谍的长期做法，更多的间谍正在“非官方身份”的掩护下行动，这使他们更加容易接近恐怖组织等目标。

中情局间谍过去常常以外交官的身份打掩护。罗德里格兹称，由于人们能轻易接触到地产、商业和其它公共数据库，为卧底间谍编造掩护身份正变得越来越困难。中情局正在试用新的掩护身份，使间谍们能更好地应对公共数据库带来的威胁。国家秘密行动司于2005年10月建立，罗德里格兹是其首任司长。这一部门负责协调中情局、国防部、联邦调查局、其它在中情局领导下收集秘密情报的部门。国家秘密行动司已建立了自己的工作组来对间谍训练、间谍工具、情报协调和其它事务进行调整。

罗格里格兹称,他所领导的部门使中情局获得了"氧气"。当罗格里格兹出任这一职务时,他已担任了中情局秘密行动处处长将近一年的时间。中情局当时因为未能防止"9·11"恐怖袭击事件提供有关伊拉克大规模杀伤性武器的准确情报而遭到了猛烈的批评。相关的报告披露称,中情局在伊斯兰恐怖组织和伊拉克政府内缺少内线,20世纪90年代的预算削减使中情局的间谍人数大为减少。在2002年至2004年任中情局副局长的约翰·麦克劳夫伦称:"报告当时称,我们只有1000名间谍,这与联邦调查局在纽约市的特工人数相同。"前卧底间谍罗斯在2004年接任中情局局长和中情局负责秘密行动工作的官员发生了冲突,行动处副处长史蒂芬·卡佩斯及其副手迈克尔·苏利克突然辞职。罗德里格兹称,他随后获得了中情局秘密行动处处长的职务。他的母亲在此曾建议他"在他们把你关到监狱之前辞职"。他说:"那是一段困难的时期,人们担心中情局将不在情报方面发挥中心的作用,我们担心失去任务,而其它部门则感到它们能占据我们原先占据的位置。"

卧底训练至少需要6年。2007年10月即将离任的美国中情局国家秘密行动司司长罗德里格兹称,美国秘密谍报部门自2004年以来已走过了一条漫长的道路。时任中情局局长的特内特2004年对"9·11"独立调查委员会称,中情局要至少五年后才能部署就位一个能有效应对国际恐怖分子的间谍网络。据《今日美国》报报道,罗德里格兹称:"我在离任时对我们目前所取得的成绩感到高兴,这和我刚到任的情况已发生了很大的变化。"

(四)美国中央情报局特别行动队

美国中央情报局(CIA)在全世界进行着许多的秘密活动,这些秘密活动具体由CIA下属的行动处负责。行动处下设反恐怖、反毒品、反情报、秘密行动、特别行动队(SAS)等分支机构。在这些机构中,特别行动队是执行秘密行动的准军事组织,堪称当今世界最优秀的特种部队之一。

出类拔萃的特别行动队队员。特种行动队是CIA挑选高质量、受过良好训练的人组成特种行动小组(SOG)的人才库。这些临时性行动小组要完成各类准军事任务，如暗中破坏、探明友好人员(物质)、捕获危险分子(物质)、爆炸破坏评估、反恐怖行动、突袭、解救人质，以及其它由美国总统赋予的此类活动。特别行动队由三部分组成，即陆上支队、空中支队和海上支队。根据需要，从特别行动队的1个或3个支队挑选成员组建特别行动小组，特别行动小组人员最多时12人，最少时仅1人。

中央情报局特别行动队

特别行动队在“沙漠盾牌”行动中有过相当出色的表现。在那次行动中，它的一位特工曾多次成功地单身突破伊拉克防线，进入科威特，向被围困的美国驻科威特大使馆传递情报。特别行动队的特工还卷入了80年代尼加拉瓜海港的秘密埋雷事件。

特别行动队的人选主要有两个来源：美国陆军精锐的反恐怖部队——“三角洲”特种部队和美国海军的“海军特种战斗试验部队”(以前被称为第6“海豹”突击队)。其他人员则从CIA内部选拔。此外，美国海军陆战队的侦察部队、陆军的特种部队和海军三栖特种部队(“海豹”特战队)的退役人员也在选拔之列。

初步被选中的人员随后由特别行动队各支队挑选入编。入编后，这些人被送到许多军事和民事学校，进一步学习和掌握一些必需的技能。因此，特别行动队的特工们是反恐怖和人质解救行动的高手，他们可以拿下各种车辆、飞机、舰船、建筑物或设施。特工们还掌握诸如闯进未经侦察的建筑内、盗窃、翻拍文件、拍照设备、绑架和捕获等技能，这些一般都是在哈维、波因特的“防卫试验中心”学来的。

特别行动队下辖三个支队：空中支队、海上支队和陆上支队。空中支队为中央情报局提供各种类型飞机（包括固定机翼和旋旋转机翼）的秘密资料。空中支队的特工可以驾驶任何种类的飞机。海上支队主要是由前美国海军“海豹”特战队和海军陆战队的武装侦察队员组成。他们接受的训练与陆上支队相似，但重点在海上行动，如沿敌方海岸线进行侦察和人质解救行动。1991年，海上支队曾就美军特种行动小组在“沙漠风暴”中可能遇到人质解救行动进行指导。海上支队的技能陆上支队也要掌握，因为陆上支队成员必须具备高超的海上行动技能。陆上支队的特工不断被送往军内外各种学校学习各类课程，他们是特别行动队中接受训练最为多样的支队，特别是对从手枪到狙击枪的各种轻武器的使用。

约翰·肖军校中南分校是特别行动人员经常被送去学习的地方。一些射击技巧，近距离战斗技术、袭击和反袭击技术都被认为是至关重要的技能并受到相当的重视。陆上支队受到的另一项重要训练是高超的驾驶技术。队员要学会驾驶各种汽车，并掌握在各种复杂环境和条件下的驾驶技术，还要学会将交通工具当成武器使用。这些技术和相关技巧被称为“战术驾驶技能”，这些技能主要由民事学校和秘密的G8训练部培训。陆上支队所受的训练多种多样，包括对威胁类型的评估、接近和保证交通工具的安全性，使用武力的程度、分队战术、小组训练和领导关系、战术通讯（秘密电台、红外和微波发射器）、武装和非武装群体控制、囚犯搜索或抢夺、人质解救、个人和小组行动，破门技术。

轻武器教学内容包括对各种手枪、霰弹枪和步枪的使用。陆上支队人员

微型照相机

可折叠摩托车

还接受以下更高级的技术训练：情报搜集、建筑物的渗入、近距离搏斗、远距离侦察和巡逻、袭击和反袭击、高速或紧急情况下的汽车驾驶技术、轻武器使用战术和小组行动、利器搏斗、赤手搏斗、特殊环境下的生存、野战医疗、美国政府有关分队战术的学说、炸药使用、陆上、海上和空中行动。

所有的陆上支队人员都要通过学校开设的每一个班的全部课程。这些班开设的主要是同轻武器、交通工具、恐怖主义或任何与秘密战场行动有关的课程。之所以要开设这些课程，一方面是因为这些课程可以提高特别行动队特工的个人技能水平，另一方面是因为陆上支队特工将来还要在某一时间担任教官。这些班通常开设在CIA两个主要训练中心之一或其他政府机构。

CIA行动处进行各种训练课程的营地是皮里军营，又称"特种训练中心"。"特种训练中心"占地4万平方公里，是二战期间美国海军工程人员修建的训练基地，武器、炸药、渗透、撤出战术以及其他基本谍报技术是这里训练的核心内容。包括特别行动队队员在内的所有特工都要前来接受这些基本训练，学员们还要经常到附近的威廉斯堡，在真实的环境中运用他们掌握的技能。许多电影和小说把"特种训练中心"说成是准军事特工人员接受训练的最后场地，事实并非如此。为了获得近距离搏斗、情报搜集以及其他关键的秘密技能，学员们还要被送到哈维·波因特"防卫试验中心"接受训练。

美国特工正在进行作战训练

哈维·波因特"防卫试验中心"位于北卡罗来纳州伊丽莎白市,成立于第二次世界大战时期,当时是沿大西洋海岸执行反潜任务的一个飞艇基地。通常美军高级特战队的队员都要在这里接受训练。这里还为美国秘密机构传授炸弹处理技术。此外,这里还为美国海军"海豹"特战队开设炸弹应用技能课程。以上课程都由该中心的科学技术部(也称特别行动处)负责实施。与众多特种部队不同的是,特别行动队还要到一些民事机构进行训练。位于弗吉尼亚州西点的ITI就是这样的民事机构。特别行动队挑选的人员一般都要在这里进行训练。ITI还为专门进行反恐怖训练的反恐怖战术课程提供教官。位于田纳西州孟菲斯附近的中南自卫射击学院,也是特别行动队人员经常被送去接受培训的地方。

负责特别行动队进行绝大多数训练的G8也是这样的民事机构。主要进行近距离战斗、谍报技术、监视和袭击技术等训练。G8成立于1981年,是一位退役的资深美国海军"海豹"特战队军官和一位CIA准军事官员创办的,位于夏威夷瓦胡岛上的艾纳亥纳山谷。1982年,G8总部迁到了美国本土。在很短的时间里,由于同CIA建立了相当密切的合作关系,G8逐渐成为一个可满足准军事行动人员训练的日臻完善的训练机构。

随着学员的增加,G8的教官人数不断增加,素质日渐提高。今天,G8的工作人员不仅有前特别行动队成员,而且包括美军各武装力量的退役军官和战斗队员,如美军特别行动指挥部、美军情报和安全指挥部、美军陆军第20特种部队、约翰·肯尼迪特种战争中心、美军第75突击队。

在各种环境下,熟练驾驶各种交通工具是特别行动队训练的重要内容。其基本科目在"特种训练中心"学习,情报局业内人士称这里的课程是"猛冲猛撞"课程。这是任何一名被送往潜在敌对区域的CIA特工所必须受到的基本培训。培训内容主要包括:布朗宁9毫米手枪和韦切斯特1200型12毫米口径霰弹枪的使用、反恐怖驾驶技术、反恐怖警惕以及反侦察技术。对于要接受更高水平训练的陆上支队成员来说,这种驾驶技能是最基本的要求,他们来此学习前就已经掌握了相关技能。但考虑到他们将来要来这里担任教官,所以CIA要求他们继续参加这一课程的系统培训。

特别行动队驾驶训练分很多类。“战术驾驶技术”(TVC)是为那些必须迅速获得一种交通工具撤离敌方地域的个人设计的课程。交通工具的种类和挑选、临时性工具、躲过安全设施和逃离现场等是此类课程考虑的重点。学完这门课程后，接着要学习的是更高级的拦截交通工具的课程，即学会如何利用一种或几种交通工具或武器拦截敌方行进中的交通工具。规避驾驶训练单元(EDM)是针对特工在驾车时可能受到攻击而设计的课程。其指导思想是，在遭受攻击时，无论攻击者是有预谋截车、绑架或恐怖主义暗杀，受攻击者的第一反应应当是迅速脱离危险。“规避驾驶训练单元”所授课程的目标就是教驾驶者如何把手头的交通工具作为逃离的工具或生存的武器。教学中，教官们向学员演示阻止行进中的车辆的困难性，进而向他们传授如何尽最大努力将高速行驶的汽车驶离公路、前冲、倒车疾驶等规避技巧。在训练中，将遭遇各种类型攻击的模拟场景——展现在学员们的面前，学员们要运用教官所讲授的知识和掌握的技巧做出快速反应。

最后，还有一门“高级驾驶训练课程”，它是更高级的驾驶课程的基础，又是一门独立的课程。学员们通过这一课程要学会如何成为一个更加优秀和自信的驾驶员。该课程关于汽车动力学原理的讲授有助于学员从理性上掌握汽车在运动中的特性，从而通过不断的训练达到人车之间的高度协调。

(五)利用网络培养小间谍

美中央情报局一直在采取各种手段和措施，希望通过发展各种先进的网络侦察技术，提高其情报的搜集和处理能力。据英国《情报文摘》披露，美中央情报局早已制订了内容广泛的互联网情报搜集计划，主要包括两个方面：一是争取尽早进入全世界各公司、银行和政府机构等的电脑系统以收集信息；二是尽早开发出能使它的分析人员和遍及世界各地的情报人员进行交流、传输信息的计算机网络，并确保其安全，避免黑客或敌对机构

网络培养小间谍

等的侵袭。

美国和西欧国家是盟友和朋友,但美国一直在窃听朋友的秘密。据法国《情报世界》引述法国国防部情报部门“战略事务专责小组”撰写的报告,指出美国国安局的特工协助微软在其视窗软件中安装秘密程式，以便窃取软件用户的资料。全球有九成电脑均装有视窗软件。报告说:“事实上,外间一直有人怀疑,微软公司的软件可能包含间谍程式;又有人说微软领导人盖茨的软件发展小组内有国安局的人。凡此种种,都令人强烈质疑微软软件的保密性。”报告又称,“美国国防部是全球最大的微软用户,种种迹象显示,微软公司的创立崛起,似乎获得国安局的支持;而国际商用机器公司也在同一部门(国安局)的要求下,采用微软的MS-DOS作业系统来获取情报”。报告又说:“为数十个西欧国家军队和大使馆供应精密编码软件的瑞士公司CryptoAG,还应英美联合间谍网的要求,在产品上设置了一个后门密码,从而让美国情报组织得以解读欧洲军方和政界领袖以为是“秘密地”传送的电子信息。”报告说:“如今欧洲所有电子邮件、电话和传真经常被美国国安局截查。所有来自欧陆的目标信息均被传送到英国伦敦的监控系统,继而由人造卫星经由英国北约克郡沼泽地的主要传送系统送到美国马里兰州米德堡。”欧洲议会也发表一份美国情报机构将手伸向“朋友”的报告。报告称,美国中情局、国安局和商务部成立了一个名为“行政支援办公室”的秘密组织,藉以将经由监察仪器盗得的欧洲企业竞争对手的商业机密传送到英美。报告引述了几宗工业间谍活动的例子，指出法国电子业大公司汤姆森正是因为这类间谍活动,使得这个公司一次就失去了一项70亿法郎的合约。文件亦揭示美国较早时如何依靠由英美联合情报网偷取的情报，破坏了法国本拟为沙特阿拉伯提供空中客车的340亿法郎合约。

美国中央情报局不仅通过网络获得情报,还“别出心裁”地通过网络培养小间谍。中情局在互联网上开辟了一个培养未来间谍的网站,这个网站名为:CIAkids,意思是中央情报局儿童网。该网站通过游戏形式专门教唆儿童如何成为一名间谍,他的工作是什么,哪些人将成为中央情报局赫赫有名的秘密特工人员等。为了吸引儿童上网,该网站精明地使用了几种动物和著名间谍人物的形象:一个名叫“博加特”的警犬会发现炸药藏在哪里,进行间谍拍照,还有一些美国著名的特工人员的形象,例如哈里·布雷肯、一只和平鸽在空中飞翔等。这些人物和动物形象使用的是儿童易懂的通俗语言,并以爱国口吻描述间谍们从事的工作。中央情报局为美国儿童设计的官方意识是:“间谍工作就是为我国领导人维护国家安全提供所需要的情报。”该网站为了证明它的合法性，还使用了美国间谍历史中的妇女和黑人形象，例如内森·黑尔和神奇的“355”。该网站的其中一页甚至大胆地问道:“你愿意同全世界的人一道工作吗?你有能力适应新情况(特别是适应危险情况)吗?你愿意学习其他国家的语言吗?”同时在网页右端一个引人注目的地方有一个“无害的”游戏,让人物穿上最滑稽的服装,乔装打扮后进行不可告人的秘密工作。大约两年前,当中央情报局刚刚有儿童间谍这个“聪明”的想法时,他们的同行拉斐尔·卡尼亚斯就在《世界报》上揭穿了CIAkids网站的内容。他说,不要怂恿青年人阴谋推翻政府,不要讲述已经失败的入侵古巴的猪湾事件或暗杀外国领导人的计划,这些都是冷战时期发生的事件。

美国中央情报局的目的在于,在操纵进入CIAkids网站的所有儿童心理的同时,它希望每天都能以1000个来访者的速度扩大其访问率。与此同时,他们还企图强化这样一种思想,即最重要的是保护美国的国家安全,只有为美国利益服务,作间谍才是爱国的。

(六)中情局绝密“大脑控制”实验内幕

●中情局训练7岁姐妹花当杀手

《007》系列电影中,英国间谍詹姆斯·邦德有一个“Q博士”,专门为他设计各种小巧致命的间谍工具。尽管这是虚构的电影故事,但是在冷战时期的美国中情局,却的确有一个货真价实的“Q博士”:西德尼·戈特利布博士。这名加州理工大学毕业的博士不仅为中情局研制出了隐形墨水、毒镖、毒手帕等物，他更发起了美国中情局长达20多年的绝密“大脑控制”实验——MKUltra计划,中情局专家梦想通过一种迷幻药物或催眠法,彻底控制另一个人的大脑，可以使其沦为美国情报机构随心所欲的间谍工具和“完美杀

脑控武器

手”。从上世纪50年代到70年代末，许多美国人成了中情局MKUltra计划的实验品，其中竟然包括两名年仅7岁的女孩子！美国作家斯奇瓦兹在《绝密武器》一书中对此进行了独家披露。

据斯奇瓦兹在《绝密武器》一书中披露，MKUltra计划是美国中情局一个跨时20多年的绝密计划，它是由早期的“知更鸟计划”发展而成的。MKUltra计划最初的目的旨在训练中情局间谍，防止他们被捕后遭到前苏联克格勃的“洗脑”，到后来，中情局专家希望能通过迷幻药、催眠术甚至微波影响等方法，彻底控制另外一个人的大脑，使其沦为中情局随心所欲的间谍工具。

MKUltra计划的最终目的，旨在炮制出一些“程序化”的中情局杀手，他们可以在任何时候无条件地服从命令，前往世界上的任何地方执行间谍和暗杀任务。在一份1952年的中情局备忘录上，寥寥几行字记录着中情局首脑对该计划的目标:“我们能否控制一个人的大脑？能否使一个人违反他自己的意愿，违反自然界的基本法则如自我保护等，无条件地做我们希望他去做的事？”

该书披露，从上世纪50年代初到70年代末，以西德尼·戈特利布博士为首的中情局专家进行了一系列“大脑控制”实验。最初，一些专家在自己身上试验迷幻药，让同事观察服用后果。然而，自1953年11月中情局研究员弗兰克·奥尔森在服用迷幻药后突然发狂、跳楼自杀后，中情局就开始从美国公众中寻找“试验者”。他们先是拿美国监狱中的囚犯做实验，后来又拿一些妓女做实验，最后中情局竟然将目光伸向了普通的美国平民！

据《绝密武器》一书披露，在上世纪70年代，两名年仅7岁的小女孩竟然也成了MKUltra计划的无辜牺牲品。这两名小女孩是一对姐妹，她们的父亲是个脾气暴躁，经常虐待子女的美国军人。由于中情局的“大脑控制”实验已经深入美国陆军、海军和空军各个领域，这名美国军人自愿地将两名女儿送到中情局做“试验者”。

《绝密武器》一书披露，这两名女孩一个叫做谢丽尔·赫莎，另一个叫做里恩·赫莎，从7岁时起，她们就参加了美国中情局一系列的绝密训练计划。她们精通武术、枪器和暗杀技巧，为了将她们训练成“最有效的杀手”，中情局同样对她们进行了“大脑控制”实验。该书称，由于MKUltra计划后来渐渐被美国公众所知悉，引发了广泛的谴责，在内外压力下，美国中情局终于中止了这项实验。在赫莎姐妹离开中情局前，据称她们脑海中有关中情局大脑实验的记忆已经通过某种类似“洗脑”的方法被“人为”地抹去了。

《绝密武器》一书出版后，在美国引起了巨大的争议。该书作者斯奇瓦兹称，该书的所有内容都是在调查真人的情况下写成的。该书出版后三个月，一名自称谢丽尔·赫莎的女子就接受了美国俄亥俄州第五新闻频道电视台的采访，称她正是书中的姐妹花之一。这名叫做谢丽尔的女子对美国电视台称，当别的孩子还在操场上做游戏玩耍的时候，她和妹妹里恩两人却不得不开始学习如何进行杀戮游戏。现年40岁上下的谢丽尔称，上世纪70年代初，她的父亲就迫使年仅7岁的姐妹俩加入了美国中情局的MKUltra计划，当时正是美苏冷战最紧张的时期。MKUltra计划旨在训练最有效的间谍杀手，因此她们的训练涉及到大脑控制、抗折磨拷打、暗杀方法甚至性吸引技巧等多个方面。

谢丽尔接受第五频道电视台采访时道：“当我8岁的时候，就开始进行了军事方面的训练，包括学会使用武器、刀具、左轮手枪和射击等。”谢丽尔称，在中情局的训练中，不同的角色会拥有不同的代号，譬如童妓会被称作“性感的赛迪”，而通过魅力勾引外国特工上钩并将其杀死的女性则被称做“黑寡妇”。

谢丽尔称，她们的训练任务还包括使用“色相”勾引外国使节，将其麻醉并带往一个秘密地点。谢丽尔道：“一旦他们中计，中情局特工就会对他们进行拍照，这些照片足以胁迫他们无条件地进行合作。”据谢丽尔称，当她和妹妹离开MKUltra计划的时候，中情局专家也许通过某种类似洗脑的方法，“人为"地抹去了她们部分记忆。

●"大脑控制"实验制造"邪恶面包"事件

英国媒体2010年3月12日报道称，1951年8月16日，法国东南部一个小村的数百名村民在一夜之间集体出现了头痛、呕吐和精神错乱症状，这起事件导致至少5人死亡，数十人被关进了精神病院。当时警方和科学家调查认为，这一事件的"罪魁祸首"很可能是当地的一名面包师。他生产的面包可能在不知情中被一种容易引发幻觉的麦角菌给污染了，然后又被村民吃下。这一事件也因此被人们称作"邪恶面包"事件。然而，美国调查记者HP·小阿尔巴雷利在经过详细调查后惊爆内幕：当年那些村民集体精神错乱并不是吃了感染霉菌的面包所致，而是因为美国中情局用"迷幻药"对他们进行了绝密的"大脑控制"实验。

法国一个小村村民"集体疯狂"。上世纪50年代，法国东南部的蓬圣埃斯普里村本来是一个风景如画的小村庄，然而1951年8月16日，一场梦魇般的厄运突然降临到了该村的300多名村民身上。在一夜之间，该村的数百村民突然集体出现了头痛、呕吐和精神错乱症状。

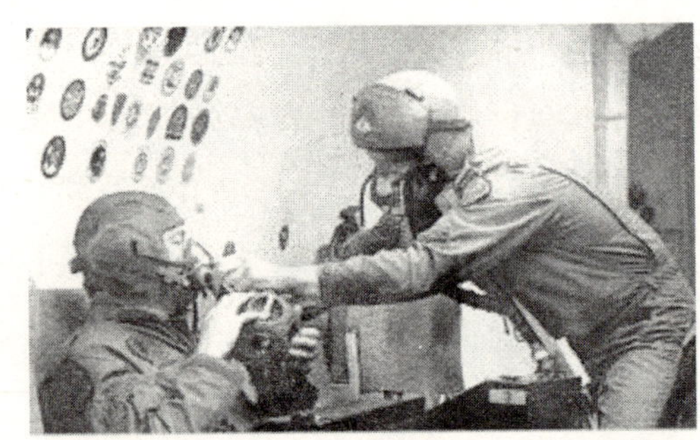

"大脑控制"实验

一名疯狂的村民跳入河中试图淹死自己，他尖叫称一群蛇正在吃他的肚肠；一名11岁的小男孩将祖母当成了恶魔，试图用手扼死他的祖母；一名村民大喊一声"我是一架飞机"后，就从二楼窗户上跳了下去，他摔断双腿之后，竟然还爬起来继续走了50米。还有一名疯狂的村民称他看见自己的心脏从自己的脚跟处"逃"了出来，并哀求医生将他的心脏重新塞回他体内，还有很多人称看到了吐火的飞龙和怪兽。

美伊战争中的脑控武器

法国村庄多名村民集体“精神错乱”的怪事当时震惊了世界。美国《时代周刊》当时写到:“一些村民疯狂地砸自己的床,尖叫称他们的身体中正在长出红花,还有村民称他们的大脑已经变成了熔化的铅。”这一匪夷所思的“集体疯狂”事件最后导致至少5人死亡,至少数十名村民被关进了精神病院。

当地警方和科学家立即展开了调查。最后,一些科学家认为导致村民集体疯狂的“罪魁祸首”可能是当地一名生意兴隆的面包师。科学家怀疑,他用来烤制棍子面包的面粉可能在不知情中被一种容易引发幻觉的麦角菌给污染了,从而导致吃了该面包店面包的村民们大都出现了精神错乱症状,这一事件也因此被人们称做是“邪恶面包”事件。

●机关算尽:《美国中情局官方魔术指南》

上世纪50年代冷战初期,美国中情局(CIA)为了提高特工的业务水平,不惜重金聘请当时最著名的魔术大师约翰·穆尔霍兰德,让其传授一系列令人匪夷所思的魔术技法。CIA当时将所有这些独门绝技编著成一本绝密的《CIA特工指南》。

重金聘请魔术大师“取经”。据报道,上世纪40年代末、50年代初,美苏两个超级大国拉开“冷战”序幕。美国中情局为了对抗苏联的心理控制实验和高科技审讯技术,发起了一项名为“MK-ULTRA”的心理控制实验计划。1953年,CIA重金聘请当时美国最著名的魔术大师约翰·穆尔霍兰德作为技术指导。据悉,后者在拿到高达3000美金(这在当时堪称巨款)的重酬之后,几乎将自己多年来的“魔术心经”和“通灵绝技”倾囊相授。

中情局当时将大师传授的各类魔术障眼法和戏法绝技一一记录成册，编著成《CIA特工指南》。为了防止机密外泄，中情局于1973年下令将该指南的所有副本一一销毁，让他们做梦也没有想到的是，竟然仍有一本“幸存于世”。根据这一“孤本”，一本名为《美国中情局官方魔术指南》的新书对这些昔日“冷战绝对内幕”首次进行了全面披露。该书作者为著名情报历史学家、国际谍报技术权威凯什·米尔顿和前CIA高级主官罗伯特·华莱士。

特工手册

穆尔霍兰德的魔术戏法既巧妙隐蔽又简便实用，可以帮助特工悄无声息地在众目睽睽之下窃取和传递各种敏感的情报。比如，仅仅依据不同的系鞋带方式，便可轻松传递出“我有情报”、“跟我来”等不同秘密信息。再比如，如何取得绝密文件:先在手里拿着一本书作掩护，在书的封底悄悄滴上几滴热蜡，佯装将书本搁在桌面上，不动声色地将位于底端的文件顺势“粘”走。

在穆尔霍兰德看来，一场情报活动就犹如一场魔术表演，有时需要“团队合作”，助手可以帮忙设置舞台、放置道具等等。比如，如果想在目标人物的酒杯里下毒药或迷药，可以先让助手靠近前者，佯装吸烟却找不到火柴。这时魔术师适时上前帮助点烟，一手拿着火柴打掩护，一手让隐藏于火柴盒下方的小药丸“滑”入目标人物的酒杯中。

穆尔霍兰德特别强调如何分散注意力，如何把握出手的时机和身体的位置。除了各种肢体语言，特工的表情训练同样也是穆尔霍兰德的传授内容之一。

雪茄藏炸药暗杀卡斯特罗。穆尔霍兰德的魔术技法被中情局奉为“圣经”，甚至还被用来阴谋暗杀古巴领导人卡斯特罗。其中包括:在卡斯特罗的靴子里滴入一种高毒性的脱毛粉，以及在他的雪茄烟里暗藏炸药。

四、中央情报局历任领导人与主要人物

(一)中央情报局历任领导人

中央情报局局长由总统任命，参议院批准，是美国各情报机构的协调人，负责改进美国情报委员会的工作，保证总统在作出决策时，能充分掌握第一手情况。根据美国1947年出台的《安全条例》，美国中央情报局没有国内任务，也没有逮捕权，主要有以下五种职能：①向国家安全委员会提供协调政府各部门和机构有关国家安全方面情报活动的情况；②向国家安全委员会提供协调政府各部门和机构有关国家安全方面情报活动的建议；③联系和评价有关国家安全的情报，为政府内部适当传播情报，在适当的地点提供有用的机构和设施；④为现存情报机构的利益，从事共同关心的辅助服务，以便更有效、更集中地执行国家安全委员会的决定；⑤履行影响国家安全的有关情报的其它职能和义务，以便国家安全委员会能随时进行指导。

20世纪90年代初开始，中央情报局逐渐将工作重点转向搜集经济情报和其他国际上的一些热点问题，如反恐怖主义、防止核武器扩散和防止毒品走私等问题。克林顿政府明确指示中央情报局在国际新形势下主要有三大使命：①努力掌握介入武器扩散和恐怖活动的国家的情况。②严密注视那些一旦它们的政治和经济发生不利的变化可能会使美国感到不安的国家的情况。③尽一切努力协助美国政府确保美国企业能在国外生意场中进行公平交易。查清那些为了从美国手中夺走经济合同而进行的一切收买或行贿活动，以保障美国企业在生意场上的竞争中赢得胜利。

中央情报局局长由美国总统直接任命，还担任总统和国会的高级情报顾问，常被称为总统的“耳朵”。中央情报局的前身是二战中的战略情报局，后改组为中央情报组。1947年，中央情报局正式成立。

第一任局长:罗斯科·希伦科特(1947年5月1日-1950年10月7日)

第二任局长:沃尔特·史密斯(1950年10月7日-1953年2月9日)

第三任局长:艾伦·杜勒斯(1953年2月26日-1961年11月29日)

第四任局长:约翰·A·麦科恩(1961年11月29日-1965年4月28日)

第五任局长:小威廉·雷伯恩(1965年4月28日-1966年6月30日)

第六任局长:理查德·赫尔姆斯(1966年6月30日-1973年2月2日)

第七任局长:詹姆斯·施莱辛格(1973年2月2日-1973年7月2日)

第八任局长:威廉·科尔比(1973年9月4日-1976年1月30日)

第九任局长:乔治·H·W·布什(1976年1月30日-1977年1月20日)

第十任局长:斯坦斯菲尔德·特纳(1977年3月9日-1981年1月20日)

第十一任局长:威廉·J·凯西(1981年1月28日-1987年1月29日)

第十二任局长:威廉·H·韦伯斯特(1987年5月26日-1991年8月31日)

第十三任局长:罗伯特·盖茨(1991年11月6日-1993年1月20日)

第十四任局长:小罗伯特·詹姆斯·伍尔西(1993年2月5日-1995年1月10日)

第十五任局长:约翰·M·多伊奇(1995年5月10日-1996年12月15日)

第十六任局长:乔治·特尼特(1997年7月11日-2004年7月11日,2004年6月3日辞职)

第十七任局长:波特·J·戈斯(2004年9月24日-2006年5月5日)

第十八任局长:麦可·海登(2006年5月5日-2009年2月12日)

第十九任局长:里昂·帕内塔(2009年2月19日-)

(二)美国中央情报局的主要人物之最

(1)中情局历史上任期最长的局长——艾伦·杜勒斯(1953年2月26日-1961年11月29日)

中央情报局成立不久,就受到了种种挫折和失利,因此它的局长换了一个又一个。1953年,艾伦·杜勒斯被委任当了局长。从1953年上任至1961年,一干就长达8个年头,是中情局历任局长任职时间最长的局长。由于艾伦·杜

艾伦·杜勒斯

勒斯任职的8年时间正值冷战期间，其理念和做法，给人们留下深刻烙印。

上任时杜勒斯56岁，年近花甲，头发灰白，戴着一副眼睛，叼着一只烟斗，颇有学者派头，给人一种斯斯文文的感觉。实际上他却精力充沛、老谋深算、极有心计。美国人都戏称他为中央情报局的“狐狸局长”。其实，杜勒斯在任美国驻瑞士大使特别助理时就开始他的谍报生涯。1943年8月，时任美国驻瑞士大使特别助理的杜勒斯在使馆接待了一位神秘的德国客人，这位德国客人落座后，开门见山地说：“我带来了186份文件。”杜勒斯大致地翻了翻这186份文件，不禁大吃一惊，这些文件包括有德国外交部长里宾特洛甫谈话的备忘录，德国潜艇与日本潜艇会合的地点，德军谍报局设在葡萄牙某港口的谍报网情况……件件绝密！

杜勒斯按捺住内心的震撼与激动，望着来人。来人这才表明自己的身份：“弗里茨·科勒，在德国外交部供职。我每天将所有的文件过目，然后摘要呈递给里宾特洛甫。我痛恨纳粹，所以愿意定期给你们提供这些绝密文件。”杜勒斯凭直觉判断此人价值重大。于是他与科勒约定，两个月之内让他再来伯尔尼联络。

杜勒斯仔细地阅读了这些文件，确实详尽、机密。后来科勒又向杜勒斯两次提供了重要情报，其中包括一名德国间谍混进了英国在土耳其的使馆。杜勒斯立即把这个情报通报给英国人，可是他的上司这时开始怀疑科勒的动机。战略情报局和英国秘密情报处的情报分析家一起为科勒的情报做鉴定，最后都断定材料是真实的。不过他们还是怀疑这也许是德国人使用的伎俩，是为传递假情报做准备。但杜勒斯凭直觉相信，科勒是真诚的。他几次致电多诺万，担保科勒。多诺万也同意他的看法，并在罗斯福面前极力担保。

1944年3月，战略情报局突然需要一些有关日本的政治和军事情报，下令杜勒斯尽快和科勒联系。杜勒斯从苏黎世向科勒发去一张明信片，上面写着："亲爱的朋友，你还记得我的小儿子吗？他的生日马上就要到了，你能不能在柏林帮我买一些这里的商店过去常卖的日本玩具？"复活节过后几个星期，科勒果然出现在杜勒斯面前，他带来了大量缩微胶片，里面包括日本海军舰队的战斗序列，德国间谍从东京发回的有关日本政治经济的评估等。杜勒斯兴奋地致电华盛顿："伍德(科勒的代号)带来了200份以上价值极高的复活节礼物。"

由于科勒提供的材料实在太有价值了，以至于盟军对这些情报的真实性产生了怀疑。仍有许多人怀疑科勒是德国人的诱饵，目的是将盟军引诱到错误的方向上去。直到二战结束，科勒的间谍身份也没有暴露。战后，他继续为在柏林的美国人工作，帮助美军查出隐匿起来的纳粹分子。但是，科勒最终在纽伦堡审判中作为证人出庭，却因此葬送了自己想回到新的外交部工作的打算。无奈之下，科勒来到美国。

杜勒斯促成"日出行动"成功。1945年2月，党卫军意大利战线负责人卡尔·沃尔夫将军的两位代表来到杜勒斯面前，谈判关于投降的事。沃尔夫是希特勒的心腹，在党卫军中他的权威仅次于希姆莱。

曾任美国国务卿的约翰·福斯特·杜勒斯(艾伦·杜勒斯哥哥)

为考察其诚意，杜勒斯提出：有两位意大利游击队重要人物落在盖世太保手里，如果沃尔夫真有诚意，先释放这两名囚犯。几天后，这两位游击队领导人被送回，接着沃尔夫亲自来到伯尔尼，要与杜勒斯就投降问题直接谈判。沃尔夫主动提出愿意做三件事以示诚意：第一，停止针对意大利各党派的敌对行动；第二，将关押在意大利北部的最后一批犹太人释放；第三，对关押在意大利蒙塔的350名盟军战俘的安全负责。

在杜勒斯的要求下，他还答应回去说服意大利战线德军统帅凯塞林元帅投降，因为他与凯塞林私交很好。杜勒斯的报告传到战略情报总部，多诺万极其兴奋，赶紧上报。华盛顿立即把这情报通知给英国。亚历山大元帅派出两个将军来到伯尔尼，准备谈判并接受投降。这次行动的代号叫"日出"。

不料，这时情况发生了变故，凯塞林元帅被召回柏林任西线德军总司令。沃尔夫试图说服他，把投降的规模扩大到整个西线。可是凯塞林不同意，但他也没有去告发。将军们等了一个星期没任何消息。此时盟军正一步步向前推进，如果不能赶在盟军取得重大胜利之前实施投降，这个行动就没有意义可言了。杜勒斯急得像热锅上的蚂蚁，要知道此事都已经捅到了英美两国的元首那里，被看成是一个既成事实了。一直等到3月26日，沃尔夫终于带来口信，说他将带来一个"完整的方案"。但是直至4月11日还没有新消息，连杜勒斯都忍不住怀疑自己被骗了。

就在这时，罗斯福总统逝世。杜鲁门上台后，立即命令战略情报局停止在伯尔尼与德国人接触。杜勒斯在4月20日收到了总部的电报，可是第二天他就得到消息：沃尔夫将军已经带人在前往瑞士的路上，准备立即就意大利的德国陆军、党卫军以及盖世太保的投降问题与盟军磋商。杜勒斯心急如焚地向参谋长联席会议请示，但是杜鲁门总统不想改变自己的指令。杜勒斯只好让瑞士情报部的韦贝尔作代表与德国人周旋。磨了两天之后，沃尔夫似有察觉，愤然返回意大利，指挥部下顽强抵抗。

4月26日，杜鲁门终于改变主张，接受沃尔夫在卡塞塔投降。5月6日，杜勒斯被召到艾森豪威尔设在法国的前线指挥部，出席德军的投降仪式。持续65天的"日出行动"从此成为美国情报史上的成功经典，杜勒斯也因此获得自由勋章和总统嘉奖。

二战后杜勒斯任中情局长，在他的努力下，使得中央情报局在一些关键问题上取代了国务院的作用，成为推行美国对外政策的主要工具，提高了中央情报局在美国国内的威望。对于中情局来说，反共战争是在杜勒斯1953年接任局长以后真正开始的。艾伦·杜勒斯和他的哥哥国务卿约翰·福勒斯·杜勒斯都极端反共。杜勒斯兄弟在20世纪50年代控制了美国的对外政策，其影响一直持续到60年代甚至更远。对于杜勒斯兄弟来说，外交政策就是不惜一切代价遏止共产主义以及尽量不与艾森豪威尔总统协商，因为总统总是采取默许的态度。艾伦·杜勒斯作为最强硬的反共派，冷战期间在反华诸事上兴风作浪，是对中国伤害最大的中情局局长。台湾问题、朝鲜战争、和平演变，都是他一手策划的。1961年9月杜勒斯因猪湾事件失败被解职。

(2)被判处监禁的局长——理查德·赫尔姆斯(1966年6月30日－1973年2月2日)

理查德·赫尔姆斯

赫尔姆斯出生于1913年3月，中学时有两年随家人生活在德国和瑞士。1935年从威廉姆学院新闻系毕业后，赫尔姆斯成为联合通讯社驻欧洲记者。1936年在报道柏林奥运会期间，他曾经独家采访过希特勒。他1937年来到英国，在印地安那波利斯的《时代》当广告主管。

1966年6月，赫尔姆斯成为担任中情局局长的第一个专业情报人员。虽然是约翰逊提拔的，1968年尼克松上台后又保留了他，但他与这两届总统的关系始终因为越南问题而紧张。为防患于未然，他从不参与制定政策，只为政策服务，问题是他对一些政策有保留意见，而他清楚作为不得人心的政策的执行机构，弄得不好，白宫就会嫁祸于人，让他和中情局当替罪羊。为此，凡是他经手的中情局事物都有记录。

1970年，尼克松命令中情局全力以赴阻止智利议会确认阿连德在总统大选中的胜利。虽然明知只有1/10的成功可能性，赫尔姆斯也只能照办，为此一共花掉800万美元，结果还是惨败。1972年，赫尔姆斯拒绝配合白宫组织对“水门事件”的调查。这个决定成了压垮骆驼的最后一根稻草。尼克松要求他辞职。在赫尔姆斯最后离开兰利总部大楼时，所有工作人员都挤在大楼外的车道上向他告别，此时此刻几乎没有一双眼睛不含泪水。

在20世纪70年代国会举行的数次听证会上，赫尔姆斯坚决否认中情局曾经试图推翻智利政府，也否认曾经资助阿连德的反对派。对国会隐瞒事实是犯罪行为，在受到起诉时，他选择了放弃争辩而又不承认有罪的说法。他在1977年10月31日对审判他的地区法官巴林顿·帕克解释说，他发现自己处于一种两难境地之中，一方面必须信守为中情局保守秘密的誓言，另一方面又必须对国会说实话。帕克罚了他2000美元，还判了他两年监禁，缓期执行。

(3)与总统关系最疏远的局长——威廉·科尔比(1973年9月4日–1976年1月30日)

科尔比出生于1920年1月，他是家里的独生子。他的父亲是个第一次世界大战的老兵、陆军军官，后又成为大学教授。幼时，随着父亲住地的转移，科尔比到过巴拿马和中国。16岁时，科尔比进入了普林斯顿大学。1940年毕业后，他在哥伦比亚大学法学院读了一年，然后参军入伍，当了个步兵军官。1943年，科尔比应召参加战略服务办公室，在英国南部接受特种游击战短期训练后，先后被空投到纳粹占领的挪威和法国进行游击战和破坏，直到德国投降。战后科尔比回到哥伦比亚大学读完法律学位后，先在老上司多诺万的纽约律师事务所当了两年半律师，接着到全国劳工关系委员会工作。

威廉·科尔比

1950年朝鲜战争爆发不久，科尔比参加了新成立的政策协调办公室。在斯坎的纳维亚和意大利分别执行了2年和5年的秘密任务以后，他在1959年担任越南工作站副站长，第二年升为站长。1962年科尔比回到华盛顿，担任计划部远东处处长。1967年，被越南战争搞得骑虎难下的约翰逊请赫尔姆斯给科尔比放长假，让他到南越担任相当于大使级别的国际开发总署代表，主持“凤凰行动”。1972年，科尔比被召回华盛顿，先在赫尔姆斯手下担任总审计长，然后在施莱辛格手下担任行动部部长。施莱辛格走后，他受尼克松委任领导中情局和情报界，是继赫尔姆斯以后第二个从中情局内部提拔上来的中情局局长。

科尔比上任不到一个星期就面临着最为艰巨的挑战——国会以及新闻界开始调查中情局是否卷入了旨在推翻智利总统阿连德的军事政变，以及中情局自从建立以来大量的违法乱纪活动。然而，由于尼克松对中情局的猜疑和敌意，科尔比与尼克松的关系十分疏远，在任期内一共才单独见过尼克松3次。他与福特的关系也很疏远。

1976年初，福特决定由乔治·布什代替科尔比。于是他重返久违的律师旧职，并写了两本回忆他在中情局和越南的经历的书。科尔比在1996年5月一次划船时死于心脏病猝发。

(4)年龄最大的局长——威廉·J·凯西(1981年1月28日－1987年1月29日)

凯西出生于1913年3月，被任命为中央情报局局长时已经67岁，是所有局长中年纪最大的一个。

威廉·J·凯西

威廉·J·凯西在1937年从圣约翰大学法律系毕业，从事律师和商人。二战初期，作为预备役海军中尉，凯西因为视力不好而被分配在海军采购办公室，分工负责登陆舰艇的监造。不满于枯燥的案头工作，凯西利用他在华盛顿律师界的关系，设法转到了战略服务办公室。他在1943年9月第一次见到多诺万。当时他29岁，而多诺万已经60岁，他俩都是爱尔兰移民的儿子、罗马天主教徒、华尔街的律师，有着同样的名字，最重要的是情趣相投，所以很快成了忘年交。凯西先在多诺万的秘密处工作，然后去战略服务局在伦敦总部的秘书处。他视察各地，撰写报告，充当多诺万的眼睛和耳朵。当多诺万在1944年中决定开展对德国本土的谍报工作时，他任命凯西担任战略服务办公室欧洲行动特别情报处处长，在伦敦招募、训练和组织深入希特勒第三帝国后方的突击队。1945年3月，凯西的第一个小组被空投到奥地利的库夫斯泰因。此后的两个月里，凯西陆续派出几十个特工小组。战后，凯西回到华尔街当律师，同时买卖股票，成了百万富翁。他担任过马歇尔计划欧洲总部助理法律顾问、美国证券交易委员会主席、主管经济事务的副国务卿、进出口银行总裁、安全及情报交换委员会主席、卡特和福特政府的对外情报顾问委员会委员。他是里根1980年竞选班子的总管，在里根的胜利中扮演了极其重要的角色。

在接受中情局局长的任命时，凯西认为自己应该是内阁决策班子的一员，经过里根同意，凯西成了第一个进入内阁的中情局局长，这使他有了破例的地位和影响力。这是个关键的时刻，从前的中情局局长都是超脱于政党之上的情报提供者，而作为内阁一员，凯西成了里根行政当局的有机组成部分。他不仅支持中情局，向里根提供情报评估，担任里根的情报顾问，而且参与决策，兼任里根的政治顾问。

凯西和里根志同道合，坚信苏联是远比美国政府一般人所认识到的更狡猾、也更强大的"罪恶帝国"。他要打击苏联的要害，从政治和经济上同苏联争夺东欧和第三世界的阵地。他完全抛弃了中情局只执行而不制定政策的传统，制定了与勃列日涅夫领导下的苏联进行对抗的一系列措施。许多人认为，除了里根以外，凯西是最直接地造成苏联垮台的人。

鉴于在先前的8年里换了5个中情局局长，凯西认为中情局当时最缺乏的是坚强的领导和自信心。他要改变中情局的面貌，使中情局摆脱官僚和立法机构的束缚，重振当年的雄风。在他上任后的前两年里，他访问了遍布全球的23个主要工作站，为他的部下打气，其中一次在两个星期内走了11个工作站，弄得比他年轻得多的助手们气喘吁吁。在6年任期中，凯西设法把情报界的总预算从100亿美元增加到240亿，中情局增加了3000多雇员，大部分去了行动部，从而扭转了他的前任施莱辛格和特纳造成的衰退趋势。反恐怖活动中心也是在凯西任内建立的。

1986年11月2日，黎巴嫩的《帆船》周刊披露了一条震撼美国国会的爆炸性新闻，说美国向伊朗秘密出售1000多枚"陶"式反坦克导弹，以换取伊朗政府说服与其关系密切的一个黎巴嫩穆斯林组织释放绑架的美国人质。国会随后组成联合调查委员会对此事进行了深入的调查，结果发现中情局卷入此事，而且将获得的数千万美元用于支持尼加拉瓜的反政府武装分子。中情局的行为违反了国会禁止政府向伊朗出售武器和禁止向尼加拉瓜反政府武装提供援助的双重法律。一时间，对中情局的各种批评和斥责铺天盖地，凯西也不得不多次在国会听证会上作证。1987年1月15日，在办公室里接受常规检查时，凯西晕倒，被诊断为脑癌，两个月后去世，结束了其在美国政坛颇有争议的中情局生涯。

(5)受到国会"特别关照"的局长——罗伯特·盖茨(1991年11月6日－1993年1月20日)

1991年，乔治·布什总统宣布提名罗伯特·盖茨担任第十三任中情局局长

罗伯特·盖茨虽然貌不惊人、语不出众，但多年在政府中任职形成的独特性格让他成为美国历史上唯一辅佐过7位总统的官员，可以称得上冷战后美国军政界的"活化石"。

1943年9月出生于美国堪萨斯州，1965年毕业于威廉姆玛丽学院，次年在印第安纳大学获历史学硕士学位。拥有印第安纳大学历史学硕士学位和乔治敦大学苏联历史学博士学位。1966年，盖茨进入美国中央情报局工作，成为一名苏联问题分析师，1973年担任分管战略项目的国家情报干事助理。通过半工半读，他在1974年从乔治敦大学获得博士学位，论文是有关俄国和苏联历史方面的。1974年至1979年，盖茨主要在国家安全委员会工作，参加过多次美苏限制核武器及裁军谈判。他在1979年回到中情局，1981年担任分管苏联和东欧事务的国家情报干事。1986年至1989年，盖茨担任中情局副局长。1989年1月至1991年11月，他出任老布什总统的国家安全事务副顾问，并在政府的外交政策方面起主导作用。

在中情局，盖茨从一名普通职员开始并逐步得到提升。1991年11月，他出任中情局局长。盖茨上台前不久，1991年8月，苏联发生未遂政变，紧接着昔日的庞大帝国土崩瓦解，冷战也在经历了40多年的风风雨雨后终于落下

2006年12月18日，罗伯特·盖茨在五角大楼宣誓出任美国第22任国防部长。前排左一为布什总统，右一为切尼副总统，右二为盖茨夫人。

帷幕。随着头号敌人的消失，中情局一下子发现自己迷失了方向，不得不开始为自己寻找新的定位，而这时候中情局面对的最大挑战来自国内。冷战结束，美国民众强烈要求分享"和平红利"，再加上当时美国经济状况不佳，国防预算的大幅度削减也就在所难免，情报预算自然也不能例外。

因此，盖茨认识到美国情报界必须解决纷繁复杂的新问题，他也深知美国的安全目标已经发生巨大变化，恐怖组织、大规模杀伤性武器扩散、跨国犯罪、人道主义危机等问题都是中情局必须关注的内容。因此，他必须向美国公众证明，在冷战后的岁月里，中情局仍然是美国安全的守护神，绝对有继续存在并且发展壮大的必要性。对此，他迅速评估了未来的情报优先目标和需求，确定了情报界可利用的资源，并且根据新的预算和立法建议进行内部改革。到1992年2月，盖茨已经完成了大部分改革内容。原来针对苏联的苏联事务分析处被一个新的斯拉夫国家和欧亚大陆事务分析处取代。着眼于密切情报界与国会和美国民众的关系，盖茨宣布中情局将采取前所未有的公开政策，让媒体和公众更加容易地接触中情局，增加中情局和学术界的紧密联系，解密了大量具有历史价值的中情局资料。1993年1月，随着老布什总统任期结束，盖茨卸去中情局局长职务。2002年8月，他出任得克萨斯农业机械大学校长。盖茨与布什家族关系颇深。

2006年11月初,国防部长拉姆斯菲尔德辞职后,布什总统提名盖茨接任国防部长。布什评价说,盖茨是美国最有成就的政府工作人员之一,他在国家安全领域拥有丰富经验,将给国防部带来活力和新的观念。提名前,盖茨还是负责评估美国政府对伊拉克政策的伊拉克问题研究小组成员之一。同年12月,宣誓就任美国国防部长。2009年1月奥巴马就任总统后,挽留盖茨继续担任国防部长一职,盖茨借此成为五角大楼历史上第一位被保留首脑职务的反对党人。

罗伯特·盖茨

老家在美国堪萨斯州,先后在中央情报局、白宫国家安全委员会等机构任职的盖茨,在2010年8月16日接受一份杂志专访时称,他计划在2011年某一时间离职退休,结束届时逾期4年的国防部长生涯。盖茨对《外交政策》杂志说,到了2011年就可知道美国在阿富汗的增兵策略是否奏效,因此在2011年的某个时间离职是"一个合乎逻辑的机会"。在2006年年底接替拉姆斯菲尔德出任美国国防部长,即便在2011年离职退休,他的国防部长任期也逾4年,均超过了在他之前的前4任美国国防部长。

(6)受国会批评最多的局长——小罗伯特·詹姆斯·伍尔西(1993年2月5日–1995年1月10日)

伍尔西出生于1941年9月,1963年毕业于斯坦福大学本科。与特纳和克林顿一样,伍尔西也是个罗德斯奖学金获得者。

伍尔西在1965年从剑桥大学获得第二个学士学位。1968~1970年在国家安全委员会工作期间,他半工半读,于1970年获得耶鲁大学的硕士学位。伍尔西于1970~1973年间在参议院军事委员会当法律顾问,1977~1979年担任海军部副部长。在20世纪80年代,他代表美国参加了欧洲常规武器和裁减美苏战略武器的谈判,1991年主持了中情局的未来战略谍报活动研究。他致力于调整情报工作的重点，强调世界各地的民族冲突、恐怖主义活动、毒品泛滥、环境污染等对美国国家安全的威胁，鼓吹大力强化经济情报和反击外国的经济间谍活动。他坚决反对解散中情局的言论，声称："我们现在生活在充满着各种各样毒蛇的丛林里。"同时他在1994年提出计划要削减50%的侦察卫星以及比例更大的地面接收站。他预计科研部的人员将逐步减少26%，其他部门的技术支持人员也将减少1700人，行动部和情报部将分别削减700人和1000人，全局总的雇员人数要减少12%。

伍尔西

伍尔西在1994年12月底辞职，原因之一是克林顿在执政初期对外交事务和情报工作很不关心。而伍尔西自己的能力也有限，不能称职。他是当时受到国会批评最多的一个内阁级别的官员。一般而言，除非受到来自内部或外部的推动，一个组织越是成熟，越是容易滋长官僚习气，越是不愿意冒险和革新，中情局也不例外。许多人认为，跟从前相比，现在同样的活要更多的人才能完成，而且干得不一定好。人们更多关心的是操作程序、与上级的关系、不出岔子。同化的力量太强了，因而把个性或特性都抹煞了。在伍尔西这样的软弱的领导之下，加上他的削减计划，中情局固有的弊端一下子充分表现了出来，以致效率低下、士气涣散。

(7) 毁誉参半的局长——乔治·特尼特（1997年7月11日-2004年7月11日，2004年6月3日辞职，7月11日卸职）

乔治·J·特尼特1953年1月5日出生于纽约，1976年获得乔治敦大学外交事务学院学士学位，1978年获得哥伦比亚大学国际事务专业硕士学位。他从1982年起为参议员约翰·海因茨工作，分管国家安全和能源事务。他1985年到参议院情报委员会，主管对美苏军备控制谈判的监督，随后担任了4年的

乔治·特尼特

该委员会的办公室主任，负责协调对情报界的监督立法活动，同时主持对情报界在转换时期的功能作用的评估。1995年7月，特尼特被任命为多伊奇的副手，1996~1997年任中情局代理局长；1997年7月11日~2004年7月11日，任中情局局长。特尼特作为克林顿政府的第3任中情局局长，既不是职业情报人员出身，也没有特殊的政治背景。他在职期间经历了克林顿和布什两任总统，是任职时间第二长的中情局局长。

1997年上任到2004年离职的特尼特，整整干满了7年，在位时间仅次于在艾伦·杜勒斯。1997年7月11日，特尼特成为克林顿的第三任中情局局长。2001年1月，布什上台后要求特尼特留任，特尼特成为中情局第一位在变更总统后连任局长职位的人。在特尼特出任中情局局长的前5年，这个美国最重要的情报机构先后换了3任局长，长期处于不稳定的状态。正因为如此，美国的情报界人士认为，特尼特在担任中情局局长期间的最大功劳之一就是使得中情局能够保持长期稳定。

特尼特就是"三明治中间夹着的那块肉"，中情局长为布什"替罪"。小布什的父亲老布什是美国历届总统中唯一当过中央情报局局长的总统。老布什毫不含糊地告诫小布什要与主管情报组织和监视其他情报部门的人建立良好的关系。老布什认为，作为一个总统，面对面地与中央情报局局长交流信息远比看情报部门送来的书面报告有意义得多。当布什还在竞选总统时，就要求手下为他安排与中央情报局局长见面。结果，在小布什与由克林顿提名的49岁的中央情报局局长特尼特之间，建立起当时被人们认为是最不可能的重要关系。2001年1月16日，乔治·布什总统要求他留任该职，他也是中央情报局第一位在总统变更的情况下连任中情局长的人。在布什正式坐上总统宝座之后，特尼特几乎每天早上8时都要去白宫的椭圆形办公室花半小时向布什通报情况。因此，布什总统每天首先听到的情况汇报就出自特尼特。白宫官员说，布什总统见特尼特的次数要比布什见国务卿鲍威尔多，甚至比见国防部长拉姆斯菲尔德还要多。布什也直言不讳地说他喜欢特尼特是因为他不装腔作势。

在与小布什认识后的几年时间里，特尼特常遇到公众舆论的责难。最能影响他权力的莫过于外界说他在"9·11"事件前未能提供及时的情报。尽管特尼特领导下的中情局一直在努力寻找支持布什政府发动战争的证据，身为局长的他也在布什处于危难时刻的当口挺身"护主"，可白宫方面与特尼特之间的裂痕却似乎越来越明显。而"特工门"事件发生后，中情局立刻致信司法部要求其进行调查，白宫虽然不得不承诺全力配合，私下里却对特尼特怀恨在心。一些不愿透露姓名的官员表示，布什的高级顾问对中情局的做法非常愤怒，认为他们的做法羞辱了白宫。然而，据接近特尼特的人士透露，并不是这位局长本人要求发起司法调查的。他们解释说，在发生了泄密事件后，中情局的常规做法是由他们的律师团将案件直接转交司法部，并不需要事先征求局长的意见。在接连出了"情报门"和"特工门"等丑闻后，特尼特曾表示自己就像是"三明治中间夹着的那块肉"。

2004年6月3日，美国总统布什上午在白宫宣布，美国中央情报局（中情局）局长乔治·特尼特因"个人原因"提出辞职，他已接受了特尼特的辞呈，特尼特的副手约翰·麦克劳克林将临时代理中情局长的职务。特尼特是2日晚前往白宫告诉布什他要辞职的决定的，正是在布什离开白宫前往欧洲的前夕。布什在简短的声明中称特尼特是中情局一位"有能力"的领导人，称赞他"工作杰出"，并对他的辞职表示遗憾。布什说，我告诉他（特尼特）我对他的离开感到很遗憾，他曾为美国人民做了很多。特尼特是一名强有力的，能干的领导者。布什透露特尼特的副手，中情局副局长约翰·麦克劳克林将暂时接替他的职位。特尼特于2004年7月11日卸任。

五、中央情报局重大事件揭秘

美国中央情报局执行任务时，主要采取人力侦察和技术监视，公开渠道搜集情报，以及实物器材开发和寻找行动等手段。情报来源包括间谍、使馆职员、叛逃者、移民和旅游者。如20世纪60年代，美国中央情报局在印度尼西亚进行了一项名为"哈布林克"的行动。间谍们潜入了一个装有"萨姆-2"导弹的仓库中，从一颗导弹上卸下了导向系统，并偷运出来。20世纪80年代初，美国中央情报局发展了波兰陆军司令部一位上校为间谍，波兰陆军司令部的所有秘密行动计划全部被上校泄露。

●中情局谋杀菲德尔·卡斯特罗竟达650次之多

只要简单地浏览一下古巴领导人菲德尔·卡斯特罗的简历，就会知道他绝对是美国的眼中钉。他从上大学的时候起，就参加了学生运动，反对美国对古巴的压迫。1959年1月，菲德尔·卡斯特罗指挥古巴起义军最终推翻了美国扶植的独裁政权，建立以卡斯特罗为首的革命政权。1961年4月又击溃了美国的雇佣军，将美国的势力彻底清除出古巴。古巴新政权的建立及其与苏联的密切关系，引起美国不满和反对。遂采取经济封锁、政治颠覆、军事干涉等手段，企图扼杀古巴新政权。在随后的40余年里，菲德尔·卡斯特罗带领古巴人坚定地走社会主义道路。

菲德尔·卡斯特罗

对于这样一个"硬骨头"，美国是不会放过他的。中情局使用的是传统的收买内线的办法。大批反社会主义的古巴人流亡美国，他们与古巴国内有千丝万缕的联系。中情局就是通过他们，买通了卡斯特罗身边一个名叫米勒的医生。1960年卡斯特罗正患眼疾，中情局将自制的毒药装进卡斯特罗常用的药瓶中交给米勒，让他伺机下手。米勒内心惶恐不安，几次有机会都没敢动手。最后他终于狠下心来，不料却在慌乱中失手打碎了毒药瓶。他惊异地看到，流出的药液立刻腐蚀了水泥地板！米勒良心发现，主动向古巴安全部门自首。

美国中央情报局第一次暗杀卡斯特罗失败，1961年美国对古巴的“猪湾事件”计划又惨败。中情局更是欲除卡斯特罗而后快。他们不惜与芝加哥臭名昭著的黑社会集团合作，开价15万美元，想通过黑社会之手除掉心头之患。黑社会头子从中情局支取了1.1万美元的活动经费，于1962年4月派人潜入古巴，要中情局等待他们的好消息。但中情局等到10月，等来的却是古巴导弹危机爆发。

使用毒药是中情局暗杀卡斯特罗的惯用手段。他们曾经试制各种剧毒药丸，通过收买卡斯特罗身边的人下手，试图加进卡斯特罗吸的香烟、喝的咖啡和汤里，还试图使用海蜇毒汁加工过的毒针、带有致命细菌的手帕等，但都没有成功。卡斯特罗也因为有人数度想在他的香烟中放毒，终于戒了烟。最典型的一次行动就是在1962年，中情局招募黑手党头目德拉菲坎特对卡斯特罗进行暗杀，他选中了卡斯特罗经常光顾吃冰激凌的“自由哈瓦那”饭店，成功收买了饭店的服务员桑托斯，把装有毒药的胶囊交给桑托斯，藏在冰箱中，等待时机行动。3月的一天，桑托斯终于等到了卡斯特罗来饭店，而卡斯特罗要的正是他喜欢的巧克力冰激凌，这正是一个绝好的“天赐良机”。然而，当桑托斯打开冰箱门时，发现胶囊冻在了冰箱上，怎么也取不下来，

卡斯特罗在演讲

慌乱中，胶囊被弄破，毒液随冰水流走，他只好把普通冰激凌送给了卡斯特罗，眼睁睁地看着他吃完后离开。

卡斯特罗终身未婚，中情局认为这是他的一大弱点，于是将“美人计”作为一项选择。许多被中情局相中的女性的命运都很悲惨，最惨的莫过于卡斯特罗过去的恋人玛丽塔。玛丽塔一家是移民美国的德国人。1959年的一天，玛丽塔父亲的游船在哈瓦那停留，随船旅行的玛丽塔因此邂逅了卡斯特罗。两人不久后坠入情网，并且有了一个儿子，但那是一个早产儿。玛丽塔回到美国后，中情局的人找到她，给她看了一张死婴的照片，告诉她卡斯特罗已经杀死了她的儿子。震惊之中的玛丽塔随后被中情局进行了一系列的洗脑。中情局让玛丽塔带着对卡斯特罗的仇恨回到古巴。然而一见到卡斯特罗，玛丽塔对他所有的爱立刻重新在心中汹涌。而卡斯特罗见到她的第一句话就是“你是回来杀我的吧？”这次暗杀行动当然没有成功。

比起上述“传统”手法来，中情局其他一些设想就离奇多了。中情局知道卡斯特罗酷爱游泳和潜水，就在双方谈判交换吉隆滩“猪湾入侵”事件美军战俘问题时，将一套染有致命真菌的潜水服交给美方律师，要他带给卡斯特罗。一旦感染上这种真菌，人的皮肤就会逐渐烂掉，而且无药可救。可是这位蒙在鼓里的律师觉得这套潜水服不上档次，拿不出手，自己另外到商店买了

年轻时的卡斯特罗

一套更高级的送给卡斯特罗……据古巴安全部门统计，卡斯特罗被计划暗杀达650次之多，居各国领导人之首，中情局的绝密档案都承认："杀到最后我们自己都没有信心了。"菲德尔·卡斯特罗则幽默地说，今天我还活着，这完全是由于美国中情局的过错。

美国中央情报局暗杀外国领导人的活动早已是公开的秘密。到了20世纪70年代中期，随着那些暗杀行动的曝光，美国政府才发现自己的形象已经和黑手党差不多了，于是才有了1981年总统行政命令的出台——中情局不得直接或间接参与暗杀行动(2001年"9·11"恐怖事件发生后，中情局又恢复了搞暗杀活动)。但是它也公开承认，一旦美国认为其外交政策目标不能通过正常外交途径实现时，美国就会考虑在某国发动军事政变。这种军事政变的大多数结果，无疑是该国领导人的死亡。多年来，被列入暗杀对象的人在中情局的档案上都没有名字，而以字母编号代替。

●让中情局难堪的"猪湾事件"

1961年4月17日，大约1200名美国雇佣军从危地马拉的美军基地出发，潜入到距哈瓦那约250公里的科奇诺斯湾，趁夜色在海滩登陆，发动了一场旨在推翻古巴革命政府的武装入侵。科奇诺斯湾在西班牙语中意为"猪湾"，后来国际上把这次武装入侵称为"猪湾事件"。

1959年，卡斯特罗在古巴建立起新的政权。从那之后，卡斯特罗就成为美国的头号敌人。为颠覆其政权，美国中央情报局制定一个新计划。新计划要大约1500人，为了制造二战中诺曼底登陆那样的效果，中情局计划依靠海军和空军的密切配合，在古巴南部沿海即猪湾的吉隆海滩登陆，然后军队挺进岛内，与内部反卡斯特罗的地下势力会合。中情局始终坚信这股力量在古巴分布甚广，振臂一呼，会应者如云，投身到反卡斯特罗的战斗中。

然而不幸的是，对杜勒斯和所有中情局来说，鉴于后来发生的事，事情未能如愿以偿。1960年年底过渡期间，杜勒斯向肯尼迪详细汇报了中情局对古巴的计划，得到了肯尼迪的默许。但事后肯尼迪更加仔细地研究了杜勒斯的入侵古巴计划，并且和弟弟鲍比以及其他顾问进行了协商，越来越感觉这里面有问题。对肯尼迪来说，入侵古巴行动看起来太过依赖美国空军和海军，因此难以向世界证明这是一次像危地马拉那样的普通反共产主义起义。而且，一旦这次入侵行动失败，猪湾这个地方就会暴露，成为危险地区，届时美国的船只、部队和飞机要想撤退，就会像敦刻尔克大撤退那样狼狈不堪。在给杜勒斯的备忘录中，肯尼迪收回前面的默许态度。他坚定地表示，一旦入侵开始，要撤出所有美军部队的直接干预和大规模的空军支持。尽管艾伦·杜勤斯向肯尼迪保证说他将遵守这些限制，但为了达到目的，他完全没有理会白宫的指示。他认为，如果“猪湾行动”不顺利的话，这位刚刚上任的年轻总统不可能在战争的紧要关头袖手旁观，拒绝给予任何援助。从1960年起，美国陆续在本土佛罗里达州、多米尼加、危地马拉等国组建、训练雇佣军，企图用武力颠覆古巴政权。1961年初，组训完毕的美国雇佣军被编成一个旅，下辖4个步兵营、一个摩托化营、一个空降营、一个重炮营和若干装甲分队。为支援雇佣军入侵古巴，美国派出各种运输机14架，重型轰炸机24架、武装运输船5艘、登陆舰10艘，协助运送和支援作战。

1961年4月15日拂晓，6架美国B-26轰炸机分三批同时轰炸哈瓦那、圣安东尼奥和圣地亚哥三个城市。哈瓦那自由城空军基地的两架飞机和一辆装运弹药的卡车被美机击中起火，有7名古巴人在空袭中牺牲。两天后的4月17日夜间2时，由美军特种作战部队士兵组成的潜水队乘夜在古巴拉尔滩地区登陆，与正在巡逻的古巴民警分队发生战斗，古巴民警以寡敌众全部阵亡。随后，雇佣军主力在美军地空火力掩护下，在吉隆滩抢滩登陆。晨6时，为切断古巴军队前沿阵地与后方联系，美军将一批伞兵空投至猪湾沿岸后方，雇佣军主力登陆后由科隆向亚瓜拉马斯和奥斯特拉利亚方向推进。由于古军前沿兵力薄弱，在雇佣军优势兵力压迫下，无法组织就地坚守，被迫撤至亚瓜拉马斯以南地区组织防御，多次击退敌军进攻。17日下午，得到加强的古军开始反攻，雇佣军在古军猛烈反击下全线退却。17时晚，美军舰以大口径舰炮轰击古军，在古军进攻路线上形成绵密火制地带，帮助雇佣军改变后撤态势。古军岸防分队和海军不畏牺牲，在关塔那摩美海军基地附近依托既设阵地顽强抗击敌军攻击，封锁敌军登陆地段，使雇佣军无法向登陆部队补充弹药和人员。4月18日拂晓，古巴军队在援军配合下向敌军展开全面攻势，雇佣军伤亡惨重，被迫向吉隆滩总退却。18日夜，雇佣军已被压缩在吉隆滩三角地区，在此，雇佣军得到美舰炮火和空中火力的支援，古军进攻遭到美军地空火力杀伤，战况十分激烈。19日凌晨，古军炮火对吉隆滩雇佣军阵地进行30分钟火力准备，随即在装甲部队掩护下对残敌发起总攻。投入战斗的古巴空军在美军掌握制空权的情况下，不惜牺牲，顽强作战，击落美机6架，炸沉运载一营雇佣军的美"豪顿斯"号运输舰。19日凌晨，古巴空军战斗机驱退准备轰炸古军的美军轰炸机群，保证了总攻歼敌顺利进行。19日下午，古巴军民向雇佣军发动猛烈进攻，前来支援的美国飞机也被击落。眼看后援无法赶来，雇佣军慌乱地向附近的沼泽地里逃窜，他们的头目想乘坐两艘驳船从海上逃命，结果两艘驳船都被古巴守军的炮火击沉，雇佣军头目圣拉蒙也落入水中。此时，在海上的美国军舰眼看大势已去，只好掉头逃走了。雇佣军被围困在沼泽地里，进退不得，已有数百名雇佣军士兵缴械投降。

10天后，古巴人民在哈瓦那举行盛大的"五一"庆典活动。从吉隆滩战役前线凯旋的民兵和革命军队，英雄般地受到了群众的夹道欢迎。他们乘坐在缴获的美制卡车上，脖子上围着美国降落伞的碎布片，个个精神抖擞，士气高昂。"我们胜利了！""要古巴，不要美国佬！"的欢呼声像春雷一样在哈瓦那上空回荡震响。

杜勒斯或许没有意识到他的入侵力量只是一群乌合之众，这些人有时候自己都立场不稳，而且他们中多数都是极其腐败的巴蒂斯塔政权的左翼拥护者，所以入侵的计划漏洞百出。哈瓦那方面早已作好了准备。此时，杜勒斯打出了自认的一张王牌。他一大早便给肯尼迪打电话，要求总统批准派遣飞机和船只去援助濒临失败的入侵行动。肯尼迪听后大怒，意识到杜勒斯是在公开勒索，于是便直截了当地拒绝了。中情局支持的古巴人只能借助极少的空军掩护，奋力自救，尽力逃脱。一些理论家说肯尼迪就是有这个时候锁定了自己在达拉斯迪利广场遇刺的厄运。

尽管肯尼迪在电视上承认猪湾失败是他个人的责任，然而私底下他气愤异常。在一次私人晚宴上，肯尼迪愤怒地宣称，必要的话他会"把中情局夷为平地，片瓦不留”。肯尼迪感觉自己被陷害了，自己的情报工作网背叛了他。他发誓决不让类似的事情再次发生。而另一方面，中情局却坚信肯尼迪是存心让他们难堪。杜勒斯被换下来之后，中情局有局长私下里抱怨肯尼迪说：“猪湾惨败都是他的错。我认为撤掉空军支持的决定使得肯尼迪整个事业蒙受耻辱，也会影响到其后的每一件事。”

●中情局谋杀切·格瓦拉

埃内斯托·切·格瓦拉虽然不是一国的首脑，但却是中情局暗杀计划的头三号目标之一。他魅力超凡，信仰马克思主义，是一位出生于阿根廷的游击战士，是古巴革命的奠基人和菲德尔·卡斯特罗的左膀右臂。1928年6月14日，切·格瓦拉生于阿根廷的罗萨里奥省。他毕业于布宜诺斯艾利斯大学医学系。1955年，格瓦拉在墨西哥流亡时与古巴革命者卡斯特罗结识，从此加入了古巴的革命斗争。革命胜利后，曾担任古巴国家银行行长、工业部长。然而，1965年3月，格瓦拉在出访亚非国家回到哈瓦那后，就辞去了古巴党、政、军的一切职务，转战南美国家玻利维亚继续战斗。

自卡斯特罗主政以来切·格瓦拉就是中情局的眼中钉。菲利克斯·罗德瑞古兹，美国中情局前特工，把自己完全奉献给了中情局和镇压革命党的工作。罗德瑞古兹的叔叔在古巴革命之前曾是美国扶持的巴蒂斯塔政权的工

切·格瓦拉

程大臣。卡斯特罗掌权之后，罗德瑞古兹家族被驱逐流放。基于这段苦难的经历，罗德瑞古兹来到多米尼加，并加入了中情局支持的反共军团。“猪湾事件”惨败后，罗德瑞古兹又参加了“猫鼬行动”，阴谋策划暗杀卡斯特罗。他的具体任务是深入古巴并成立反革命联合阵线。“猫鼬行动”宣告失败后，他返回到迈阿密基地办公室工作，在那儿他受命去玻利维亚追捕切·格瓦拉。

40年后的2007年10月初，罗德瑞古兹首次披露了格瓦拉被捕及处死前的情况。1967年10月8日，就是罗德瑞古兹将切·格瓦拉从玻利维亚一个名叫拉·黑古拉的小镇上抓获。1967年10月9日，古巴革命前领导人、拉美游击战士切·格瓦拉在玻利维亚被当地军队枪决。他在回忆中说，当他告知格瓦拉将被立即处死的决定时，格瓦拉对他说：“这样更好，我早就应该在战斗中死去。”说完这话后，格瓦拉的脸色变得惨白。罗德瑞古兹说：“大多数人并不了解真正的格瓦拉……我时常会记忆起他，他当时经常会去莫斯科访问，他是一个傲慢自大的人。他当时所处的环境极其恶劣，他身上的军装几乎全部都成了破布片，也没有穿靴子。将他作为一个个体，或者说一个人来看，我觉得心理非常难受。美国当时曾极力反对玻利维亚立即处死切·格瓦拉，而是希望将他运到巴拿马做进一步的审讯，但是这一要求却遭到了玻利维亚最高军事当局的否决。”格瓦拉被枪决后，尸体被摆放在一块破木板上向人展示。在场的一位记者写道：“他就这样死了。当他们把防腐剂注入他半裸的脏兮兮的遗体，人群叫嚷着要看上一眼时，难以想象这个人曾是拉美了不起的人物之一。”那幅照片流传下来，场面气氛凝重而神秘，许多人说，如同基督受难一样，39岁的格瓦拉死得纯真无瑕。

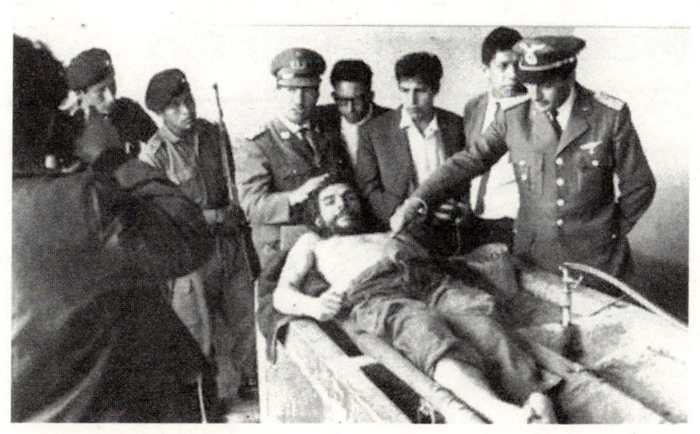

格瓦拉被捕后，被关在附近村庄的一所学校里，等待着来自玻利维亚总统奥图诺对其命运的“判决书”。罗德瑞古兹说，

“我们当时和玻利维亚最高军事当局约定好了代号，其中，500代表切·格瓦拉，600代表死亡，700代表活着。就在我准备对他进行审讯时，玻利维亚最高军事当局的一位负责人给我打来一个电话，说：‘500-600。’这一暗语表示，格瓦拉必须被立即处死。由于电话中有噪音，我又让他再重复了一遍，这才确信玻利维亚最高军事当局的意思是要杀死格瓦拉。”罗德瑞古兹随后走进格瓦拉被关押的房间，站在他面前对他说：“非常对不起，格瓦拉，我已经尽我最大的努力了，但这是玻利维亚最高军事当局的命令。”1967年10月9日13时左右，美军离开了格瓦拉的关押地，大约在13时10分至13时20分之间，罗德瑞古兹听到了一声枪响。

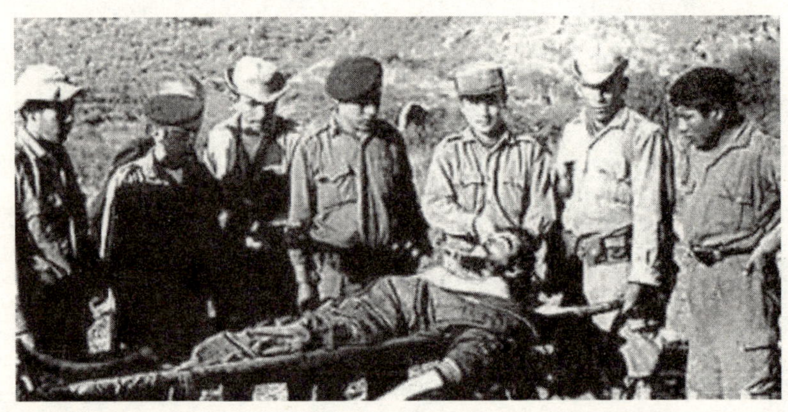

行刑者砍下他的双手。罗德瑞古兹还透露，格瓦拉是被一挺机枪执行枪决的，为的是使他看上去“像是死于一场交战中”。玻利维亚政府军在处决格瓦拉后还指示行刑者砍下他的双手用以验证身份，因为玻国政府担心古巴总统卡斯特罗会否认格瓦拉已死。格瓦拉的遗体则被运往附近城市瓦里格兰德。最后，他的遗体与多具尸体一起被秘密掩埋在当地一个军用飞机场内。直到1997年，一具无双手骸骨被重新挖出，经过DNA鉴定之后确认是格瓦拉的遗骸，并于当年被运回到古巴。罗德瑞古兹说，有人宣称当时曾剪下格瓦拉的一些头发，并准备以700万美元的高价进行拍卖，他目前不能肯定这一消息的真实性，因为他当时已经离开了现场。

玻利维亚政府担心卡斯特罗会不承认格瓦拉已死，但实际上，卡斯特罗并没有否认。罗德瑞古兹说："恰恰相反，他建造了一个切·格瓦拉的传奇。"在纪念切·格瓦拉遇害40周年的日子里，81岁的卡斯特罗在报纸上撰文，他这样写道："我带着尊敬和感激之情，在这位40年前倒下的独一无二的战士面前，低下我的头。"

●中情局"柏林隧道"案

冷战时期，美苏作为世界曾经的两极，除了冷战中军备竞赛的激烈交锋，在无声的谍报战场也打得硝烟弥漫，上演过无数的经典。其中，中情局"柏林隧道"案就是美苏谍战风云系列中那惊心动魄的一幕。

第二次世界大战的硝烟刚刚消散，"冷战"的阴云又笼罩在欧洲大地之上，在冷战最前沿——柏林，间谍情报战的形式更是五花八门、别出心裁。当时的美国中情局局长是希伦科特，他认为柏林是东西方的接合点，是从事间谍活动的最理想地点。那时候，窃听是最普遍也是最行之有效的间谍手段之一，希伦科特自然不会漠视窃听的作用。于是，著名的"柏林隧道"事件，拉开了美苏在柏林地下秘密较量的序幕。

"潜伏"到柏林地下。早在1951年，美英两国情报机构就在维也纳联合实施了地下窃听苏军电缆通讯的"白银"行动。1953年，美国中央情报局在柏林又主演了一场，行动的代号是"黄金"。之所以取名"黄金"，是因为希伦科特认为，优质的情报比黄金还有价值。就在这一年，二战期间在欧洲战场立下赫赫功勋的老牌间谍艾伦·杜勒斯出任中情局局长，他对前任的窃听计划很感兴趣，并加快了部署。杜勒斯在了解了"黄金"行动的基本构想后，他把数名间谍专家召集到中情局总部召开了一次秘密会议。

美苏谍战风云

与会专家指出，苏联军事设施里都有地下通信电缆通往东德和东欧各国，中情局完全可以在这方面做文章。而曾参加过“白银”行动的中情局电讯专家卡尔·纳尔森提供了更重要的研究成果，他发现在通电话时，真实声音在受干扰(加密)后的一瞬间仍然留在电线上，这就是“回波效应”。通过特殊手段可以从电缆线上把加密的电讯信号回波收集下来，经过技术处理，把它还原成清晰的通讯内容。

杜勒斯仔细听取了纳尔森关于“回波效应”的技术汇报之后，立即认定这项新技术有重要使用价值。别说苏联人对“回波效应”窃听技术毫无所知，就连中情局的英国伙伴也蒙在鼓里。

行动的目标已经确定，剩下就是如何在柏林下手。苏联与民主德国之间最重要的一些通讯线路集中在柏林，因此必须要在柏林的通讯线上安装窃听设备，那么就必须在地下挖出隧道并找到目标通讯线路。

杜勒斯1953-1961年任美国中央情报局局长

老鼠打洞。杜勒斯批准了“黄金”行动的方案，按计划，中情局准备挖一条长约450米的隧道，其中有270米在苏军占领区的地下。这条隧道底部离地面6米，顶部离地面4米，通往东柏林郊区的索恩法尔德公路，用以拦截在卡尔斯霍斯特的苏联空军司令部与柏林连接的陆上通讯线路。

这是一项十分繁重而复杂的工程，要挖的隧道正好处在苏联人和民主德国巡逻队的脚下，因此在挖掘时，不能发出一点声响，从隧道里挖出的泥土必须神不知鬼不觉地用车运走，隧道的入口处要尽可能建得小一些，以免引起旁人的注意而暴露。

不久，隧道工程正式开始，在柏林的美国工兵部队随后在距两德交界处100多米的地方建立了一个半地下的大仓库，目的是容纳从隧道里挖出的

3100多吨泥土。在表面上，美国故意放风说他们正在建立一个雷达站，观察东柏林机场附近的交通。

同时，在这个大仓库里进进出出的装有电子仪器和泥土的车辆，使人们真以为这里将要建造一个无线电雷达拦截站。当苏联人得知自己的无线电通讯被美国拦截时，他们一点都不在乎，因为凡是重要的通讯，他们都加了密。在他们看来，只要密码系统没有受到损害，通讯将是安全可靠的，这似乎让"回波效应"有可乘之机。

隧道挖掘是以老鼠打洞的方式小心翼翼进行的。每天向东柏林只推进几英尺，因此地面不会听到噪音。工程进行得十分艰难，在一处遇到了地下水，在另一处碰上了奇臭无比的化粪池排放区，美军工兵只好头戴防毒面具、身着防水服去工作。每次工作结束，工兵们脱下胶制防水服时，里面倒出的汗水足足有一碗。

为了精确测量直径只有5厘米的目标电缆线位置，中情局人员假装在东西柏林的交界处打棒球，他们故意把球远远地打到民主德国管辖的区域，然而这一把戏却被持友好态度的民主德国卫兵破坏了，他们见有球过来，便把球抛回西区。最后无奈，只好让两名中情局特工化装成美国兵，驱车去东柏林执行公务。他们在预定的地点停车，假装车轮漏气，要换车胎，借此机会，冒着风险把两个小型无线电发射装置放在选定的位置上，这才使隧道挖掘有了精确的方位。

"地下窃听长城"。确如中情局所料，苏联的电缆线埋设在索恩法尔德公路的一侧，离地面约0.5米。这条公路是连接东柏林和苏军司令部所在地卡尔斯霍斯特的主要公路线，交通十分繁忙。隧道和附近的窃听室就建在公路的下面，为了能承受住来往车辆的巨大压力，它们的结构必须非常坚固。除此之外，窃听室的绝缘要求也很高，否则，汽车的隆隆声传到窃听室，就像装在一个大鼓里，四周尽是闷雷般的回响。为克服这些困难，中情局大费周折，但窃听室实际使用时的效果仍不能令人满意，发生过不少次令人胆战心惊的事情。

有一次，由于窃听室内的热量辐射直接引起地面上的冰层融化，幸好天降大雪，掩盖了这一切，没有引起苏联人的怀疑。又一次，一匹马正巧从窃听室的上面走过，马蹄的异样响声传入窃听室，情报人员以为发生了不测事件，引起一场虚惊。还有一次，那一天清晨浓雾弥漫，天气寒冷，窃听室里的传声器连续地发出有节奏的声音，正在忙碌工作的人们愕然呆立，不知上面又发生了什么事情。他们面面相觑，直到迷雾驱散后才知道，原来民主德国警察正好在窃听室的上面设了一个临时检查站，检查来往的机动车辆，"啪、啪"的声音正是值岗的警察跺脚取暖时发出的声音，又是一场虚惊。

从1954年8月开始，经过7个多月的努力，秘密隧道终于在1955年2月25日竣工。整个隧道网长度达2.5公里，直径2米，其中长约450米的那段按照计划从雷达站开始，穿过东柏林阿尔特-格林尼克区的公墓，直通索恩法尔德公路地下。它沿着公路的两边，接通了苏军总部的地下通讯电缆。

隧道的四壁全用厚铁板镶接而成，铁板表面贴有隔音材料。隧道内装有空调设备来调节温度和湿度，用水泵来排除渗出的地下水。隧道的主体工程是窃听室，里面设有交换台和432个扩音器，它们和东柏林的那条地下电缆中的电话线路一一对应。

这就是间谍史上著名的"柏林隧道"。

美国人尝到甜头。中情局原先估计，在电缆线上窃听到的通讯量不会很多。后来才发现，这里一共有1路有线、电报线和4路电话线，各条线路上的通讯量都很大。于是，他们在大仓库里安置了600台录音机，把所有的通讯内容全部录下来，这样，平均每天要使用800盘录音磁带，打印至少4000米长的文传打字带。录音室里非常繁忙，机房工作人员的汗水和录音机散发出来的热量增加了录音室里的潮气，墙壁上挂着水珠，有好几次不得不中断录音工作，用空调设备来排除室内的水气。

每个星期，中情局总部派出专机将录音磁带运回华盛顿处理，然后将材料分送到中情局和英国情报机关，经过翻译后，供分析人员研究。中情局里有50名精通俄语和德语的人员在一间只有约4平方米的密室里从事翻译工作。人们给这间密室起了个绰号叫"袜厂"，因为在这栋房子的四周看不见窗户，钢板把四面围挡得严严实实，远看起来就像一台织袜机。如此设计这栋房子的目的，是防止室内无线电信号向外扩散，被苏方接收。

同时，翻译人员有着极严格的保密纪律，这里的负责人对每个来这里工作的人都反复叮嘱："不要打听你翻译的材料是从何处来的。"翻译工作十分艰苦，材料堆积如山，他们只好每隔两周休息一次。后来隧道被苏联人发现了，"黄金"行动不得不终止，然而积压下来的材料花了27个月才翻译完毕。

"重要情报"源源不断地由此流向中情局，中情局的良苦用心似乎终于得到了回报。从一次正常的电讯材料中，他们掌握到苏联夸大了在东德的驻军实力，证实了民主德国的铁路线处于严重失修状态，由此，中情局的分析人员排除了苏联会向西柏林发动突然进攻的可能性。同时，他们还获知，苏军在东德修筑了特殊的武器库，分析专家推测，苏联人可能会在东德部署原子弹。

从秘密隧道传来的大量重要情报令中情局大喜过望。但后来的事实证明，克格勃并不是吃干饭的，这场地下较量才刚刚开始。

打肿脸充胖子。不久，中情局就感到事情有些蹊跷。因为1956年苏联出兵匈牙利，中情局竟然没有从隧道里获得一条有用的情报。美国人开始产生了怀疑——难道苏联人已经发现了隧道的秘密？美国人没猜错，不过真相远远出乎他们的预料。

1956年4月3日，在索恩法尔德公路上，一小队苏联通信兵正在对地下通信电缆做例行的检查维修。一名年轻的士兵吃惊地望着手中一条包着厚铅皮的电线，这条多出来的"杂散"线路是不应该在这里出现的。这条线路一直通向一条陡直的竖井，竖井尽头是一条水平的隧道，在其不远处，一扇钢筋混凝土的大门堵住了去路，门上用德文和俄文写着"严禁入内——奉总司令命令"。这是当初中情局使用的小伎俩，也是缓兵之计，目的是即使隧道被发现也可以为情报人员撤离赢得时间。通信兵在大门面前迷惑不解，他们隐隐觉察到这扇门背后隐藏着什么，又惶恐于门上的命令，不知如何是好。经过一阵慌乱和争吵，苏军士兵终于得到指示，被批准打开大门。很快，大门上被安上了炸药，随着一声巨响，大门被炸开，全副武装的士兵立刻冲了进去。"柏林隧道"终于大白于天下。

据民主德国通讯社报道，当时有3个美国人在里面工作，他们在仓皇逃跑时竟忘记将电灯和窃听器关闭，一壶咖啡还在电炉上煮着。中情局在后来的报告中一口咬定，苏联人发现隧道纯属巧合，硬说“柏林隧道的暴露，是无法避免的，它超出了我们力所能及的防备措施。苏联人发现有一根电缆因长期受到雨水的侵蚀，水气渗透到电缆内，使电缆传递信号的功能失灵，于是，他们动手把电缆挖出来检修，这才发现电缆被人搭线窃听了。”

“黄金”行动的决策者们最初断定，即使苏联人发现了秘密隧道，他们也只好哑巴吃黄连，将此事掩盖起来。对于这一点，美国人很自信：苏联人不会公开谴责美国人窃听了他们上层人物的电话和机密通讯，否则的话，只能使他们自己丢丑。隧道曝光后没几天，柏林卫戍区的苏军司令正巧外出，由代理司令主持日常工作。也许这位代理司令还不了解莫斯科方面发来的指示，他竟草率作出决定，向柏林的记者介绍了如何发现隧道的经过，还让记者们参观了隧道及其里面的各种设施。顿时，这成了一条特号新闻出现在世界各大报刊上。

“千里之堤”溃于“鼠”穴。中情局此时还被蒙在鼓里，其实苏联人早就得知秘密隧道之事。只是为了避免暴露安插在英美阵营中的“鼹鼠”，苏联才有意等待了一段时间，最后安排了一次“偶然”的线路检查维修，才把这层窗户纸捅破。代号“鼹鼠”的，就是克格勃安插在英国外交部的著名间谍乔治·布莱克。

乔治·布莱克1922年生于荷兰鹿特丹，他13岁时父亲因病去世，布莱克前往埃及的姑母家寄居。二战期间，为了躲避盖世太保的追捕，布莱克前往英国，并报名参加了英国海军。几个月后，他的上级发现了布莱克的语言天赋——精通英语、荷兰语、法语和德语，因此将他吸收进了海军情报部门。之后，他又在剑桥大学唐宁学院学习俄语，毕业后进入外交部从事秘密情报工作并被派往朝鲜战场。朝鲜战争爆发后，布莱克随同英国使馆人员被朝鲜人民军俘虏，后接受共产主义，成为苏联克格勃的间谍。1953年3月，布莱克和英国公使、领事等人返抵英国。经过一段时间的休养，布莱克被分配到军情六处克伦威尔街分部工作，专门负责窃听和秘密拆封外交邮袋。

1955年春，布莱克被派往西柏林奥林匹克体育场内秘密情报局工作站，任技术行动部副主任。他的特殊使命是研究驻德苏联军队的情况，并在苏联军官中物色可能的叛徒。就在这时候，布莱克上司发现他与苏联人有联系，但以为他只是为了向苏联人传递假情报，因为布莱克与苏联接触是经过秘密情报局特许的。

结果他们万万没有想到，布莱克传送的却是“绝密”。早在隧道还未动工之前，布莱克就已经获知了“黄金”行动计划，并把这项绝密计划的相关文件泄露给了克格勃。苏联人并没有采取紧急措施来阻止中情局的隐蔽行动。其原因不外两点：第一，苏联人认为自己的密码系统绝对安全可靠。这一点上，苏联倒是低估了中情局的能耐，所以“回波效应”毕竟让他们流失了一些“重要情报”。第二，为了不使“鼹鼠”布莱克暴露。更让中情局郁闷的是，它根本不知道有“鼹鼠”的存在，自然也不知道“柏林隧道”这天大的机密是如何泄露出去的。直到1961年，布莱克的身份才被拆穿。那年5月3日，伦敦中央刑事法院以叛国罪判处布莱克42年徒刑，原因是他导致至少42名英国情报人员命丧黄泉，这是英国自废除死刑以来最严厉的判决。

直到这时，美国和英国的情报部门才大梦初醒，明白了曾被看作功勋工程的“黄金”行动，原来在对手那边一直被当成笑话看。更具有传奇色彩的是，英国人的铁窗并没有锁住布莱克，5年后，在狱友的帮助下，他成功越狱并逃到了苏联。布莱克抵达莫斯科后，受到苏联当局的热情接待，苏联政府还特意授予他列宁勋章和红旗奖章。而在柏林，这场地下情报大战也并未结束。1961年8月，赫鲁晓夫下令筑起柏林墙。建成的柏林墙反倒成了间谍活动的掩体，因为苏联人发现的仅是隧道的一段，其他的地下隧道一直未被发现，它们继续运作，直至柏林墙被推倒。这场惊心动魄的情报战也成为“现代间谍史上的奇迹”。

●中情局豢养纳粹战犯内幕

2002年4月28日凌晨，美国中央情报局(CIA)官员在美国大屠杀纪念馆新闻发布会上宣布，美国中情局正式解密10000页关于19名纳粹德国战犯的绝密情报档案。美国政府出于冷战的需要，将二战中赫赫有名的纳粹战犯招为自己的“智囊”，其中包括占领法国里昂的盖世太保头目巴比和灭绝犹太人计划的制定者艾希曼等。

“里昂屠夫”为CIA效力。因屠杀了许多法国爱国人士和住在法国的犹太人而出名的“里昂屠夫”盖世太保头目巴比，二战后消失得无影无踪。

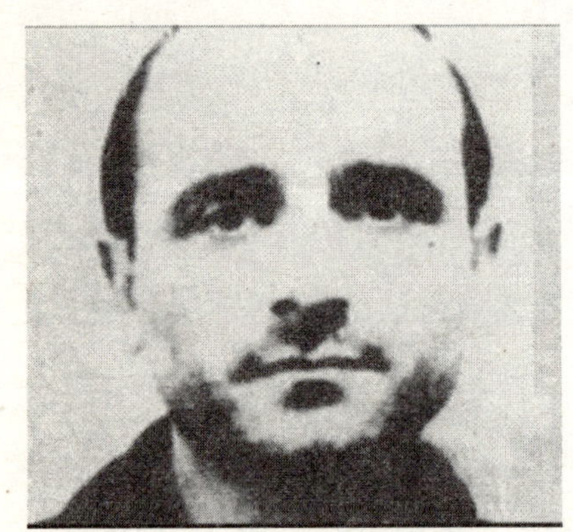
“屠夫”巴比受到美国保护逃亡

为了帮助“里昂屠夫”巴比逃脱战后法国检察官的审判，美国陆军情报部不惜亲自出面为其暗中说情，将其偷偷弄到自己管辖的区域，最后又派人、派专机把他悄悄送到南美。做贼心虚的美国政府非常关心国际社会是如何看待美国陆军情报部帮助巴比逃脱正义审判这桩绝对丑闻的。1967年4月5日的绝密情报称：“由于阿尔蒂曼(巴比的化名)面临着战犯指控，启用他作为美国陆军情报人员需要慎重考虑，一旦美国陆军情报部将阿尔蒂曼从德国弄到南美，从而帮他逃脱审判的秘密曝光的话，那么将给美国政府带来十分严重的后果。”巴比对美国人感恩戴德，除了提供大量美国情报部门急需的绝密情报外，还继续充当美国情报部门的冷战“勇士”。不过，为了避免丑闻曝光后脸面无光，美国情报机构安排巴比充当玻利维亚的特工，但实际上却让他把大量的情报经由玻利维亚官员之手转交给美国中情局驻当地的情报官手里。

“死亡医生”南美贩毒。奥斯维辛集中营“死亡医生”约瑟夫·门格尔被指控应对集中营数十万犹太人的死亡负有直接的责任。战争结束后，他也消失得无影无踪。门格尔在“神秘机构”的帮助下于1951年顺利逃到了巴拉圭，并于1959年用他的真名实姓取得了巴拉圭国籍。当有关“死亡医生”现身巴拉圭的传言出现后，门格尔接到某些人的通风报信，离开巴拉圭潜入巴西，换了一个假名沃尔夫冈·吉尔哈德。1979年，门格尔游泳时突然中风身亡。

一份标明1965年7月18日的档案显示，1962年，门格尔与时为美国情报人员的施文德被人看见一起在乌拉圭现身；另一份中情局情报档案则显示，门格尔可能与中情局的一些情报人员干贩卖毒品的勾当。然而，此次解密的情报档案仍然看不出中情局与门格尔之间玩的“猫儿腻”：既没有透露中情局与门格尔之间的任何关系，也没有透露中情局对战后门格尔隐身究竟知道多少。

美国司法部纳粹战犯特别调查办公室的调查官卢森鲍姆说：“二次世界大战结束后，由于东西方集团一夜之间反目成仇，从反法西斯盟友变成了不共戴天的敌人，西方集团因此不再愿意继续追究那些有情报价值的纳粹战犯，甚至让他们扮起了反共勇士。”

●中情局导演齐奥塞斯库丧命内幕

人们至今不会忘记1989年发生在罗马尼亚权力更迭时的血腥镜头——被武力推翻的罗马尼亚总统齐奥塞斯库和夫人在逃跑途中被擒，未经任何审判，就被射杀在农庄土墙边。德国电视台播放了一部由布兰德什塔黛导演的纪录片，首次披露是美国中情局策划了罗马尼亚事变，精心导演了推翻齐奥塞斯库的进程。

导演采访了参与推翻齐奥塞斯库政权的当事人，包括当年的各国总统、总理、政府部长、情报局长，以及直接策划这一事件的美国情报委员会主席哈奇逊。据他们披露，齐奥塞斯库之所以被推翻，完全是在由于中情局直接插手下的一次西方情报部门大合作。直接领导行动的，是中情局驻东欧情报站站长博尔登。

齐奥塞斯库

当时，东欧前社会主义国家均发生了政权更迭，苏联也开始了民主化进程，齐奥塞斯库领导下的罗马尼亚却对此无动于衷，甚至加强了全面控制。中情局由此认为，必须像拿掉毒瘤一样铲掉齐奥塞斯库。他们物色了一位能接替齐奥塞斯库的人,就是戈尔巴乔夫当年的大学同学伊利埃斯库。影片披露,美国人为此还偷偷征询过戈尔巴乔夫的看法。据博尔登本人在片中证实,是美国政府亲自批准了“铲除喀尔巴阡山天才的行动计划”。

据行动计划参与者们披露,铲除齐奥塞斯库政权的行动计划分为三阶段:首先,恶意诽谤齐奥塞斯库领导下的罗马尼亚国家政权,破坏他的形象。参与这一阶段行动的有几十名情报人员,他们不断向各国媒体传播小道消息,揭露“齐奥塞斯库政权的腐败和邪恶”,描绘该政权的“丑恶嘴脸”和“累累罪行”。第二个阶段是宣传炒作能接替“独裁者”的最佳人选,不断渲染和描绘齐奥塞斯库对立面的良好形象和政策主张,即有比齐奥塞斯库更适合担任罗马尼亚领导人、能造福罗马尼亚人民的救星式人物。第三个阶段是计划的全面铺开,当时选择的主题是通过媒体拼命歪曲发生在罗马尼亚基米绍尔的所谓“血腥镇压惨案”。据当时西方媒体说,当地民众与罗马尼亚秘密警察发生冲突,政府滥杀无辜,百姓死伤无数。在他们播放的电视片中,反复出现无辜平民“尸横遍野,血肉横飞”的镜头。据布兰德什塔黛了解,镜头中出现的尸体,大都是从停尸房里收集来的,根本不是在所谓“冲突”中死亡的无辜平民。

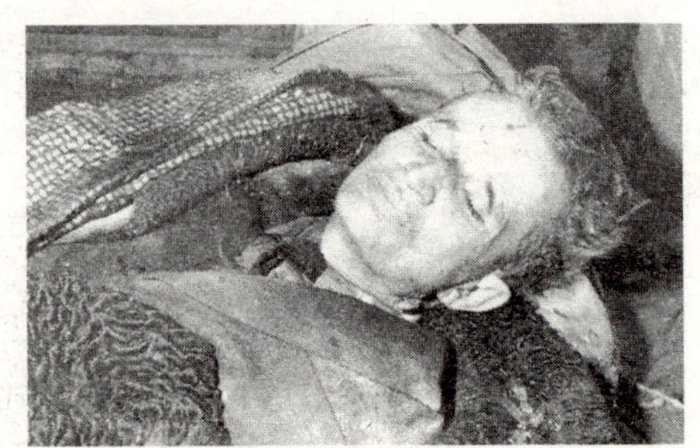

齐奥塞斯库丧命

恰恰是基米绍尔边境地区的“血腥事件”,成了推翻齐奥塞斯库的导火索。自此之后,罗马尼亚全国开始了向齐奥塞斯库政权“讨还血债”的民主浪潮,最终迫使齐奥塞斯库夫妇仓皇出逃,丧命荒野。

●中情局策划伊拉克政变始末

美国前总统(老)布什在下台前曾秘密授权中央情报局在伊拉克策划推翻萨达姆政府,因为萨达姆在海湾战争后对美国的蔑视态度令布什极为恼火。在克林顿接替(老)布什之后,他和国家安全顾问安东尼·莱克再次向中情局布置了这项任务。同时，克林顿及其助手希望伊拉克问题不再是媒体关注的焦点。联合国伊拉克问题特别委员会(以下简称“联合国特委会”)前负责人罗尔夫·埃克乌斯回忆说：“莱克那时常对我说，不要再在伊拉克问题上出什么乱子了，这已经不是华盛顿政府关心的主要问题。当时处理伊拉克问题的任务已经交给五角大楼、国防部和中情局的下层官员。”

对伊政策的失败。莱克及其在国家安全委员会中的高级助手乔治·特尼特(他在1997年被任命为中情局局长)极力主张在伊拉克问题上速战速决，即通过流血政变除掉萨达姆。他们在各种场合暗示，这种政变要由流亡的伊拉克反对党或萨达姆核心圈子里的人来完成。但白宫没能充分认识到中情局在中东地区开展间谍活动的局限性，例如它的近东司只有少数几个人会讲阿拉伯语。这一失误最终导致美国对伊拉克政策的失败，并给联合国特委会制造了大量麻烦。

“通信情报”行动。1996年年初，联合国特委会驻巴格达办事处开始实施以色列与联合国的通信情报联合行动(简称“通信情报”行动)。他们希望通过该行动得到有关萨达姆的特别安全机构隐瞒武器计划的证据。在埃克乌斯的首肯下，联合国特委会武器核查小组负责人、美国前海军陆战队情报官员斯科特·里特和特委会情报部门的俄罗斯武器控制专家斯米多维奇制订了一套富有进攻性的方案：他们领导一个核查小组对伊拉克的可疑目标进行一系列突击检查，同时监听伊拉克所有频率的广播通讯。他们希望找到一个加密频率，截获该频率的信号，然后拿到有关部门进行解密和破译。

里特说，数月以后，联合国特委会收到他们截获的信号，但其中大部分内容是伊拉克人之间的闲谈，而且几乎没有证据证明伊拉克存在加密频率。里特说，联合国特委会对美国缺乏合作诚意极为不满，并将它截获的情报交给以色列和英国情报机构进行处理，因为里特同以色列和英国情报部门建立了良好的工作关系。他说，埃克乌斯同意他们这样做，但遗憾的是，“通信情报”行动一直没有取得突破性进展，他们搜集的情报对联合国特委会要求萨达姆放弃建立核武库的目标几乎没有任何帮助。

埃克乌斯最初拒绝谈论有关“通信情报”行动的详细情况，只说“里特爱夸大其词”。但他承认“里特所说的大部分还是真实的。我们虽然拥有刺探萨达姆一举一动的技术，而且我们已经在尽力而为，但当我们要求美国帮助处理有关情报时，他们表现得不大热心。我想美国可能不希望因为我们而在伊拉克问题上陷入进退两难的困境。”

中情局秘密介入。在1996年的某个时候，中情局近东司在上级的同意下，开始在伊拉克境内单独开展秘密的“通信情报”行动，尽管他们的行为是非法的。中情局人员扮成联合国特委核查人员分批来到伊拉克，在其境内大肆安装旨在获取伊拉克军事情报的窃听设备。

不过，中情局打算在1996年夏季挑起伊拉克政变的计划最终夭折。在他们实施该计划之前，一名忠于萨达姆的军官通过本应是绝密的联络通道告诉中情局驻安曼站负责人，萨达姆已经知道政变的详细计划，并已处死数十名涉及此案的伊拉克人。

北极熊的魔爪：

克格勃/俄情报机构

在好莱坞的那些关于冷战题材的惊险电影中，"克格勃"被描述成如同"终结者"般无所不能的间谍，然而在苏联的历史上，这个庞大的情报机构却一直充当着极权制度强有力的心脏。这个部门曾经使用过许多名称——全俄肃反委员会、国家政治保安局、国家政治保安总局、内务人民委员部、国家安全人民委员部、国家安全局、内务部、国家安全委员会……这些变幻莫测的名称让历史学家们也感到迷惑，但是人们还是习惯使用"克格勃"这一通俗的称呼。因此，一提起克格勃，人们首先想到的是逮捕、暗杀、美人计等。正因为此，克格勃一度成为"恐怖"的代名词。

引子:深度潜伏的俄罗斯英雄

2010年6月28日,美国司法部宣布逮捕10名“间谍”嫌疑人,并在29日逮捕已逃到塞浦路斯的第11人,指控他们为俄罗斯从事情报搜集工作,目的是渗透进美国政府决策圈。商业大片一般的谍战故事曝光后,立刻轰动国际。

美国联邦调查局(FBI)10年前就开始搜集这些嫌疑人的罪证,在他们家里装窃听器,在车上装卫星定位系统,在餐厅和旅馆房间装针孔摄影机,秘密搜索他们的家,并监视他们的电子邮件和电话。美方截获的一条信息指令中指出:“你们被送往美国进行长期服务之旅。你们所受的教育、银行账户、汽车、房子等等,所有的这一切都是为了一个目的,实现主要任务,即在美国政府决策圈内搜索和发展关系,并发回情报。”

在罪证确凿后,FBI联合美国多个执法部门于26日展开了“钓鱼式”抓捕。当时,两名伪装成俄罗斯特工的FBI工作人员分别于纽约和华盛顿约见28岁的女被告安娜·查普曼和另一人,并指示他们执行一次“投送任务”。当其中一人按照计划将5000美元装进放置在弗吉尼亚州阿灵顿县一个公园内的信封里时,埋伏在附近的FBI特工立即将其抓获。随后,执法人员又展开了一系列抓捕行动,其余10人全部落网。

一名FBI官员在接受美国媒体采访时表示:“在我印象中,我们还从来没有一次性抓捕10名外国情报人员,他们在美国境内的这一间谍网络已经被完全捣毁。”这些人的罪名是担任外国政府特工,最高可判5年,其中9人还被控同谋洗钱罪,最高可判20年。据悉,他们并未以间谍罪被起诉,因为他们搜集的资料并非国家机密。

在被起诉的11人中有5对夫妻。他们的情报搜集范围很广,包括核武、美国伊朗政策、白宫八卦、中央情报局领导阶层人事变动、总统大选、国会和政党消息等。案件起诉书的内容更是有如谍战小说：这些卧底特工两人一组，扮成夫妻甚至假戏真做生小孩。他们想尽办法“美国化”，与平民百姓为邻，掩饰身份。这些人分别生活在纽约、华盛顿和波士顿郊区。其中有两人是住在纽约扬克斯的“秘鲁裔”人士，另外一人是“加拿大裔美国人”，有两人假扮成已婚的费城夫妇，生儿育女，而孩子不知道父母的真实身份。他们都有普通工作——比如纽约一份报纸的记者，会买楼房，让人感到他们在实践“美国梦”。

除了假造身份外，他们还运用冷战时期的间谍技巧，像隐形墨水、无线电传送密码电报和加密数据等。特工在公共场合彼此擦身而过时，交换相同款式的手提袋，还在乡下埋了大笔资金。他们被捕后，有邻居表示，涉案的夫妇都很“普通”，并对其被控是俄罗斯间谍都大感震惊。而据1985年前往西方的前苏联情报机构克格勃头子葛迪夫斯基说，潜伏在美国的卧底夫妻可能有50对之多。俄国这项谍报行动被美国形容为“非法人士计划”，称其也运用在其它国家。“非法人士”在情报界指的是以假身份渗透到外国生活的特工，有别于用外交官和其他合法身份掩护的特工。美国司法部宣布抓捕11名俄间谍之后，立即震惊了整个西方世界。这是冷战后美俄之间爆出的最大间谍案。

2010年7月9日，俄罗斯与美国进行了一场间谍交换，11名俄间谍被用来交换了4名在俄罗斯被捕的美国间谍。这是冷战结束以来规模最大的换谍事件。尽管这场间谍风波从最初被媒体曝光到双方完成交易仅用了十几天，但其戏剧性的过程让外界如同欣赏一部间谍大片，更让人生出一种重回冷战的感觉。在东西方处于冷战状态的40年间，这种性质的换谍行动犹如美苏进行的一场场游戏，在国际斗争的舞台上曾频频上演。

其实，即使在冷战期间，美国如此大规模地破获俄罗斯间谍网亦属罕见。《纽约时报》认为，这次美国抓捕俄罗斯特工事件足以证明：自苏联解体以来，俄罗斯的“探子”特工网络不仅存活了下来，而且甚至可能还进一步发展壮大了，他们的任务也可以通过更加直接的方式完成。俄罗斯间谍的被捕把现代版克格勃——俄罗斯对外情报局推至风口浪尖。通常意义上说，这些

据卡格尔漫画

美俄换谍漫画

在纽约被逮捕的间谍被看作是“探子”特工，意思是说其秘密活动并不受外交保护。与普京、梅德韦杰夫低调处理此事相比，俄罗斯民众却热情高涨，极力声援这些被捕的“探子”特工。在前苏联间谍圈子的传统里，很少有人能比“探子”特工赢得更多的尊敬。在人们眼中，他们拥有国际象棋大师般的智力和宇航员般的坚韧……即便在今天，俄罗斯对外情报局官方网站上仍将苏联时代的“探子”特工按照名字第一个字母的排序列出，视为国家英雄，接受人们瞻仰。

美国司法部宣布破获俄罗斯“情报网”的消息一经披露，立即引起俄罗斯总理普京的震怒。普京称出卖查普曼等俄罗斯特工的叛徒绝没有好下场。俄罗斯总统梅德韦杰夫证实，俄联邦对外情报局的谢尔巴科夫上校是出卖俄在美间谍的叛徒。俄罗斯已经向美国派遣了一个暗杀小组，追杀叛逃美国

普京称出卖查普曼(左)等俄罗斯特工的叛徒绝没有好下场

的前俄罗斯驻美国间谍网负责人谢尔巴科夫上校。谢尔巴科夫今年夏季叛逃美国，使得俄罗斯安插在美国的间谍遭到逮捕并被驱逐。

谢尔巴科夫上校曾在俄罗斯对外情报局工作，并曾担任俄罗斯驻美国间谍网的负责人。谢尔巴科夫在叛逃前一直负责一项绝密计划，即在美国安插长期潜伏特工。俄罗斯《生意人报》援引俄情报部门消息人士的话称，谢尔巴科夫叛逃美国，将10名俄罗斯秘密安插在美国的潜伏特工名单交给了美国联邦调查局，其中包括俄美女间谍安娜·查普曼。这些俄罗斯间谍落网后，谢尔巴科夫甚至还参与了美国联邦特工对他们的审讯。该消息人士称，谢尔巴科夫变节投降后，他在这个世界上存活的时间不会太久。这名消息人士透露说："我们知道他是谁，也知道他藏在哪里。毫无疑问，杀手已经前往追杀他了。"在俄罗斯秘密间谍遭到美国驱逐后，俄罗斯现任总理普京曾公开表示："这是遭人出卖的后果，而叛徒最终的结局总是会非常糟糕。"

美国方面是在得到确凿证据后才开始着手抓捕俄罗斯间谍的，当然这让白宫感到很尴尬，因为当时俄罗斯总统梅德韦杰夫正准备访问美国，美方不想让间谍事件将梅德韦杰夫的首次访美变得如此复杂。美俄间谍风波后，谢尔巴科夫的名字上了俄对外情报局的黑名单。而问题的关键不是谢尔巴科夫出卖了自己人，而是为什么他要这么做。被出卖的人当中有俄方经验最丰富、最有价值的间谍维岑科夫。据消息人士透露，65岁的维岑科夫"潜伏"之深已经到了几乎不会说俄语的程度，拥有如此"完美背景"的他要不是被谢尔巴科夫出卖永远也不会被美国发现。事发前，谢尔巴科夫的女儿长期居住在美国，不过这件事却没有引起俄罗斯国外情报局的特别关注。此外，谢尔巴科夫在间谍案发生前曾有晋级机会，但晋级必须接受测谎仪测试，谢尔巴科夫当时拒绝了这个机会。报道分析称，这种情况意味着他当时可能正与美国情报部门合作。在俄罗斯间谍被曝光前不久，谢尔巴科夫的儿子急忙离开俄罗斯飞往美国。在俄罗斯总统梅德韦杰夫6月访问美国前3天，谢尔巴科夫本人也逃往国外。

一、克格勃/俄情报机构概况

这个“创造奇迹的机关”能把任何一个中央委员、党员干部干掉。倘若斯大林怀疑他，马上会有证据出来证实。

——尼古拉·布哈林

(一)苏联时期的克格勃

克格勃(俄文:Комитет Государственной Безопасности，简称КГБ，克格勃是此三个俄文字母的音译，英文:The Committee of State Security)是苏联国家安全委员会的俄文简称(KGB)的音译，专门负责“国家安全的各项业务”，包括情报、间谍和反间谍、保卫、国内政治安全和边境保卫等，该机构从国内到国外，形成一套完整的体系，在国内及国际上都具有很大的影响。1991年随苏联的解体而转化成俄罗斯的情报和间谍机构。

克格勃是1954年3月13日至1991年11月6日期间，前苏联的对外情报、反间谍机构，同时也是国内安全工作和边境保卫等工作的主要负责部门，是一个凌驾于党政军各部门之上的“超级部”，是一个超然的机构，它只对中央政治局负责。克格勃的职权范围大致与美国的中央情报局(CIA)和联邦调查

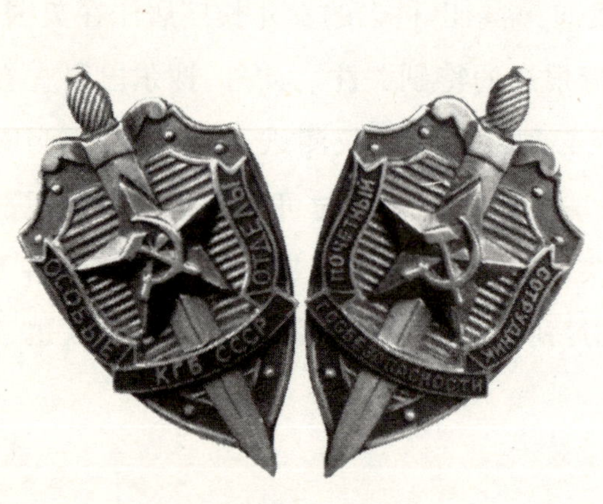

克格勃徽章

俄对外情报局局长谢尔盖·列别捷夫大将

局(FBI)的反间谍部门相当，在某些方面甚至超过美国，以实力著称于世。英国情报机关称克格勃为“世界上空前巨大的搜集秘密情报的间谍机构”。

克格勃前身可追溯到1917年12月苏俄政府刚建立时捷尔任斯基创立的“契卡(Cheka)”，捷尔任斯基为“契卡”第一任首脑。在20世纪30年代，由亚戈达和叶若夫领导的内务人民委员部成为“大清洗”的工具。冷战期间，克格勃的职能进一步扩大，涉及国内的所有领域，凌驾于苏联党和政府之上，在国际上也成为红色恐怖的代名词。自东欧剧变、苏联解体后，俄罗斯继承了克格勃的相关机构，但力量已经大为削弱。随着俄罗斯经济实力的逐渐恢复，为应对北约东扩、格鲁吉亚等传统势力范围的不断被蚕食和国内分裂势力抬头的新局面，经过调整以后，俄罗斯的情报机构又以新的面孔出现，开始重新纳入国家安全的重点领域，情报活动也重新活跃起来。斯大林发动“大清洗”运动大肆杀害高官名将，克格勃充当爪牙，而且权力很高。他们可以肆意杀害人民(如果人民对政府有不满言论)，但在战争时期，克格勃却又是非凡的间谍。

克格勃即苏联国家委员会全委会，由十五至十七人组成，负责研究最重要的问题，并就这些问题通过相应决议，以国家安全委员会主席令的形式生效。决议生效以后，就成了所有国家安全机关必须执行的规定。全委会委员组成中有国家安全委员会主席、副主席、主要部门的主官以及几个地方国家安全机关的领导人。全委会由苏联部长会议决定任免。苏联国家安全委员会主席团有主席一名，副主席十名，其中包括两名第一副主席。主席和副主席还领导地方国家安全机关——各加盟共和国国家安全委员会和区、州国家安全局的活动。约定俗成的是，乌克兰国家安全委员会主席、莫斯科市及莫斯科州和列宁格勒市及列宁格勒州国家安全局的两位局长，传统上都是全委员会委员。根据条例，全委员会一个月举行一次例会，但有时候要多，这取决于讨论的问题是否紧急，是否重要。

全委员会根据国家安全委员会的命令清单确认干部任免。有时候听取有关国内、国家安全委员会机关和部队所发生的最重大非常事件的报告，讨论上级权力机关的重要决议，并据此作出相应的决定。一般来说，讨论问题会吸收范围相当广的特邀人员参加，人数有时多达一百人或一百人以上。全委会是国家安全委员会的领导机关。全委会通过的主要决定可以长期有效，且只有全委会才能以其决议取消已生效的决定。全委会是安全委员会相当广泛的负责人交换意见的机会，是作出决断的有益方式和方法，更主要的，它也是确定落实并监督决议执行情况的有益方式和方法。决议将传达到国家安全委员会各级机关和部队，并成为他们在相应方面展开实践活动的依据。

（二）俄罗斯时期的情报机构

对外情报局徽标

苏联解体后，叶利钦认为，集情报、安全、保卫等职能于一身的克格勃一旦失控，自己的宝座将面临威胁，必须分而治之。于是，俄罗斯前总统叶利钦将当时权力极大的克格勃一分为三，拆分为对外情报局、联邦安全局和联邦保卫局。分家后，克格勃总部大楼一下子变得空空荡荡，只剩下由巴卡京领导的俄联邦国家安全委员会。

●俄罗斯对外情报局

脱胎于原克格勃第一总局的俄罗斯对外情报局，是克格勃中第一个1991年10月建立起独立身份的机构，接管了克格勃第一局的大多数对外活动、情报搜集和情报分析活动等。苏联时期，亚谢涅沃区的这片楼群是克格勃第一总局的总部，也就是俄罗斯对外情报局的前身。这里的楼群是根据芬兰设计师的方案，在上世纪70年代初为苏共政治局国际科建造的，但是当建筑施工一开始，苏共政治局就后悔了，认为这些大楼离市中心太远，于是将它转交给了克格勃。之后，在1972年6月20日，克格勃第一局搬到了这片新楼。为了保密，克格勃第一局的工作人员都将这个地方称为“森林”。因此，这个地方的准确位置在苏联解体以前极少为人所知。直到2000年10月份，前苏

对外情报学院(普京和国防部长伊万诺夫都出自此校)

联克格勃精英谢尔盖·扎科夫将总部大楼的航拍照片在自己的网站上公布出来,人们才知道了对外情报局的确切地址和外貌。

为了防止外国间谍分子的破坏和工作人员泄密，这里有极其严格的保密和警卫制度。在通往总部办公大楼的路上,工作人员要经过三道岗哨。除此之外,送往大楼里各个部门的文件都要经过几次严格检查。即便是本系统人员，持有普通的证件也是不能进入大楼的。如果本局工作人员需要与同行或者政府官员见面时,通常都会把见面地点选在市中心的某个地方,确保办公地点的保密。对外情报局总部就好像是一个城中城,内部设施完备。楼群外侧由双重围墙与外部隔离,因此,从航拍照片来看,总部的外部轮廓清晰地呈现出大写的英文字母Y形。楼群的一侧是会议大厅和图书馆,另一侧是门诊部大楼、体育馆和游泳池,中央是办公大楼。1977年12月20日,为纪念克格勃成立60周年，在广场上新建了一座纪念碑，

位于莫斯科亚谢涅沃区的对外情报局总部大楼

纪念那些在隐蔽战线上牺牲的情报人员。

俄联邦对外情报局总部外观

来自美国和德国的报告称,俄对外情报局和军方情报局在1991年到1993年增加了12%的情报搜集力量。对外情报局目前有1.3万名员工，其中许多以外交官、记者等掩护身份派驻德国、英国、美国等地,活动积极、谍报频频。对外情报局曾表示,苏联解体后它的任务有了根本性的改变,且已停止冷战时期的“全球化”策略——在全球每一个有西方密勤人员的地点派驻特工，目前它只在攸关俄罗斯实质而非想象利益的地区活动。原克格勃布建的许多国家情报网已完全撤销,整个俄罗斯的情报工作，特别是对外情报工作，和原来的苏联相比呈明显的退步趋势。但在接下来的10年里,这些人员重新集结,他们建起的网络重新恢复到苏联解体时的规模。

●俄罗斯联邦安全局

俄联邦安全局是俄政府下属的部级单位,总部位于卢比扬卡,其前身是克格勃第二、第三、第五总局和第七行动处。俄联邦安全局总部位于俄罗斯首都莫斯科的卢比扬卡大厦。1992 年 1 月 24 日,俄罗斯分别成立了联邦安全部和内务部。1993 年 12 月,叶利钦签署命令,将安全部改组为联邦反间谍局,1995 年又改称联邦安全局。俄联邦安全局目前的编制人数为 9000 多人,局长为大将。根据 1997 年 5 月 22 日的俄联邦安全局组织结构法令,俄联邦安全局由反间谍局、反恐怖局、分析预测和战略计划局、组织人事局、行动保障局 5 个局级机构以及侦查和反有组织犯罪处、调查处、搜索活动处、行动技术处、个人安全处、总务处、拘留所和科研中心等部门组成。主要任务是:获取有关国家安全的情报,进行反恐怖斗争,打击非法武装和团体,防止外国情报机关的颠覆活动，保卫国家机密，打击犯罪团伙，向外国特工机关渗透，组建特种部队。联邦安全局的部队由反恐怖局管辖，包括“阿尔法”、“信号旗”等著名反恐怖特种部队。

●俄罗斯联邦保卫局

俄罗斯联邦保卫局是由原苏联克格勃第九局转变而来，主要负责总统、总理、议长、外交部长、国防部长、联邦安全局长、安全会议秘书、总统办公厅主任和副主任、中央选举委员会主席的保卫工作。对其他官员提供保卫，需要总统专门下令。作为俄罗斯几家情报和安全机构中最神秘的机关，目前联邦保卫局的编制人数、保护对象、每次总统外出派遣的警力等，都是“国家机密”。现在的俄联邦保卫局是1996年6月19日由原俄罗斯保卫总局改组而成的。该局的总人数至今仍是个谜，俄罗斯有人估计它有1万到4万人，但也有人夸张地说有42万人。联邦保卫局招收的都是技艺超群的小伙子，他们都各有绝招。执行警卫任务时他们总是身着黑色衣服，戴着墨镜，很好辨认，俗称“黑衣人”。他们经常凭着敏锐的观察力、快速反应能力、出众的吃苦精神和强健的体魄，力排险情，化险为夷。

美国逮捕11名俄罗斯间谍事件发生后，全世界都大为震惊，同时也开始重新审视现代的克格勃——对外情报局，就连前克格勃将军卡路金也深感震惊：“这是对过去时代的一种回归，但即便是在冷战最糟糕的年份，我认为在美国的‘探子’也不超过10人。”在很多人看来，美国一下子抓到11名俄间谍，要么是因为俄对外情报局早已不如克格勃那么专业化，要么是因为FBI的技术更加老道。不过，对外情报局和联邦安全局对此全无兴趣。每个人都发现，俄罗斯政府上下始终对此次间谍事件并不“感冒”。显然，他们现在的着眼点并不在这些特工身上，除了遍布世界各国的、像安娜·查普曼一样的探子之外，他们还打算再次把目光对准国内，重走克格勃成立之初的老路。

二、克格勃/俄情报机构历史沿革

克格勃是苏联国家安全委员会的简称，是苏联时期集情报、安全、保卫等职于一身的超级安全机关。回顾克格勃走过的历史以及现在的俄罗斯对外情报局和联邦安全局，从昔日的内外安全二合一到现在的对内对外职能分离，俄罗斯间谍机构走过的是一条从权力膨胀到消解的不平常之路。

(一)克格勃的前身是“契卡”

俄罗斯联邦安全局和对外情报局是由克格勃演变而来的，而克格勃也是由苏联安全机构演变而来：1917年12月为全俄肃反委员会(契卡)；1922年2月为国家政治保卫局；1923年7月为国家政治保卫总局；1934年7月为国家安全总局；1941年2月为国家安全人民委员部；1941年7月为国家安全总局；1943年4月为国家安全人民委员部；1946年3月为国家安全部；1947年10月至1951年11月为国家安全部(对外情报机构归情报委员会管辖)；1953年3月为内务部；1954年3月为国家安全委员会(克格勃)；苏联解体后为俄罗斯联邦安全局(FSB)和对外情报局(SVR)。

契卡总部原设在彼得格勒(圣彼得堡)霍瓦亚大街2号。1918年苏俄政府迁都莫斯科，契卡总部也在1920年迁到莫斯科克里姆林宫附近的卢比扬卡广场11号。“十月革命”成功后，列宁要求捷尔任斯基创办一个可以“用非常手段同一切反革命分子作斗争的机构”。一个半月之后，“全俄肃反委员会”成立，简称“契卡”。因此，可以说捷尔任斯基是克格勃的开创者。这位奉命组建“契卡”的元老级革命家，上任伊始就提出：

捷尔任斯基

“枪决的权力对‘契卡’无比重要。”捷尔任斯基在沙皇的监狱中服刑达十一年之久，他比谁都明白镇压机构是如何运作的。从自己的亲身经历中，他汲取了哪些经验教训呢？他清楚地记得自己和自己的同志是怎样轻而易举地就蒙骗了沙皇的警察和狱卒的，他不愿意重复敌人犯过的错误。

克格勃前身“契卡”的创始人捷尔任斯基的雕像

与列宁一样，捷尔任斯基精力过人，可以持续工作几天几夜；同时，他又极其廉洁，虽然身居高位，却过着清教徒般的生活，大部分时候都依靠面包和清水维持生命。

捷尔任斯基将其肩负的任务概括为：在全国范围内消灭和制止反革命和怠工行为，将其极端分子交由法庭处理，同时还进行前期侦查和预审。

苏联建立初期，这一秘密机构成为打击国内外敌对势力颠覆和破坏活动的一张王牌。斯大林肃反时期，这一机构成为秘密武器。俄举国上下闻之色变。在“大清洗”中，没有法庭，没有侦查和预审，其完全沦为了独裁的工具。

冷战时期，克格勒威震全球，风光无限，在许多方面甚至超过了美国中央情报局，令美国和西方同行十分敬畏。在苏联国内，克格勃具有凌驾于各级国家机关和领导人之上的特殊职权，是一个凌驾于党政军各部门之上的“超级部”，只对中央政治局负责。它的情报能力有口皆碑。英国情报机关称克格勃为“世界上空前强大的搜集秘密情报的间谍机构”。一个众所周知的事实是：前俄罗斯联邦总统、现任俄罗斯联邦政府总理的普京，当初也曾是克格勃的一员。克格勃主要机构有对外谍报局、国内反间谍局、军队管理局、边防军管理局、总务局、克格勃驻外站组等。克格勃系统工作人员曾一度达到50多万名，总部机关有1万人，间谍、反间谍和技术保障等部门有20万人，边防军30万人，此外，在全国有150万线人，在国外有25万谍报人员，年预算为100亿美元。

(二)克格勃被叶利钦终结

叶利钦

1991年5月5日，俄罗斯前总统叶利钦与苏联国家安全委员会主席克留奇科夫，共同签署了《关于建立俄罗斯联邦共和国国家安全委员会的协议》。在这个协议签署的第二天，俄罗斯联邦国家安全委员会(简称俄联邦克格勃)正式成立。

苏联解体后，叶利钦感到把涉及国家安全的各种特权全部集中到一个机构手中，将是一个巨大威胁。这一机构一旦失控，总统宝座将面临威胁。于是，叶利钦采取措施，对克格勃进行改组，分而治之。因此，俄罗斯情报机构在20世纪90年代初陷入了混乱，当时特工大量流失，海外资产也大批失踪。几经折腾后，俄罗斯的情报机关大大被压缩，克格勃90%的人员被裁减。在克格勃分裂的几个独立的部门中，显著名的有两个：一个是联邦安全局，这是俄最大的对内安全机构；另一个是对外情报局，其作用相当于美国的中央情报局。

1991年12月，俄罗斯总统叶利钦下令将刚刚组建的中央情报局改名为俄罗斯联邦对外情报局，任命原苏联中央情报局局长叶夫根尼·普里马科夫出任局长。俄联邦对外情报局受总统和政府直接领导，其任务是负责国外的情报搜集工作。普里马科夫宣称，俄联邦对外情报局的工作对象和范围主要在国外，它完全是非政治化、专业化的机构，只为社会安全服务，不为任何个人和政党服务。

普里马科夫走马上任后，立即按照叶利钦总统的指示，将对外情报局的机构进行了调整，关闭了海外30多个情报站，驻外机构的人员也减少了近一半，还停止了在非洲和远东地区大多数国家的情报活动。在“邻近国家”(专

普里马科夫

门用来称呼苏联解体后独立出去的除俄罗斯以外的14个国家)禁止进行情报活动，也禁止情报人员参加党派活动，实行非党化。1992年12月，普里马科夫进一步阐述道，情报工作发生了两大变化：一是实行了议会监督，情报机构必须在法律范围内工作；二是情报机构非政治化。情报合作不等于停止情报活动，在相互联系的国家间也是如此；国家情报机构过去和现在都不向私人商业部门提供情报。他还指出，它的部门将缩短战线，减少对西方国家的情报活动，把重点转到可能对俄罗斯有威胁的国家。

叶利钦对克格勃的分家感到十分满意。一方面，各特工机构可以相互制约，达到权力制衡的目的；另一方面，这一改组又符合国际社会的通行做法，便于为广大群众和国际社会所接受。但叶利钦的得意之作很快就暴露出其致命缺陷。分立而治带来了职权上的混乱。随着国内民族矛盾的激化和国际形势的变化，联邦安全局在打击国际恐怖主义、民族分裂主义等行动中显得越来越力不从心。这在第一次车臣战争中已得到证实。

苏联解体后，各种各样的分析报告需求量一夜剧增，而这时候人们才发现俄罗斯除了克格勃外的其他地方根本没有真正的分析家！一夜之间，克格勃的人成了抢手的香饽饽，因为只有克格勃的人才知道如何处理和分析情况，如何守口如瓶，而这正是政治家们竞选所需要的。另外情报工作使得他们能接触大量其他苏联公民根本不可能接触到的信息。市场经济到来的时候，他们比别人更有准备，他们更了解英国和美国的经济情况。因此，克格勃解散后，大批克格勃官员投身商界。他们或利用特长创办私人保安公司，或为西方财团、公司和科研组织效力，公开搜集俄政治、经济、军事等领域的情报。由于这些人原来长期在克格勃工作，掌握侦查与反侦查的技术，个个都是窃听等领域的专家，联邦安全局很难真正控制他们。近年来，俄社会不断传出包括总统政府总理、副总理和政府其他高级官员电话被窃听的事件。

另外，苏联解体使克格勃在国外的情报网受到巨大打击，一些长期为俄罗斯服务的隐藏很深的情报人员纷纷落网，克格勃元气大伤。此时，克格勃的地位迅速下降，不仅失去种种特权，而且待遇微薄，人员流失很多。许多克格勃的骨干不得不降低身份，去企业团体当“保安”或给老板当“保源”，借以维持生活。就连当年的普京也一度想回老家靠“开出租车”养家糊口。一些私立公司和企业肯出大价钱吸引俄情报系统的人员，使成千上万的克格勃干部另谋高就。也有一些人成了情报贩子，给同行添了不少麻烦。俄特工部门人才流失严重，特别是收入少、待遇低又无法吸引优秀人才补充干部队伍，俄特工面临青黄不接的窘境，已严重影响到这一部门职能的发挥。这一系列问题已成为俄安全机关继续发展的心腹之患，昔日的克格勃不仅风光不再，甚至还可能成为国家安全的直接威胁。正是在这种情况下，克里姆林宫最高层才开始酝酿改革安全机关，以重振克格勃的雄风。

(三)普京重振俄情报机构雄风

俄罗斯总理普京与联邦安全局有着不解之缘。普京曾在赫赫有名的克格勃系统干了16年职业“特工”，并在1998年7月至1999年8月担任俄联邦安全局局长，后被俄罗斯首任总统叶利钦看中并选定为“接班人”登上总统宝座。普京执政后，“克格勃情结”表现得尤其明显，其治国方略和执政风格都

位于莫斯科市中心的克格勃总部大楼

受此影响。普京也毫不讳言："始终以克格勃经历为荣"。

"8·19"政变发生后，普京辞去了在克格勃中的职位。他无奈地看着自己的国家陷于万劫不复之境，无奈地看着自己为之奋斗了16年的情报机构被大卸八块，被分割、压缩成几个单独的部门，对外情报给了对外情报总局，安保和监听给了保卫局和信息局，剩下的大部分工作都留给了联邦安全局。而它的总部就是卢比扬卡广场上的克格勃总部大楼。俄罗斯间谍新旧时代的分割点或许就是普京辞去克格勃职务的时刻。在整个20世纪90年代，克格勃人员只有一个目标：保存实力，等待东山再起。1998年，已经在莫斯科重新开始政治生涯的普京被叶利钦选为克格勃主要继承者——俄罗斯联邦安全局的局长。当普京以安全局局长身份回到这里时，他只说了一句话："我回家了！"在一次会议中，普京对情报人员说："不要为克格勃昔日的历史感到难为情，克格勃有很多英雄，我们要为他们的业绩感到骄傲！"当捷尔任斯基的雕像被重新竖立起来时，一切都回到了这位先辈预先设定的轨道里。

在普京两任总统任期中，俄联邦情报机构的人员已集聚起强大的政治权力。来自联邦安全局及其姐妹机构对外情报局的人员掌控着克里姆林宫、媒体和这个国家的大部分经济，还有军队和警察等武装力量。

自普京就任俄罗斯代总统以来，克格勃的作用明显增强，并出现了重新统一的趋势。2004年，在普京的命令下，捷尔任斯基雕像被重新竖立。同年，一部名为《生死倒计时》的影片在圣诞节期间登陆莫斯科各大影院。影片以曾经震惊世界的莫斯科剧院绑架案为蓝本，反映了新一代俄罗斯特工智勇双全的"英雄本色"。这位能够上天入地的智勇特工是好莱坞式的英雄人物，也是一位俄罗斯间谍。决定投资这部影片的正是普京，而他麾下的俄安全局则为影片拍摄提供了装甲车、运输机、坦克等等一大批真家伙。这些都宣告了一点：俄罗斯间谍回来了。他们不是克格勃，而是新一代的俄罗斯间谍。由于普京

普京

克格勃总部大楼

的重视，俄罗斯情报机构的规模不断扩大，经费不断增长。

随着普京的崛起，俄罗斯情报机构迎来了第二个“黄金年代”。对外情报局极度活跃，昔日的克格勃也纷纷占据重要位置，掌握着俄罗斯所有重要的决策。目前，俄罗斯政府高层中有相当一部分人都曾效力于克格勃。俄罗斯的情报机构有联邦国家安全局、联邦政府联络和情报局、联邦对外情报局、总参谋部军事情报总局、商船侦察队、军兵种和作战部队的情报机关及俄罗斯的私人情报机构和情报个体户等。

三、克格勃的历任领导与重要成员

俄罗斯间谍新旧时代的分割点，或许就是普京辞去克格勃职务的时刻。回顾克格勃的历史，你就会发现，俄罗斯联邦安全局和对外情报局是克格勃精神在21世纪的继承和延续。

(一)克格勃的历任领导人

克格勃历史上最有影响力的领导人是安德罗波夫和贝利亚。安德罗波夫最后担任了苏联的最高领导人，而贝利亚在权力斗争中失败，被赫鲁晓夫以叛国的罪名处死。

费利克斯·埃德蒙多维奇·捷尔任斯基1917–1926年：全俄肃清反革命和怠工特设委员会(契卡)/国家政治保卫局/国家政治保卫总局

维亚切斯拉夫·鲁道福维奇·缅任斯基1926–1934年：国家政治保卫总局

亨里希·格里戈里耶维奇·亚戈达1934–1936年：内务人民委员会

尼古拉·伊万诺维奇·叶若夫1936–1938年：内务人民委员会

拉夫连季·帕夫洛维奇·贝利亚1938–1941年：内务人民委员会

弗谢沃洛德·尼古拉耶维奇·梅尔库罗夫1941年(2–7月)：国家安全人民委员会

拉夫连季·帕夫洛维奇·贝利亚1941–1943年：内务人民委员会

弗谢沃洛德·尼古拉耶维奇·梅尔库罗夫1943–1946年：国家安全人民委员会/国家安全部

维克托·谢苗诺维奇·阿巴库莫夫1946–1951年：国家安全部

谢尔盖·伊万诺维奇·奥戈利佐夫1951年(8–12月)：国家安全部

谢苗·杰尼索维奇·伊格纳季耶夫1951–1953年：国家安全部

拉夫连季·帕夫洛维奇·贝利亚1953年(3–6月)：国家安全部

谢尔盖·尼基福罗维奇·科鲁格洛夫1953–1954年：国家安全部

伊万·亚历山德罗维奇·谢罗夫1954–1958年：国家安全委员会，简称克格勃

亚历山大·尼古拉耶维奇·谢列平1958–1961年：克格勃

弗拉基米尔·叶菲莫维奇·谢米恰斯内1961—1967年：克格勃

尤里·佛拉基米罗维奇·安德罗波夫1967–1982年：克格勃

维塔利·瓦西里耶维奇·费多尔丘克1982年(5–12月)：克格勃

维克托·米哈伊洛维奇·切布里科夫1982–1988年：克格勃

弗拉基米尔·亚历山德罗维奇·克留奇科夫1988–1991年：克格勃

瓦季姆·维克托罗维奇·巴卡京1991年8月–11月：克格勃

(二)克格勃重要人物

克格勃历史上最有影响力的领导人是安德罗波夫和贝利亚。安德罗波

夫最后担任了苏联的最高领导人，而贝利亚在权力斗争中失败，被赫鲁晓夫以叛国的罪名处死。近年来，已有不少涉及贝利亚的论著在国内翻译出版了，如《元帅和总书记》、《历届克格勃主席的命运》、《我的父亲贝利亚》等，尤其是后者，虽然作为贝利亚的儿子，作者在叙述中的感情色彩显而易见，但还是能为人们了解贝利亚提供一个独特的角度和大量的材料。对历史人物的评价从来不可能完全一致，但至少有一点是肯定无疑的：在前苏联的历任克格勃主席中，只有两人，贝利亚和安德罗波夫，是至今“仍然令人真的感兴趣，使人进行讨论，让人觉得他们是丰富多彩的人物。”

1.贝利亚被处死之谜

●贝利亚其人

拉夫连季·巴夫洛维奇·贝利亚

拉夫连季·帕夫洛维奇·贝利亚(1899年3月29日–1953年12月23日)，苏联政治家，克格勃首脑。他是斯大林清洗计划的主要执行者之一，但他和前任不同，还救了很多人。第二次世界大战结束后因军事情报和研制原子弹之功被斯大林晋升为元帅。二战之后到斯大林逝世之前，他是苏联实际上的二号人物，但是之后他在争夺斯大林继承权的斗争中因提倡激进改革和公开性，被撤职并处决。

贝利亚在1899年3月29日出生于格鲁吉亚，1915年考入阿赛拜疆首府巴库的建筑机械中等技术学校。在求学期间，他接触到共产主义并加入到俄国社会民主工党。1922年3月12日，阿赛拜疆、亚美尼亚和格鲁吉亚三个共和国统一组成外高加索苏维埃社会主义联邦共和国。同年12月30日，它正式加入苏联。当年11月，贝利亚就任格鲁吉亚国家政治保卫局主席。

1938年7月28日，贝利亚奉召到莫斯科，斯大林当面委托他为苏联第一副内务人民委员(即内务部第一副部长)。4个月后，贝利亚取代叶若夫出任内务人民委员，他上台伊始，清洗了不少叶若夫的助手，释放了一些被捕的军队高级将领和党政领导干部，让他们官复原职。同时，他又进行新的清洗。贝利亚在内务人民委员部内建立了劳改营管理总局。在他直接领导下，积极开展了在国外的情报活动。1941年2月，他被任命为苏联人民委员会副主席(即部长会议副主席)。1941年6月22日，苏联卫国战争开始。斯大林担任战时最高权力机构——国防委员会主席，贝利亚和伏罗希洛夫、马林科夫、莫洛托夫4人为委员。贝利亚主要负责后方保卫和建设等项工作。1945年7月，他被授予苏联元帅军衔。1946年3月当选为政治局委员。二战后，抢夺德国专家和研发核武器等首要任务，均由贝利亚负责。

贝利亚与斯大林(左后)及斯大林之女

1953年3月5日，斯大林因脑溢血死亡。苏共中央和苏联政府领导成员进行了改组。贝利亚仍为苏共中央主席团成员，兼任内务部长。贝利亚首先跨出了反对斯大林主义的第一步，释放数百万政治犯，立即停止了全苏的反犹行动，为莫斯科医生集团案平反，改变对南斯拉夫政策，对内乱中的东德不采取武力干涉，并开始市场化尝试。此后曾多次因“大清洗”是否错误地扩大化以及社会主义市场问题提出不同意见，在党内威望甚高。

●贝利亚被突然处死

斯大林逝世后，贝利亚成为苏联部长会议第一副主席，控制着改组后的内务部(包括情报局、反情报局和原克格勃所属的一些部门)，但随着时间的推移，贝利亚逐渐意识到，国家已经改朝换代，他的末日即将来临。为了准备退路，他开始把手中掌握的苏联国家领导人的“黑材料”转移到较为安全的地方，以应付不测。

为防止出现意外，赫鲁晓夫逮捕贝利亚时没有使用克格勃系统的力量，而是调动了莫斯科军区防空部队。据一位参加这次行动的军官说，为逮捕贝利亚，防空部队组织了特别行动小组，深夜被秘密带到克里姆林宫。待贝利亚出现后，特别行动小组突然出击，控制了贝利亚，并把他直接押解到一个防空洞。

贝利亚从来未受过如此“礼遇”，他愤怒地咆哮道：“你们什么也不懂，你们知道我是谁，是我制造了导弹。”面对贝利亚的嚣张气焰，克里姆林宫采取了拖延战术，首先在精神上击垮他。贝利亚精神防线被摧毁后，专案组趁热打铁，不仅使他承认了所有罪行，还逼他交出了隐藏的“黑材料”。1953年12月23日，苏联最高法院做出判决，判处贝利亚死刑并执行枪决。

一位参加行动的军官透露，原来说贝利亚是被捆在一块木板上而被开枪打死的。事实上，行刑人员出于对贝利亚的仇恨，还未等他被捆上就在楼梯处开了枪。后来，有人建议把贝利亚的尸体放在强碱中焚毁。当时防空洞中正好有一存有强碱的容器，大家就把尸体扔进容器中。这样，贝利亚的尸体就被焚烧掉了，案卷中也未留下他死亡的记载。

俄最高法院在对这一厚达50卷、至今仍盖有“绝密”封条的案卷进行核查时，虽然发现原苏联最高法院对刑法个别条款的使用有些牵强，如贝利亚等人被指控与14个国家的情报机关合作等，但从整体来看，贝利亚等人的主要犯罪事实均被查证，证据确凿，量刑适度，因而不在平反之列。为贝利亚等人翻案的诉讼请求遂被驳回。

●朱可夫帮助除掉克格勃头子贝利亚

1953年3月，苏联最高领导人斯大林去世后，马林科夫（时任苏联部长会议主席）、莫洛托夫（时任苏联部长会议第一副主席兼外长）、赫鲁晓夫（苏共十九大被选为中央主席团委员兼中央书记）等人都想上台执政。但由于斯大林在世时树立了个人权威制，任何人不经他允许，不能插手其他部门的工作，这样就造成了某些权力机构掌握在少数人手中，像克格勃就被贝利亚垄断。贝利亚

“军神”朱可夫元帅

可以随时调动克格勃按照自己的意愿行事，他要是想搞掉马林科夫他们也不难。为了夺权，赫鲁晓夫决定动用军队先搞掉贝利亚。此时，他想到了早在战前，在他担任乌克兰第一书记时就已熟识的朱可夫(时任国防部副部长兼陆军总司令，国防部长是布尔加宁)。实际上，朱可夫与贝利亚早在斯大林在世时就有矛盾。当时，贝利亚怕朱可夫威胁到自己，将朱可夫列入了一个“军人阴谋集团”。但斯大林并没同意打倒朱可夫，他对贝利亚说：“你不要找朱可夫的麻烦了。我了解他，他不是叛徒。”斯大林此言救了朱可夫，但从此朱可夫与贝利亚结下了仇。

于是，赫鲁晓夫给朱可夫打电话说：“中央主席团会议要讨论贝利亚的问题，可能要逮捕他，你带上几位可靠的人，时刻准备行动。”1953年6月底的一天，中央主席团会议顺利召开，一切都按赫鲁晓夫的设计顺利进行，在朱可夫的帮助下，贝利亚被逮捕。赫鲁晓夫利用军队，顺利地取得了斯大林逝世后第一次党内斗争的胜利。苏联军队则首次作为一支举足轻重的力量步入政坛。

●功高盖主被罢官，“军神”朱可夫突然下台。

正是在这样一种大气候下，朱可夫顺势异军突起。1955年，根据赫鲁晓夫的提名，朱可夫接替布尔加宁出任国防部长。在1956年的苏共二十大上，

贝利亚元帅的破败别墅

朱可夫被选为中央委员、中央主席团候补委员。

在拿下贝利亚后，围绕国际、国内的重大方针政策，赫鲁晓夫与莫洛托夫、马林科夫等人的矛盾日趋尖锐。赫鲁晓夫力排众议，在苏共二十大上做了反对斯大林的“秘密报告”，造成苏联国内政局混乱，并诱发了国际上的一系列反苏事件，双方的矛盾更加激化。苏共中央主席团内部，对赫鲁晓夫不满的人渐渐占了上风。他们频频密谋，准备一举罢免赫鲁晓夫的党中央第一书记职务。然而，就在斗争进入白热化的关键时刻，在朱可夫的帮助下，于1957年6月22日召开了苏共中央全会，最终给马林科夫集团每人戴上一顶“反党集团分子”的帽子。在赫鲁晓夫论功行赏的名单中，朱可夫自然排在首位。他获得了一生中的最后一次升迁：从候补主席团委员，晋升为主席团正式委员，从而进入了苏共中央的最高决策圈。朱可夫登上了他政治生涯的顶峰。

不过，顶峰也意味着下降的开始，朱可夫这位在政治上不甘寂寞的老帅也不例外。1957年10月25日，苏共中央主席团通过决议，准备在3天以后召开苏共中央全会，讨论如何加强苏联陆、海军的政治思想工作。接到通知的人都明白，这是准备罢免朱可夫。10月26日，朱可夫返回莫斯科参加了苏共中央主席团会议。后来的苏共中央全会对他提出了严厉批评。赫鲁晓夫发言称：“在对待朱可夫的问题上，应当采取坚决的措施。任何人，如果不服从党的利益，党是不会宽恕他的，不管他有多大的功绩。这应当成为党的生活中的一条法则。”最后，按照既定的程序，免除了朱可夫的一切职务。

2.安德罗波夫——第一个从克格勃走出的苏联最高领导人

安德罗波夫1914年6月15日生于斯塔夫罗波尔地区，1984年2月9日卒于莫斯科。16岁在北奥塞梯自治共和国莫兹多克工作并加入共产主义青年团。一度在伏尔加河上作船夫。1936年毕业于雅罗斯拉夫尔地区雷宾斯克内河水运学院，成为该校共青团负责人。1939年加入共产党，翌年任卡累利阿–芬兰自治共和国共青团第一书记。1944年任卡累利阿首府彼得罗扎沃茨克党中央委员会第二书记。后调往莫斯科进入共产党中央工作。1953年任驻匈牙利大使，1956年在镇压暴动中发挥重要作用。翌年被召回莫斯科，任党中央部长。1967年5月成为克格勃首脑，实行严密的政治控制和高压政策。1982年11月当选为苏联共产党总书记。1983年当选为苏联最高苏维埃主席团主席。

●安德罗波夫其人

安德罗波夫(1914—1984)

安德罗波夫是战后统治苏联克格勃时间最长的领导人。安德罗波夫身材颀长，体格魁梧，举止温文尔雅，富有教养，颇有学者风度。他英语流利，喜欢看原版英文小说，还擅长写爱情诗。他记忆力过人，几乎能逐字逐句地复述刚看完的百页文字。

就个人品质论，他极富魅力，能深入群众，平等待人，对秘书和周围工作人员给予高度信任。他反对奢侈豪华，工作态度孜孜不倦。这些都使他更能受到下属和群众的拥护。安德罗波夫不但政治上相对开明，致力改革，而且个人颇有文学修养，爱写诗，喜欢西方音乐，富有幽默感。有一个颇能说明这一点的细节：在一次官方宴会上，他看到对面坐着一个著名艺术家，就斟了一杯酒递过去，这位艺术家发现为自己递酒的是克格勃主席，略为迟疑了一下，这时安德罗波夫微笑着对他说："你最好还是接过去，克格勃有一双很长的手。"由于克格勃的恶名，这话听起来几乎像一种恫吓，至少有点黑色幽默，但也还不失一点自嘲的风趣，而自嘲，至少是某种程度的智慧的体现。

安德罗波夫是历届克格勃主席中最有知识分子气质的人，他爱好文学、音乐和绘画，甚至还写一点诗歌，与许多作家、画家、演员和科学家都是私人朋友。他曾经关心过文艺理论家巴赫金的案件，允许72岁、身患重病的老学者回到莫斯科，继续其学术生涯。然而，在更多的时候，安德罗波夫还是向知识分子们张开了尖锐的牙齿。就是这样一个表面上文质彬彬的克格勃首领，却向中央倡议成立一个克格勃的独立部门，其任务是"与境内的思想颠覆活动作斗争"。"思想颠覆"是一个很难理解的概念，也是一个随便就可以扣在知识分子头上的可怕的帽子。1967年，克格勃的一个新部门——第五局成立起来，它专门对付所谓的“持不同政见者”。这个部门成立伊始就接手了萨哈罗夫和索尔仁尼琴的案件，安德罗波夫亲自注视着事态的推进，并要求文化和外交部门“顶住西方的压力”。

安德罗波夫不论对家人，还是对自己，都始终严格要求，不搞特权，不谋私利。同勃列日涅夫和时任苏共中央书记的契尔年科等高级干部一样，他住在库图佐夫大街临街的一栋公寓里，也就一套面积两三百平方米的四居室。苏联放弃社会主义后，楼墙上勃列日涅夫和契尔年科的纪念牌被人敲掉，而安德罗波夫的纪念牌迄今仍安然无恙。他的一个亲属是某剧团的二三流演员，一般都演配角。但在安德罗波夫出任总书记后，突然演起了主角。安德罗波夫得知后，立即打电话给剧团团长：“为什么您让我这亲属演主角？他还不配！他只能跑龙套！”

安德罗波夫作为苏联最高领导人，在执政一年零三个月期间，进行了大胆的改革工作，大刀阔斧地进行人事调整，为发展国民经济和提高人民福利事业方面取得的进展作出了贡献。在整顿劳动纪律和完善经济机制的试验方面取得了比较显著的成效，在这方面采取的措施获得了苏联群众的支持。但由于健康原因他未能完成这一任务。1984年2月9日，安德罗波夫逝世，终年70岁。

●安德罗波夫其事

安德罗波夫

1967年5月安德罗波夫被任命为克格勃主席，一连干了15年。在他的领导下，克格勃由惩罚机关变成世界上最庞大的情报机关。他因患眼疾而戴上的“蛤蟆镜”，被看作克格勃总头目的标志。他很崇拜克格勃创始人捷尔任斯基，书房里挂的画像就是捷尔任斯基。他与捷尔任斯基一样，全身心投入克格勃的事业，亲自过问所有重大决策和行动。

安德罗波夫通过的第一个决议是建

立对付西方特工机关和反苏组织渗透的新机构。当时苏联约有3万名外勤专职间谍，他们分布在世界各地，无孔不入，刺探国外机密，连西方各大城市商品价格的涨跌，也一日不漏地报回国内。为加强对内控制，他建立了有800名干部组成的第五局，负责追查地下出版物，肃清意识形态异端邪说，用安德罗波夫的话来说，“我们竭力帮助那些思想混乱的人，使他们转变思想，消除混乱”。

在安德罗波夫时期，克格勃建立和接管了大批精神病院，无须出示证据和法庭审判，想把人关多久就可以关多久。受害者在精神病房里受尽折磨，被损坏大脑和神经系统的药物治成痴呆。如何对付“持不同政见者”，安德罗波夫的信条是“擒贼先擒王”：与其大规模搜捕、判刑、驱逐出境，倒不如将两三个“首恶”或暗杀、或收买、或驱逐、或治成精神病，余者便不击自溃。

安德罗波夫在离开中央书记处时留下一句话：“我还要回来的。”果然，安德罗波夫不仅回来了，而且当上了总书记。迄今为止，与他一样出身特工的大国元首仅三人，另两位是老布什和普京。

安德罗波夫一上台就励精图治，把整顿纪律、改进党风作为突破口。他在担任总书记的就职演说中号召：“向任何违反党纪国法的行为作更有力的斗争”。

他的反腐肃贪运动，矛头直指官僚政权。从1982年11月至1983年底，仅党中央、政府部长和州党委第一书记以上的高级干部，因贪污受贿或渎职而被撤换的就有90多人，包括内务部长谢洛科夫，内务部第一副部长、勃列日涅夫的女婿丘尔巴诺夫。150个州级领导人中，47名被撤职，极大地缓和了人民对“统治阶级”的仇恨。他被人民看作彼得大帝、斯大林那样的“明君英主”。然而，在安德罗波夫时代，13名政治局委员中有3名克格勃将军，比例超过斯大林时代。

安德罗波夫从勃列日涅夫手中接过的是一个烂摊子：经济处于停滞状态，靠出口能源和原材料，靠外国投资才勉强维持运行；农业和消费品工业到了濒临崩溃的边缘；对东欧的控制已力不从心，国际上日益孤立；在科学技术上已降为二等强国。更严重的是，苏共越来越脱离群众。

安德罗波夫是个明白人,他在他主持的首次中央全会上承认,苏联统治集团高高在上,对自己所领导的社会一无所知。见诸报端的,未见报的言论更惊人:"苏联的主要危险不是来自世界帝国主义,而是来自人民的困苦贫穷。"

苏联解体后,几乎所有苏联最高领导都遭人诟病,安德罗波夫是唯一的例外。不仅如此,他于30年代至40年代任共青团领导的卡累利阿,2004年6月为他新立了一座3.5米高的不锈钢纪念碑。这是苏联解体后首次为原苏联领导人立碑。

3.普京——克格勃走向政坛的俄罗斯政治强人

在苏联/俄罗斯历史上,有许多重要人物与克格勃有联系。俄罗斯前总统、现在的总理普京曾在克格勃当过16年(1975—1991年)特工。也许是多年从事该种职业的缘故,普京看上去总是让人感到神秘莫测。就任联邦安全局局长期间,每当他在电视上谈及国家安全问题时,言辞总是简短、有力,言行举止总是那么严肃,这时人们都会说,这是一个神秘的人。

●"一个人抵得上一支军队,所以我萌生了当间谍的念头"

普京于1952年10月7日生于俄罗斯北方古都圣彼得堡 (原列宁格勒)市一个工人家庭。1970年中学毕业后考入列宁格勒大学法律系。普京精通德语,喜爱运动,特别爱好桑搏式摔跤、柔道和山地滑雪,大学时代荣获过桑搏式摔跤冠军。1974年成为列宁格勒的柔道冠军,并入选运动健将候选人之列。性格坚韧,有极强的耐力,很少表露感情。

普京在俄罗斯情报局总部试射手枪

"一个人抵得上一支军队,所以我萌生了当间谍的念头。"2000年的一天,普京对一位传记作家说出了这样一句话。1975年,正是在这种对外间谍的感召下,当年普京作为通晓德语的列宁格勒大学法律系的优等生,大学一毕业就被破格选派到前苏联国家安全委员会第一总局任职，即对外侦察局。1985年8月，当37岁的前苏联克格勃少校弗拉基米尔·尤索尔泽夫在东德德累斯顿市克格勃分部迎来他的新同事——年轻的弗拉基米尔·普京的时候，他做梦也没有想到这个与他有着同样官阶、同样名字、同样优秀特工素质的冷静男子，会在15年后成为俄罗斯的总统。普京被派往民主德国从事间谍工作，在克格勃驻柏林谍报机关任职。普京在东德的公开身份是莱比锡"苏德友谊之家"主任。据普京自己透露，他在德国的情报活动，是以北约为主要目标，搜集的情报都直接报送国内的克格勃总部。

普京在东德工作期满后，返回圣彼得堡，担任列宁格勒大学负责国际问题的副校长助理，1990年后转为预备役中校，并有一个美丽的妻子和两个女儿。之后普京开始从政，先是担任圣彼得堡市苏维埃主席索布恰克的顾问，尔后于1991年担任圣彼得堡市对外联络委员会主席。1994年任圣彼得堡市第一副市长兼对外联络委员会主席。

●担任俄罗斯联邦安全局局长

1996年，普京离开了圣彼得堡，前往莫斯科担任叶利钦总统事务局副局长。1997年任总统办公厅副主任兼总统总监督局局长。1998年任俄罗斯联邦安全局局长，次年3—8月任俄联邦安全会议秘书，同时兼任联邦安全局局长。1999年8月9日任俄罗斯第一副总理、代总理，一周后继任俄罗斯政府总理。1999年9月任俄罗斯和白俄罗斯联盟执行委员会主席，3个月后担任俄罗斯代总统。

凡是与普京熟悉的人都称赞他是一个聪明、精力充沛和富有责任心的人。多年前曾与普京共事的一位同行说，普京是富有思想的政府首脑，头脑清晰，工作能力强。从普京平日的工作作风、言谈举止上看，他是一个稳健、果断的人。他处理问题从不拖泥带水，不达目的决不罢休。刚涉入政坛时，普京仅是市长的顾问。但是，境外特工的工作经历为他打入政治圈核心奠定了一定的基础。他稳健踏实的工作态度逐渐赢得一些人的信赖。从政仅3年，他就当上了圣彼得堡市的副市长。任职期间，他凭借自己的外交才能，为圣彼得堡市招商引资、推行和建立市场经济体制做出了贡献。他的工作才能引起

普京

了莫斯科要人的注意。到首都后，普京以全新的面貌投入了总统管理局的工作。可能连他自己都没有预料到，他的官运竟是如此的亨通。不到两年，他就相继担任了联邦安全局局长和安全会议秘书的要职。俄罗斯联邦安全局的前身是原苏联克格勃，它是直接隶属总统的联邦执行权力机构，共有几万余人。而联邦安全会议则是宪法机构，主要任务是保障国家安全，捍卫国家主权、独立和完整；由总统出任主席，政府总理担任副主席。安全会议秘书是该机构的主要成员。他每年要向总统提交有关国际和国内情况的报告，提出有关防止和化解威胁的方式和方法。普京能在这样的要害部门担任要职，可见叶利钦总统对他的重视和信任。

●被叶利钦选为俄罗斯第二任总统

普京担任安全局长仅一年有余，很快出人预料地被叶利钦扶上了总理的位置。安全局长取代内务部长，普京从幕后走向前台。俄罗斯人对此并不十分理解，普京能扭转国家危机的局势吗？俄罗斯人以一种迷惑不解的心情在观望着。

就在普京运筹如何踢开第一脚时，解决车臣问题成为他施展才华的舞台。当时，车臣分裂主义分子的恐怖行为使俄罗斯人十分痛恨，加之前次车臣战争又使俄军蒙受耻辱，报仇雪恨的念头早已存在俄罗斯人的心中。在这种情况下，普京高举维护俄罗斯联邦统一、维护民族尊严的大旗，积极支持并领导车臣剿匪行动。他坚决、果断的作风，不畏西方压力的态度，不仅迎合了国人的心理，而且受到极大赞赏。普京多次重申，俄军在车臣不是与车臣人民为敌，也不是为了征服车臣民族，他们是在清剿和铲除恐怖主义，是在与匪徒作战，是在为维护俄联邦的统一而战。值得一提的是，此举深得俄军方的广泛支持。车臣剿匪的实际战果为普京带来了更大的声誉。重振俄罗斯雄风、恢复国际大国地位，恢复俄军昔日荣誉的信念在俄国内蔓延开来。俄罗斯人称，这一切当首先归功于普京强有力的领导。

除车臣剿匪外，普京还采取积极措施解决前几届政府没有处理明白的拖欠工资问题。他给退休人员增加薪金，采取措施恢复国家经济。在国际上，不理西方指手画脚和对俄罗斯内政的指责，按自己的方针制定振兴和发展经济战略。一个新的、强有力的领导形象逐渐树立起来。民众支持率日见升高，普京竞选总统的决心也日益坚决。就是在这种情况下，出于种种考虑的叶利钦突然把总统宝座让给了普京。谁也没想到，在新千年到来的前一天叶利钦突然宣告引退。普京成为新世纪的幸运儿，任俄罗斯代总统，他那一贯严肃的面孔闪露出了笑容。

普京代行总统职权，他如何走出第一步，怎样管好俄罗斯是人们关心的问题。但普京并没有马上给予实际回答。在新年的第一天，他离开克里姆林宫，携妻飞到了遥远而寒冷的高加索去看望在前线征战的将士们。这一举动让俄罗斯人感受到了新领导人捍卫民族统一的决心。普京言称要建设具有俄罗斯特色的强大国家。

4.英语奇才效力克格勃20载

俄罗斯副总理、前国防部长伊万诺夫仕途可谓一帆风顺，但他也为此付出了艰辛的努力。伊万诺夫生长在圣彼得堡一个单亲家庭。为了他，母亲没有改嫁。他7岁时，母亲竭尽全力把他送进当地唯一一所强化英语教学学校。小伊万诺夫很争气，学习十分刻苦，老师说，这是个想“出人头地”的孩子。在这所学校里，小伊万诺夫迷恋上了英语，他不但口语流利，还能用英文写诗。七年级时还在学校排演的《雾都孤儿》里饰演主角。

俄罗斯副总理、前国防部长伊万诺夫

成为一名外交官是伊万诺夫的梦想。中学毕业后，他顺利考入列宁格勒大学语文系翻译专业。当时翻译专业一共录取了100人，最优秀的20人又被专门挑选出来进入军事翻译班学习，伊万诺夫便在其中。大学同学日丹诺夫后来回忆说："他有意识地决定进入我们这个班，他就是想到国外工作。"出色的英文的确在日后帮了伊万诺夫的大忙。直到现在，他与其他国家的国防部长在非公开场合谈判时，都会撇开翻译，自己用更合适的词语向对手传达微妙的意思。这总能帮助他控制谈话的主动权。

大学毕业后，伊万诺夫因成绩优异、沉稳精明被克格勃选中，从此开始了长达20年的谍海生涯。参加工作早期，他在克格勃设在列宁格勒(现称圣彼得堡)的一个"小分部"里遇到了普京，开始共事。两人的友谊也从此开始。普京后来坦言，伊万诺夫享有他"无限的信任"，两人保持着一种"互助的精神"。为克格勃效力期间，伊万诺夫曾用外交官的身份做掩护在芬兰、肯尼亚以及英国多国挖情报，还曾遭到过英国政府的指控并被驱逐出境。

四、克格勃/俄情报机构的招募与培养

从早期的契卡、格柏乌，到克格勃、联邦反侦察局，到今日的联邦安全局，俄罗斯国家情报机构的招募分严格。正式招募之前，一般会对候选人暗中考察3—4年，看他是否具备成为一名特工的基本素质。俄罗斯对外情报局前局长列别捷夫曾表示："如果哪位候选人加入时，第一件事就谈钱，那么我们会对他说，你来错了地方。这种人今天在为我们工作，明天就会变节，给'出价'更高的雇主卖命。"

(一)俄罗斯间谍是怎样炼成的?

克格勃在苏联时期是集情报、安全、保卫等职能于一身的超级安全机关，是与美国中央情报局和联邦调查局分庭抗礼、并驾齐驱的庞大机构。为了培训出一流特工，克格勃组建了200多所间谍学校。如今，克格勃不复存在

了，取而代之的是俄联邦安全局、对外情报总局和边防总局等。克格勃下属的庞大间谍学校网也削减了规模，但所保留下来的各类间谍学校仍继承着克格勃时期的独特训练方法。

1.换了种生活方式

新学员来到间谍学校后，首先迎接他的是一番"脱胎换骨"般的变化：姓名、年龄、出生地、爱好、父母和兄弟姐妹的职业及姓名等都要"换新的"。因此，许多特工说，做情报工作与其说是选择一个职业，不如说是换了一种生活方式。

俄罗斯联邦安全局下属的学校主要培训在国内活动的安全人员。目前，该局有一所情报侦察学院和5所短期进修学校，分别位于莫斯科、下诺夫哥罗德、新西伯利亚、圣彼得堡、叶卡捷林堡等地。情报侦察学院主要培训高级情报人员和管理干部，学院位于莫斯科的科佩谢尔街上。该院主管教学和科研的副院长伊帕利托夫在接受《论据与事实》报采访时说，这所学院设有侦察、反侦察、技术（密码破译和无线电通信）、军官进修轮训和外语等5个系，如果招来的是中学生，则要在这里学习5年，如果是大学毕业生，则学习2年。这里的师资力量非常雄厚，学院的条件非常好，愿意报考的人非常多。每年招生时，考生先向当地安全机关报名，由地方安全机关进行初步筛选，然后经过考试由学院决定是否录取。

2.学校如同"间谍城"

俄对外情报总局所属的学校专门培训将来到国外从事间谍活动的特工人员，该局下属的学校按将来要派往的国家和地区进行设置。比如，地处梁赞市西南地区的"联盟学校"，专门训练准备到东欧国家从事情报工作的人员；在哈巴罗夫斯克和贝加尔湖地区的两所特工学校，是专门培养到亚洲国家从事间谍工作的情报人员。这些学校大都位于秘密地区，在地图上根本找不到这些城市的标志，就连在那里生活了多年当地老百姓也许也不知道那里有一所间谍学校。没有特别通行证，外人根本无法进入这些学校，因为学校的外围有安全部门的精锐部队驻守，整个间谍学校都在严密保卫之下。

在苏联和今日的俄罗斯特工学校中，规模最大、设置的课程最多、最奇特、最神秘的当属“卡兹纳”间谍学校。这所间谍学校位于古比雪夫城东南部约100公里的地方，面积42平方公里。因此，“卡兹纳”与其说是一所学校，不如说是一座“间谍城”。这所学校专门培训将来派遣到英语国家的情报人员。整个“间谍城”划分成美国、英国、加拿大、新西兰、澳大利亚等国区域，每个区域都按照该国的某个地区模拟设置环境。区内的所有商店、储蓄所、建筑物、餐厅、电影院、宿舍楼等，全部按照模拟地区或城市的风格设计和布置，与原地几乎毫无二致，可以说是那个城市的“微缩景观”。学员要在这里学习和生活5—10年不等，毕业后就可直接派往那个国家，此时他们已经“不知道自己是哪国人了”，毕业分配是秘密进行的，采取单独通知的方法。

在特工业务课程中学习时间最长、要求最严的是“电报术”和“摄影”，因为发报、解除密码、加密、拍照等是一个特工最基本的技能。特工学校还特别注意训练“特色间谍”，如“燕子”(女色情间谍)和“乌鸦”(男色情间谍)。一位克格勃退役中校在回忆自己的间谍生活时说，派到国外的特工人员都是从高等学校的学生中选拔的，被选定的情报人员的外表应该与对象国普通居民十分相像，有健康的体魄和敏锐的头脑，至少精通3门以上外语，其中一门外语的会话水平应与母语一样娴熟和地道。所有候选人的个人档案和家庭背景不能有一点污点。

俄罗斯安全机关下属的特工学校汇集了国内擒拿、格斗、爆破、武器、犯罪心理学、侦察和计算机等方面的顶级专家。他们在继承自己独特的培训方法的同时，还大胆借鉴美英两个国家的间谍训练经验，培养出了大批技艺精湛的高级情报人员，为维护国家安全以及获取外国重要情报，做出了特殊贡献。

(二)克格勃的心理训练

俄罗斯《政权》新闻周刊登载了一篇记者对一位前克格勃人员的专访。这个不愿透露姓名的老特工，曾在克格勃第一总局工作多年，亲身经历过克格勃招募、培训、派遣情报人员的全过程。他在谈话中讲到许多鲜为人知的内容，揭开了克格勃神秘面纱的一角。

在苏联时期，克格勃作为一个特殊机构，拥有其它国家机关无法相比的特权：他们可以在全国范围内任何单位选拔工作人员。当某个大学的学生或者哪个工厂的技术人员落入克格勃人事部门的视线，这个目标的所有档案材料马上就会摆在克格勃有关部门的办公桌上。

初步审查通过以后，考核工作就进入第二个环节：单独谈话。首次谈话一般是在候选者所在单位的人事部门进行，克格勃专家会提一些比较平常的问题，主要是了解对方对工作、生活的理解和看法。如果这一次谈话能顺利通过，候选人就会被请到克格勃指定的地点，进行下一轮谈话，这一次考核由克格勃人事部门和具体业务部门的专家共同主持，主要是测试对方的反应能力，问题千奇百怪，无所不包。

克格勃吸收新成员有一个不成文的原则：宁愿对工作无益，但绝不能对事业有害。按照这个原则，克格勃不仅对招收新人非常挑剔，而且对几个特殊人群有自己特别的看法和观点，有些甚至违反思维常规。第一是坚决不收自告奋勇者。克格勃在苏联时期的威望，使一些年轻人对这个神秘机构有一种特殊的兴趣，主动提出加入克格勃队伍的志愿者大有人在。按照克格勃的逻辑，主动投靠者，肯定动机不纯，说不定是想借克格勃这块跳板叛逃出国。第二是不要智商特别高的人。按照克格勃的用人经验，高智商者，特别是自认为比别人聪明的人，往往心理素质比较差，而对一个情报人员来说，心理素质比什么都重要。第三是不要野心大的人。这种人的优点是为了能在事业和仕途上不断进步而绞尽脑汁、挖空心思，干起工作一定非常卖力气。但他们的最大弱点是，一旦感到前途无望，就会心灰意冷情绪消极，发展到极端甚至会做出出格的事情。

刚刚进入克格勃的新人，在正式开始工作以前都要经过严格的培训。培训内容包括外语、技术、心理等很多方面。具体培训时间主要取决于未来从事的工作和即将前往的国家。克格勃拥有一个规模很大、设施很全的培训中心，授课教师几乎都是各个行当第一流的专家。尽管应召进入克格勃的年轻人对未来工作的性质已经基本了解，但在培训中还会出现一些对克格勃工作方式、方法的不解和疑惑。一次上招募课的时候老师讲到，讹诈是其中一个有效的方法。一个学员站起来发问:“我们是苏联特工,难道还要用这种肮脏的方法吗?”授课的老师指着墙上的马克思画像说:“在阶级斗争时代,采用任何方法都是正确的。”

克格勃业务培训中的重要阶段是仿真训练。在克格勃学校的教材中,“接头”是一个经典科目。按照要求,学员必须首先甩掉后面跟踪的尾巴,在指定时间到达指定地点,与一个“退役军人”接头。这个化装成老人的谍报人员实际上就是主考官,他会以各种借口要求改变接头地点,这就要求学员必须有很强的应变能力,否则就过不了这一关。当两个人最后在饭店或者公园见面的时候,“老头”拿出一份文字材料,学员不能把它拿走,只能在几分钟的时间内熟记它的内容,这个环节考的是学员的记忆能力。由于这种考试在克格勃学校中年复一年地重复,以至于新学员还没有参加考试,就从上届同学那里摸清了考官的脾气,个别学员甚至把录音机带到现场,把“线人”提供的材料偷偷地录下来,以此获得高分数。

(三)克格勃招募美国间谍

前苏联时期克格勃在全世界范围内构建其情报网络,从不放过任何一个真空地带。尤其在美苏争霸的冷战时代更是如此,间谍战作为特种战争的一部分无处不在,无时不在。

1.克格勃招募无孔不入

前苏联对外反间谍局K局资深特工、预备役上校亚历山大·索科洛夫,曾于1966–1971年在克格勃驻华盛顿情报站工作,在接受记者采访时披露了克格勃招募中情局间谍的内幕。在中情局著名间谍霍华德和埃姆斯是主动向克格勃投诚还是被迫合作的问题上,索科洛夫说:“我不会详细评述苏联情报机关从中情局特工中招募间谍的方法问题。通过对俄罗斯和西方出版的中情局和克格勃间谍回忆录的分析,根据一些分析材料,我可以说,上述中情局间谍都是主动提出为克格勃服务的。”

索科洛夫承认,在招募美国间谍方面,克格勃也面临一定的风险。像霍华德和埃姆斯这样主动投诚的间谍,也有可能是中情局设的“诱饵”。不过,苏联反间谍人员在考察和信任这些间谍方面有自己的原则。索科洛夫说："一切都取决于什么人想和我们合作,提供了什么情报。1967年情报分析员约翰·沃克来到苏联驻华盛顿使馆,亲手交给我(美国)国家安全局密码本。他还提供了美国针对苏联的所有军事战略和战术计划、美军在大西洋的核潜艇部署等情报。这些最为珍贵的情报随即就转递给了我们的情报人员,从我这方面说,我给了他百分之百的信任。我们局核实了他提供的情报,证明都是真实的。"

"至于他与我们情报人员合作的真实意愿,克格勃从未有过任何怀疑。其他一些表示愿意和苏联情报机关合作的美国人,与沃克不同,提供的情报是次要的,或者不太重要,我们局就会进行相当长时间的考察,并向自己安插在美国情报机关中的间谍核实这些材料是否属实。考察期通常不低于2年,有时是3年。"索科洛夫指出,外国间谍为克格勃服务的原因各有不同,有的是为了信仰,有的是为了金钱。如美国联邦调查局资深间谍汉森就是出于信仰方面的原因成了克格勃间谍。相当一部分美国人是为了金钱,苏联情报机关故意放风称愿为线人提供较高报酬,随后几十名,甚至上百名特工和普通公民来到苏联驻各国使馆,克格勃会在其中挑选最需要的人。

2.俄罗斯继续招募美国间谍

2001年2月18日,星期天。一名50多岁的男子手提一个公文包若无其事地走进离华盛顿不远的弗吉尼亚一座公园。他看四下无人,就把包放在一个很隐蔽的地方。然后,匆匆离去。这名男子晚上回到家里的时候,几名联邦调查局的便衣特工已在他家等着。他没有反抗,束手就擒。

这名男子名罗伯特·菲利普·汉森,是美国联邦调查局的一名资深特工,同时为俄罗斯充当间谍。他去公园的一举一动都有人监视,他放下公文包后不久,就有一名俄罗斯人前来取走。这一切都被录了

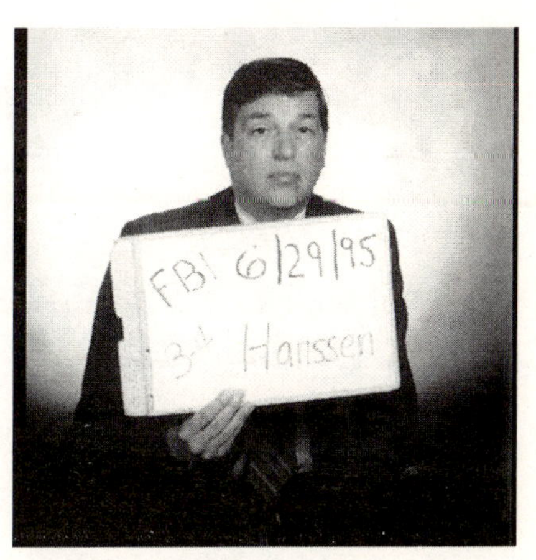

罗伯特·汉森

像。联邦调查局特工同时在另一地点查获俄国间谍机关按约定秘密付给汉森的报酬共50000美元现金，放在一个大信封里。20日，美国联邦调查局局长弗里对新闻界证实，汉森确实已经被捕，并于当天在弗吉尼亚接受地区法院的传讯。联邦调查局发言人卡特说，汉森被控于1985年至今为前苏联和俄罗斯充当间谍，窃取美国国防机密情报。

汉森今年56岁，已婚，是六个孩子的父亲。汉森1976即进入联邦调查局，在国家安全处担任特工已近27年。据美国助理检察官贝洛斯透露，汉森在他的整个职业生涯中，大多数时间都是在反间谍领域工作，他常常监视在美国的俄罗斯间谍的行动。上司分配给汉森的任务是，监视俄罗斯在华盛顿的大使馆以及其他官方机构，包括纽约的总领事馆。他从1985年10月1日起，成为一名为苏联服务的“双重间谍”。从此以后，他涉嫌向前苏联和俄罗斯多次提供美国机密情报，并出卖了三名为美国工作的克格勃方面的“双重间谍”。其中两人被莫斯科当局处决，另一人被监禁后获特赦。

据悉，联邦调查局前局长威廉·韦伯斯特已奉命组成一个调查委员会，负责评估汉森出卖情报给美国造成的损失。联邦调查局多位不愿透露姓名的资深官员均估计，汉森向苏俄出卖情报可能是继1994年“埃姆斯间谍案”败露之后，美国有史以来最严重的间谍案之一，已经严重危及美国的国家安全。

联邦调查局透露，汉森的间谍行动是不久前才被注意的。调查局四个月来一直派人对汉森进行跟踪和盯梢。汉森是一个老练而又狡狡猾的间谍，他只用密码传递情报，采用特工地下活动技术和秘密约定的接头和情报交接地点。俄方取情报人员根本看不见他，甚至不知道他的真实身份。据美国情报机构分析，汉森为俄国人工作纯粹是为了钱，他得到的报酬估计达140万美元，其中60万美元是直接到手的现金，其余部分以转帐方式汇入他在瑞士的银行户头，另外还有几枚钻石。

据联邦调查局初步估计，汉森先后向前苏联和现在的俄罗斯提供了美国电子侦察系统的国防机密，同时提供机密文件，向俄国人证实1994年以前为克格勃工作的美国中央情报局前特工奥尔德里奇·埃姆斯出卖的美国国防机密是否真实。检察官20日对汉森提出指控的证据中还包括：汉森1985年化名“罗姆内”向前苏联提供了两名为美国工作的克格勃间谍名字，1989年再次向莫斯科提供美国国防机密文件。中情局情报专家说，如果这些指控属实，汉森可能已经向俄罗斯提供了损害美国国家安全的情报。间谍专家怀斯在接受美国记者时说：“任何处在汉森地位的人都能提供许多非常宝贵的情报，一个处在这种地位的人可以对国家安全造成极大的损害。因为他不仅掌握谍报获取方法和美国特工姓名，而且还能搞到最为机密的文件。例如，美国是如何窃听俄罗斯在纽约的领事馆的。”怀斯还说，汉森或许还能向俄罗斯证实，已经被定罪的前中央情报局为俄罗斯服务的间谍埃姆斯所提供的情报是否准确。

汉森是美国联邦调查局第三个被控间谍罪的高级特工。此前两名被控为苏联充当间谍的著名联邦调查局特工是：一个叫理查德·米勒，罪名是冷战期间向莫斯科提供情报，1984年被判20年监禁；另一个厄尔·皮茨，1997年以间谍罪被判27年监狱徒刑。中央情报局被查出的为苏联或俄罗斯工作的间谍就更多了，最有名的是原中央情报局资深情报分析员奥尔德里奇·埃姆斯，在CIA工作31年，被控于1985年至1993年偕同其妻罗莎莉欧一起为莫斯科效劳，1994年被判终生监禁；另一名是窝藏很深的哈罗德·詹姆斯·尼科尔森，是中央情报局内被控犯有间谍罪的最高级官员，1997年被判23年监狱徒刑。

联邦调查局是在几个月以前开始怀疑汉森的。最初，一名内部情报稽查人员发现联邦调查局内部有双重间谍。随后，美国从秘密渠道得到了俄罗斯的文件，其中的线索与汉森有关，于是开始跟踪汉森。结果发现，汉森和俄罗斯间谍有非常秘密的接触。从此，联邦调查局就对汉森布下了天罗地网。

白宫发言人弗莱谢20日说，布什总统得知FBI“双重间谍”汉森的情况后，颇为震惊，“深感不安”。司法部长阿什克罗夫特、联邦调查局局长弗里以及中央情报局局长特尼也于当天就此事举行了记者招待会。司法部长阿什克罗夫特认为，汉森被捕“结束了一起严重危害美国国家安全的间谍案”。有记者问，汉森为何能够长年累月为克格勃工作而美国情报机构却一无所察。

据联邦调查局局长弗里说，汉森以前曾经接受过好几次测谎器测试，均未暴露任何疑点。汉森之所以能够长期潜伏在国家情报机构的心脏而不被发现，是因为汉森具有27年的特工经验，非常精通反间谍技术。

20日，在弗吉尼亚州亚利桑得里亚的法庭对汉森进行了简短问讯，身穿黑色圆领上衣及深色西裤的汉森在庭上拒绝答辩。政府向法庭提交了对汉森的起诉书。法官裁定汉森不得保释。汉森的案子定于3月5日在弗吉尼亚州法庭开始审理。如果罪名成立，汉森最高刑罚可判死刑并罚款280万美元。汉森成为美国历史上第3个因间谍行为被定罪的FBI人员。这也是美国近4年来最重大的间谍丑闻案。

(四)克格勃/俄情报机构的特种部队

1.英勇无敌“阿尔法”

俄联邦安全局是目前俄国战斗力最强和最精锐的安全机构，在其属下有一支闻名遐尔的特种反恐怖突击队，这就是战功显赫的“阿尔法小组”特种部队。这些身怀绝技的“阿尔法小组”战士，他们人人都能连续做200个俯卧撑;对于毫不熟悉的文章只要过目一遍，就起码能记住头两页;任何一种交通工具，无论汽车、坦克、飞机和轮船，他们都能随心所欲地驾驭……当然，他们做这一切并不是为了自我标榜，他们根本无意扮演超人。这一切是因为他们的肩上承担着沉重的职责和任务——打击恐怖主义。当今世界，恐怖主义称得上最严重的社会威胁之一。从南到北、从东到西，可谓无处不见恐怖主义肆虐的痕迹。有人把这股恐怖主义狂潮称为“20世纪的政治瘟疫”，更有人惊呼这是“一场永无休止的地下世界大战”。

战功显赫的“阿尔法小组”

组建于冷战时期的"阿尔法小组"特种部队。1973年，一架雅克-40型客机在弗努科沃机场遭到4名武装歹徒劫持，机上旅客全部被绑架而沦为人质。苏联国家安全委员会(克格勃)和内务部联手采取紧急行动才解救了人质。当时这一事件在苏联国内造成了震荡，人们精神紧张，从而也引起了苏联领导层的高度重视。并且当时苏联正在全力准备1980年的莫斯科奥运会。为预防慕尼黑奥运会恐怖分子绑架事件的一幕再次发生，同时应付苏联国内已经出现的恐怖主义苗头，尽快建立一支受过良好职业训练、并可在国内外随时随地用于打击恐怖主义的特种部队问题，被迅速提上了苏联领导人的议事日程。

1974年7月14日，苏联国家安全委员会主席尤里·安德罗波夫下达命令，在克格勃系统内组建一支专门的特种小分队，其主要任务是打击恐怖主义。这支反恐怖突击队最初被定名为"A小组"，它就是通常所称的"阿尔法小组"的前身。组建之初，"阿尔法小组"就已身负重任。因此，对入选的成员可谓"万里挑一"。"阿尔法小组"首批成员不超过30人，他们全部是身手不凡的克格勃青年军官，并且全都是通过了严格考试后才得以跻身于这支最精锐的特种突击队。经过5年训练，"阿尔法小组"终于真正成为了前苏联的第一支反恐怖"拳头"。在20余年的成长历程中，"阿尔法小组"参与了数十次战斗，屡屡大显身手，立下了显赫战功，成为世人瞩目的一支反恐怖利剑。

1979年12月27日，前苏联对近邻国阿富汗采取了突然袭击的大规模军事行动，当夜，奉命调赴战场的"阿尔法小组"参加了强攻阿明宫的激烈战斗。在兄弟特种部队的配合下，"阿尔法小组"以迅雷不及掩耳之势夺占了戒备森严的阿富汗总理府，生擒阿富汗革命委员会主席兼政府总理阿明。"阿尔法小组"第一次真正地经受了一场"战斗洗礼"，充分展示了其独特的战斗能力，但也首次付出了牺牲9名队员的惨重代价。

"阿尔法小组"的成员都配备有马卡洛夫式手枪、微型冲锋枪、匕首等全套特种作战武器装备。为了有效地控制各种局面，"阿尔法小组"还配备了各种特殊的反恐怖兵器，如特制的手榴弹和特种杀伤武器等。另外，为了保证各种反恐怖战斗任务的完成，"阿尔法小组" 的成员在专业上也进行了全面

“阿尔法小组”训练严格

的分工:百发百中的狙击手、翻江倒海的战斗“蛙人”、胆大心细的爆破专家、迅速敏捷的无线电报务员等等。为了随时应付可能发生的突发事件,“阿尔法小组”的每一位成员都配有一部通讯设备,一旦发生紧急情况,从收到作战命令到各种准备工作完成,直至登机出发,最多只需要1个半小时到2小时。而且,常年累月,二十年如一日,“阿尔法小组”时刻都有一个作战分队处于整装待发的战斗值勤状态。

“阿尔法小组”在挑选成员时条件近乎苛刻,他们必须符合空降兵的身体条件。年龄大多限制在25—27岁之间,因为这时期他们已经思想成熟,而且身强力壮。最主要的是,“阿尔法小组”的成员70%以上都受过高等教育。这些特种突击队员们多数来自著名的梁赞高等空降指挥学院、莫斯科高等诸兵种合成指挥学院和边防军所属的两所军事学院。

但随着形势的发展和规模的扩大,现在入选“阿尔法小组”的标准稍有放宽:任何身体健康、心理稳定、年龄在22—27岁之间、服过兵役的小伙子均可提出入队申请。如果申请人符合所有候选要求,他就有机会参加专门的考试。但是,能够最终入选“阿尔法小组”的只能是申请者中的佼佼者。对于“阿尔法小组”成员的要求是,他们不应只是机器,而应成为知识型的人才,能够在严峻环境中,独立思考和分析情况,提出自己的预测,作出恰如其分的决策。因此,在挑选成员时,“阿尔法小组”要对申请者的个性、测试和面谈情况进行深入细致的研究,从而正确地评估申请者的智力水平。性格怪僻的申请者根本无望入选“阿尔法小组”,由于反恐怖特种作战行动所处的独特环境,“阿尔法小组”的每一个成员彼此之间都百分之百地相信自己的同事。这不仅关系着他自己的个人生命安危,而且关系到整个特种作战任务能否完成。入选“阿尔法小组”只是第一步。随后,每一位入选者都必须接受极其严酷的训练。

“阿尔法小组”有一套自己独特的训练方法，并且大量借鉴了国外特种部队训练的成功经验。以在制服恐怖分子时常用的近距格斗为例，“阿尔法小组”在进行近距搏斗训练时，就有意识地采用一些最有效的方法，目的就是训练队员们善于在空间非常狭小的情况下仍能同武装分子进行肉搏战。对于“阿尔法小组”的每一位成员而言，射击则是“小菜一碟”，这是他们赖以存身的基本功和拿手戏，当然也是日常训练的重头项目，谁都清楚，“百步穿杨”的枪法绝非一朝一夕之功。此外，他们还必须学会在行进的坦克间穿行和进行空降训练。这一切的训练目的，除了帮助每一位成员具备基本的战斗素质外，还有另一项重要的宗旨，这就是培养小组成员为他人勇于自我牺牲的精神。在训练中，“阿尔法小组”还刻意培养每一位成员独立行动的能力，这就是“阿尔法小组”的基本原则之一，即每一个成员都能够以必要的方式去独立完成所受领的艰巨任务。

“阿尔法小组”每月都要对其成员进行一次检查，对他们的能力状况作出客观评价。如果未能达到训练要求，则难以逃脱被除名的厄运。当然，对于每一位入选者来说，这种情况很少发生。他们全都明白自己肩负的重担，以及每一滴汗水与未来流血牺牲的联系。尽管从一个入选者到一个合格成员必须历尽艰难，但俄罗斯反恐怖特种部队“阿尔法小组”战士们的战斗生涯并不久。当然，这并不是因为这些反恐怖行家经常牺牲在执行任务的岗位上。恰恰相反，作为训练有素的职业专家，他们只有在极少数情况下才会“被允许”牺牲。

弗拉基米尔·克留奇科夫

由于人的机体无法承受长期从事这种紧张工作所带来的沉重身体和心理压力，“阿尔法小组”的战士到35岁时便成了“疲惫”的老兵，不得不提前从这份艰巨的工作中退役。但是，令他们始料不及的是，虽然已经为社会贡献了青春，但社会似乎并不承认他们的价值。1991年1月，前苏联政府派遣“阿尔法小组”前往维尔纽斯占领电视发射塔,“阿尔法小组”未发一枪便顺利完成了任务,但却牺牲了两名战斗成员。当爱好刨根究底的记者们力图弄清死者的身份时,以戈尔巴乔夫和当时的克格勃主席克留奇科夫为首的莫斯官方却极力否认有伤亡者。但报界终于弄清了这支特种部队就是传说已久的“阿尔法小组”。

维尔纽斯事件发生后,“阿尔法小组” 的战士们对政治家的信任感开始大大降低。此后,高层领导人曾经不止一次地试图利用“阿尔法小组”去完成一些与反恐怖使命毫无瓜葛的任务。1991年8月,“阿尔法小组”受命进攻议会大厦和逮捕叶利钦。但考虑到此举会造成众多人员伤亡,“阿尔法小组”最终拒绝了。后来,据一位当时的“阿尔法小组”指挥官透露,如果政变领导人下定决心于19日当天进攻议会大厦,应该说还是具备很大的成功概率的,但时不我待,过了这一天,就根本不可能成功了。

近年来,车臣分离主义分子的武装斗争一直困扰着俄罗斯,“阿尔法小组”也面临着前所未有的重负。1995年6月14日车臣反政府武装首领巴萨耶夫率领200余名武装分子,乘卡车潜入俄南部城市布琼诺夫斯克,绑架了10多名市政府工作人员及医院的80余名医护人员和病人。“阿尔法小组”奉命解决这起人质事件,任务异常艰巨,但俄政府最后采取了退让政策,才使“阿尔法小组”摆脱了巨大牺牲的困境。正如“阿尔法小组”前指挥官、“阿尔法小组”战士联合会主席贡恰罗夫所言,自组建以来,“阿尔法小组”在战斗行动中还从未失败过。但近年来,由于屡屡抗令不遵,“阿尔法小组” 也引起政界一些人士的非议和责难。再加上近年来一些恐怖事件的危险性不断上升,“阿尔法小组” 及其成员所面临的处境也越来越困难。同时,俄罗斯经济的困境

阿尔法小组训练

也不可避免地影响到"阿尔法小组"。他们出生入死地工作，但退役后的生活并不能完全获得保证。于是，"阿尔法小组"的一些老战士退役后纷纷加入私人保安公司，仅莫斯科市就有约30家这类公司，许多人荣升公司负责人。有些老战士甚至自己开业，如"阿尔法小组"老战士联合会就自己创办了几家保安公司。

当前，"阿尔法小组"的主要任务仍然是打击恐怖主义。俄罗斯前总统叶利钦曾发布命令，在俄联邦安全局内建立统一的反恐怖中心，负责协调各反恐怖特种部队和机构的工作。其主力便是"阿尔法小组"和另一支特种反恐怖部队，后者主要负责打击核恐怖主义。

2.超级勇士"信号旗"

俄罗斯有两把打击恐怖主义活动的"尖兵利剑"，一个是闻名遐迩的"阿尔法小组"特种部队，另一个就是联邦安全局下属的"信号旗"特种支队，二者的最大区别是前者主要在国内从事反恐怖活动，后者则在国外专门进行反颠覆和警戒俄罗斯驻外目标。由于"阿尔法小组"近年来多有披露，其行动也受到众人关注，因而许多人对它耳熟能详。但对"信号旗"特种支队却少有所闻，原因是自组建之日起，它就是一支神秘的超级特种部队，很少公开露面，加之大多在俄罗斯境外行动，所以"信号旗"支队始终披着一层神秘的面纱。近日来，俄罗斯许多报刊杂志相继介绍了有关这支神秘部队的行动资料，才使得"信号旗"的神秘面纱渐渐撩开。

20个世纪70年代到80年代，前苏联"阿尔法小组"特种部队在国内反恐怖战场上屡立奇功，令猖獗一时的恐怖分子闻风丧胆，这也令前苏联领导人很受鼓舞。尤其是"阿尔法小组"特种部队勇夺阿富汗首府阿明宫的成功，使前苏联领导人更加觉得，建立一支专门执行境外特种作战任务的部队是十分必要的。以后不久，随着国际斗争形势的发展，前苏联领导人决定正式建立一支专门用于境外的特种部队，这支特种部队就是现在的"信号旗"特种部队。1981年8月19日，前苏联部长会议和前苏共中央政治局举行秘密会议，商讨在克格勃系统内秘密组建一支"绝密支队"，专门用于在境外从事秘密特工活动。前苏联最高领导人的决定得到了与会代表的一致同意，并委托克格勃“C”局具体负责组建特种部队。新的特种部队取名为“信号旗”,由攻打阿明宫的英雄、海军少将埃瓦尔德·科兹洛夫负责指挥。在组织编制上,“信号旗”列入克格勃“C”局,即境外秘密谍报局。

除少数人外,没有人知道“信号旗”特种部队的存在。它的名称是“前苏联克格勃独立训练中心”,部队番号为35690,后来改为5555。“信号旗”特种部队通常以班为单位进行活动,在战斗时,以小组为单位行动。每个班的人数从10人到30人不等。情况紧急或需要时,几个班就可迅速联合在一起,组成一支较大规模的部队。

“信号旗”队员的选拔十分严格,不仅政治上要合格,绝对忠于祖国,效忠国内最高领导人的指示,而且要具有优秀的业务素质、身体素质和心理素质,熟悉某国的风土人情。对于候选人员首先是调查他的档案,然后进行面谈。条件符合要求的候选人报克格勃领导审批。之后是为期两个月的试训和考试。考试合格后,这些候选人被正式录用,成为“信号旗”特种部队的一员。到1991年初,“信号旗” 特种部队已发展到1200多人, 其中90%的队员是军官,士兵和准尉只能在保障分队里服役。前期“信号旗”首批队员首先从其他特种部队中挑选。以后主要从国家安全机关、空降兵、边防军、中级军事院校优秀毕业学员中遴选。年龄限制在22—27岁之间,一般为15—20个候选人之间才能选中一个,到35岁退役,前后只有10年服役时间,而且前5年主要用于训练。

挑选“信号旗”特种部队队员的另一个重要的条件是外语知识。一般候选人要懂两门外语。其中,一门外语要精通,第二门外语应能借助词典翻译书面材料。“信号旗”特种部队的队员都是“超人”,个个骁勇善战,人人身怀绝技,这主要是严格训练的结果。入选“信号旗”之后,所有队员都要重新进行基础教育培训、特种教育培训和专业技能培训。虽然“信号旗”所有队员都受到了高等教育,但还必须花费很长的时间训练,才能成为“秘密战的职业队员”。

训练科目包括一般体能训练、徒手格斗、射击训练、驾驶、地雷爆破、使用电台、小分队战术、侦察、空降、攀岩、游泳、医疗救护等。以上各种技能只有通过号称“炼狱”般的4个训练阶段才能完全掌握。第一阶段为基础训练阶段，队员全副武装地进行10–15公里的越野和急行军，穿越茫茫原始森林和沼泽地带，要求队员在充满腐烂尸体、水蛇、尖桩和陷阱的泥水中匍匐前进。此时，要求队员克服极度恐惧心理，处处小心，以防掉进预先设置的陷阱，从而失去继续参训的机会。第二阶段为生存和耐力训练。队员在漫无边际的荒野里就地取食谋生，与此同时还要在有敌人追击的情况下巧妙地隐蔽自己。

五、克格勃与美国中情局的较量

《华盛顿邮报》援引美国官员的话说，俄罗斯仍然是美国情报机构的主要针对目标，不过相较于伊拉克和阿富汗，俄罗斯已经在优先名单上下滑到了更低的位置。前美国情报官员称，CIA目前可能有十几名官员在俄罗斯，不过，他们几乎都被部署在美国大使馆里面，因为在那里一旦被捕，他们可以要求外交豁免。

（一）“金唇”窃听器送走美国机密

从1945年到1953年，前苏联克格勃窃听美国驻前苏联大使馆的一项代号为“自白”的间谍行动一直持续了8年。这项成功的窃听行动既是苏联特工多年来引以为荣的惊世之举，也是世界间谍史上屈指可数的经典之作。

1933年11月16日，苏联与美国正式建立外交关系。从这一天起，克格勃特工便从未停止过对美国驻苏使馆的监听与监视。

1943年，德黑兰会议结束后，斯大林责令

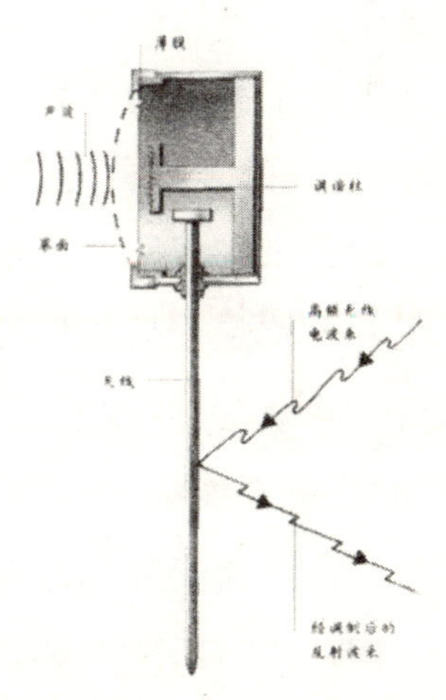

“金唇”的工作原理

当时苏联克格勃领导人贝利亚，要不惜一切代价、动用一切手段对美国大使阿维列拉·哈里曼的办公室进行窃听，以便在第一时间了解美国将要对苏联采取的行动和两国关系方案。贝利亚与其手下高参开始绞尽脑汁，设计窃听使馆的行动方案。12月17日，贝利亚向斯大林报告说，针对美国使馆专门设计的窃听设备已顺利通过检验，其性能“无与伦比”，功效“令人称奇”。这种特制“窃听器”被命名为“金唇”，将其安放到美国大使办公室的行动被命名为“金唇行动”。

“金唇”窃听器在当时的确代表了世界顶级水平。“金唇”的使用寿命极长，它可以接收到300米以内大耗电量振荡器所发出的微波脉冲，因而不需要电池，也不需要外来电流，从而使当时的反窃听设备不可能捕捉到任何信号。从外形上看，这种窃听器就像一个带尾巴的蝌蚪。苏联特工机关将微波振荡器及蓄电池安装在美国使馆对面居民楼的顶层，并将那里的居民全部换成克格勃工作人员。家家户户的阳台上经常挂着“家庭主妇们”的“劳动成果”。每逢星期天，克格勃的女中士们都要在阳台上晾晒地毯及被褥，她们非常自然地将灰尘一样的“蝌蚪”撒到美使馆大院内。但是将“金唇”安放到大使办公室却并非易事。为此，克格勃特工人员费尽了心机。他们曾精心在美国使馆内设计了一起火灾，但是那些扮成消防队员的特工人员却始终没机会进入哈里曼大使的办公室。几经周折后，克格勃的高参们最终想出将窃听器放在礼品中送给美国大使这一妙计。于是，二十几种木制及皮制的贵重工艺品送进了克格勃高官的会议室。经过精心筛选，黑色檀木制成的斯基泰盾牌、两米长的猛犸象牙、瑞典国王送给尼古拉二世的象牙电话机及用象腿骨制成的一米高纸篓被确定为“金唇”载体。贝利亚特地请来窃听器研究权威、苏联科学院院士贝尔格和伊奥费对选定的礼品进行最后检验。两位专家检测后一致认为，这些礼品无法胜任运载“金唇”的使命，最佳选择是根据“金唇”的特殊性能制作相应礼品。贝利亚接受了两位专家的意见，并指示礼品制作与窃听器安装工作要同步进行。

1945年2月，斯大林、罗斯福和丘吉尔在雅尔塔会面。克格勃认为这是实施“金唇”行动的绝好时机，关键问题是如何将美国大使哈里曼从莫斯科引到克里米亚。苏联特工制订出一整套引诱方案。2月9日，苏联宣布在黑海之滨举行“阿尔台克全苏少先队健身营”开营典礼，并以苏联少先队员的名义向罗斯福总统及丘吉尔首相发出敬请光临的邀请。少先队员们在请柬中用尽动听的词句，诚挚感谢两位政治家在战争期间对苏联人民的帮助。克格勃预想，宣扬“平等与博爱”的美国人绝对不会拒绝孩子们的邀请，但是百忙之中的美国总统和英国首相又不可能应邀而来，委派其他官员前来参加孩子们的活动也不合适，最合适完成这一使命的非两国驻苏大使莫属。果然不出苏联特工所料，哈里曼与他的英国同行如期从莫斯科赶到黑海之滨出席开营典礼。

乐队奏响了美国国歌，苏联少先队员用英语合唱美国国歌，开营典礼进入了高潮。哈里曼大使完全沉浸在孩子们纯真稚嫩的歌声中，应有的戒备与警惕早已被欢歌笑语所淹没。恰恰在这一时刻，4名苏联少先队员抬着一枚精美绝伦的巨大木制美国国徽走到哈里曼大使面前。斯大林私人翻译瓦列里·勃列日科夫马上向贵宾们讲解这枚国徽的做工及用料是如何讲究：这枚美国国徽是由名贵的紫檀木、杨木、红杉木、波斯帕罗梯木、红木及黑木拼装而成。苏联工匠高超精湛的制作工艺使这位见多识广的美国外交官情不自禁地发出惊叹：“天哪！我简直不敢相信自己的眼睛。我把它放哪儿最合适呢？”勃列日科夫不失时机地低声对哈里曼说，“就把它挂在您的办公室里吧，英国人肯定会嫉妒得发疯”。

从1945年2月这枚内藏苏联克格勃“金唇”窃听器的美国国徽被悬挂在哈里曼办公室的那一刻起，克格勃窃听美国大使的代号为“自白”的行动便开始启动。这一行动共持续了8年。8年间，“金唇”送走了四任美国大使。最令人惊奇的是，每一位新大使到任后从墨水瓶到地板块全部要更换一新，但就是没人动过这枚美国国徽。它无与伦比的艺术美感赢得了四位美国大使的钟爱，甚至大使办公室的窗帘及家具色调也相应作了些改变，以与这枚国徽相匹配。而在这8年时间里，“金唇”传送出了多少机密情报可想而知。

美国中央情报局在发现“金唇”窃听器后，始终没有勇气向世人公开自己的“耻辱”。直到1960年5月，苏联击落由巴乌埃尔森驾驶的美国U2高空侦察机后，华盛顿才公开"金唇"的秘密。当时美国驻联合国代表卡勃特曾将那枚精美国徽和"金唇"窃听器拿到联合国安理会常任理事国的会议上做了一番展览。事实上，美国特工和英国特工曾多次试图制做同样的窃听器，但都是枉费心机，"金唇"的技术无法破译。时至今日，克格勃的"金唇"窃听器仍旧陈列在美国中情局的博物馆内。

(二)女间谍获取美国核情报

据苏联秘密情报机构的负责人之一帕维尔·苏多普拉托夫回忆，在美国从事情报工作的瓦西里·扎鲁宾的妻子伊丽莎白·扎鲁宾娜是一位杰出的女性。她魅力无穷，结交甚广，在各阶层都有亲密无间的好友。这个女人天姿国色，身材苗条，像磁铁一样吸引着人们，是个招募间谍的绝代佳人。扎鲁宾娜熟练地掌握英语、德语、法语和罗马尼亚语。她是典型的中欧女性，且善于乔装打扮，行踪诡秘。

扎鲁宾娜从事间谍活动21年，其中13年的绰号叫"瓦尔多"。她在战前招募的盖世太保上校维利·莱曼，就是影片《春天的17个瞬间》施蒂尔利茨的原型。1941年，根据斯大林本人的命令，扎鲁宾娜同她丈夫一起前往美国。通过绰号叫"棋手"的苏联间谍，她认识了主持美国研制原子弹的"曼哈顿计划"的著名物理学家奥本海默和西拉尔德。通过非常熟悉奥本海默家庭的"棋手"的妻子，扎鲁宾娜同著名核物理学家的夫人凯特琳、后同这位物理学家建立了友好关系。

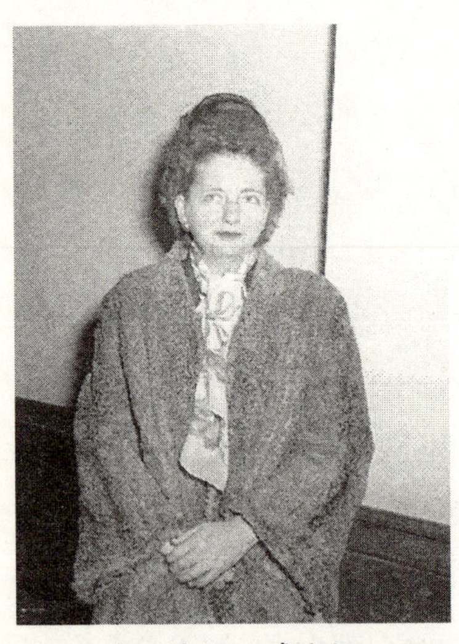

伊丽莎白·扎鲁宾娜

扎鲁宾娜并未接受直接招募美国核计划项目负责人的任务。而且这种任务也未必能完成。但在情报工作中，最有价值的情报往往不是来自同情报机关形式上有合作义务的间谍。当然，不管是奥本海默，还是西拉尔德，都不知道自己是苏联内务人民委员部刺探核武器消息的最重要的情报来源。扎鲁宾娜通过其妻子凯特琳说服奥本海默同反法西斯学者交流核武器研究的情报，而其中部分学者早就开始为苏联情报部门服务了。有些人还在奥本海默的帮助下在洛斯阿拉莫斯和橡树岭核试验中心以及芝加哥实验室找到了工作。

扎鲁宾娜在工作中不仅利用女人的魅力，有时还不得不从友好的关系转向平庸的讹诈。例如，在为苏联情报部门工作的核物理学家中，有个叫格奥尔基·加莫夫的人。他1933年在布鲁塞尔参加国际会议时逃离了苏联，后住在美国。但亲属都留在了莫斯科。加莫夫在战争开始前同美国物理学家建立了广泛的关系。他在华盛顿乔治敦大学教书，并领导着物理理论年度研讨会。美国核物理学家经常违背接触秘密文件的工作原则，让加莫夫看试验报告，同他商讨最重要的核物理问题。后来，他们还同加莫夫交流最秘密的核武器研制成果。

扎鲁宾娜再次通过这位物理学家的妻子做工作。她许诺，保证他们的亲属在苏联的安全。于是，加莫夫同意为苏联情报部门工作。只是在译码员古津科叛逃后，美国联邦调查局才知道扎鲁宾娜的隐蔽活动。但这个时候，扎鲁宾娜同她的丈夫已回到莫斯科。1945年，根据荒谬的举报，她和丈夫被怀疑叛变了，于是被召回莫斯科。而这一切都是因嫉妒而起。扎鲁宾的下属米尔诺夫神魂颠倒地爱上了扎鲁宾娜。为了诬告扎鲁宾娜的丈夫，他采取了极端的举动：给斯大林写了一封信。他在信中指责自己的顶头上司同美国联邦调查局有牵连。

他们在莫斯科被审查了半年。写给斯大林信中的任何东西都没有得到证实。米尔诺夫因诽谤受到审判，但没有坐牢。法医鉴定，他是精神分裂症患者。扎鲁宾是个无辜受陷害者，后被任命为苏联情报部门中的副局长。传奇的“瓦尔多”后来又活跃了一些年，在国外完成国家领导人交给的一些任务，后来在克格勃高级学校教授年轻的情报人员。她于1987年在莫斯科去世。

(三)U–2飞机坠于一颗螺丝钉

1960年5月1日，美国中央情报局驾驶员法兰西斯·格雷·鲍尔士驾驶着一架U–2间谍飞机，在苏联斯维尔德洛夫工业区上空飞行，他的目标是侦察那里发射架上的巨型火箭。猛然间，3架米格飞机向其扑来，鲍尔士迅疾地加速，米格机被远远抛下。鲍尔士脸上露出得意的笑容。然而，还未等他的笑容消失，一声巨响，一道红光，他的飞机顷刻失去了控制。飞机头向下，疾速朝地面撞去。鲍尔士没有按规定的那样，当机立断，炸掉飞机，而是打开座舱盖跳伞。他降落在一条小溪旁，被几个苏联农场工人抓住。这就是轰动一时的美国U-2间谍飞机事件。

消息传到美国，中央情报局炸了窝，头头们一个个惊恐不定。中央情报局局长杜勒斯大惑不解地问："我们在苏联上空飞行了4年，他们的米格机不可能飞到U-2那样的2万米高，可为什么会有3架米格机追它呢？难道U-2没有飞到那米格机飞不到的2万米吗？这是一个极为重要的线索。"一个美国将军破口大骂："我不明白他妈的俄国佬怎么打下U-2的！"

其实，打下U-2飞机的，根本不是什么苏联新式武器，而是克格勃间谍的神机巧策。1960年4月一个深夜，克格勃接到克里姆林宫的指示，要它想尽一切办法，尽快弄下一架U-2飞机来。克格勃专管中东地区的对外谍报负责人马林斯基，特地飞往阿富汗。在那里，他物色到一个叫穆罕默德·嘉兹尼·汗的人，他是帕坦族人，是一个飞行员，在苏联受过训，有亲戚在巴基斯坦，正符合克格勃的要求。

穆罕默德接受了任务，化装穿上一身破烂不堪的衣服，从吉巴尔隘道附

U-2飞机

近的一个村庄混进巴基斯坦的白沙瓦，找到了老朋友牟尼伊·汗。通过牟尼伊·汗，他知道美国机场上的一名清道夫因病无法上班，便冒名顶替，混入了美国军用机场。可是，作为一个清道夫，穆罕默德根本无法靠近飞机库，那里戒备森严，等闲人谁也进不去。穆罕默德无法执行任务。

无奈中，他又找牟尼伊·汗求助，并给他一笔重金。牟尼伊·汗挖空心思，终于想到了机场空军食堂里的一名侍者。他们收买了侍者，得知了大量机场的情报。他们了解到机场上驻有一支飞行中队，驾驶的正是U-2飞机。最近飞行中队准备作一次远程侦察，飞行员就叫鲍尔士。

机不可失，时不再来。尽管机场戒备森严，除了一道道令人望而生畏的电网，U-2飞机旁边还有专门的军警日夜巡视，但穆罕默德管不了那许多了。他决心闯一闯。几天来，他都在夜里偷偷潜近停机坪，用红外望远镜观察。他逐渐发现，虽然停机坪上灯火彻夜通明，但军警换岗时，每次都是在飞机右舷，而且离机门较远。这个可乘之机使一个大胆的方案在穆罕默德的头脑中形成。

一个万籁俱寂的深夜，穆罕默德蜷伏在离停机坪很近的一个地方。时近凌晨2点了，他仍耐心等待，一动不动。这时，一大群刚从外面回来的美国士兵前来换岗。他们兴致勃勃、余意未消地谈论着他们的乐事，没有人注意旁边的情况。穆罕默德看准时机，赤着双脚，迅速躬身跑入停机坪，敏捷地钻进飞机驾驶室。他屈缩身体，手在驾驶舱的仪表板上一点点移动着。猛地，他摸到了高度仪的塑料外罩，他心几乎跳了出来，他知道大功告成了。他飞速拧下右上角的一颗螺丝钉，把口袋里带着的一颗宝贵的螺丝钉按上去。

所有一切全在这颗关键的小小金属物上。这是一颗由克格勃专门研制的特殊的螺丝钉。它具有极其强大的磁性，能扰乱高度仪，把它的钢质指针紧紧粘住。当飞机上升到几千米后，高度仪的指针接近磁力场，便会被吸引过去，指示出2万米以上高度。就是这个看上去普普通通的螺丝钉，使鲍尔士成为克格勃的阶下囚，而在法庭受审时，他仍一口咬定他的的确确是在2万多米的高度上被击落的。美国人想到了苏联盗取U-2资料可能的种种手段，却从未料到克格勃会从这么一个微小的环节上，用这样一种不寻常的方式下手。

“奇想”是有别于常规思维逻辑和思维习惯的想法,“奇想”的结果则产生不同于常规行为特征的行动。有时,“奇想”能产生按常规绝对出现不了的奇迹。从2万米高空弄下一架飞机,常规的想法当然是用炮火打击或派飞机拦截,如果这样无法办到,就毫无办法了。而克格勃却能突发奇想,利用完全不同、让人无法预料的方式,轻而易举地搞下了一架U-2型高空侦察机,而且让对手长期蒙在鼓里,吃了亏还不知道是怎么回事。

六、克格勃/俄情报机构重大事件揭秘

在苏联时期,克格勃曾经有过“辉煌”的历史。在不少文学家的笔下,效力于克格勃的情报人员更是被描述成神通广大、无所不能的超人。尽管克格勃已经随着苏联解体而分崩离析,但它仍然需要很长时间才能从人们的记忆中淡去。克格勃的继承者俄罗斯联情报与间谍机构继续书写俄罗斯情报机关的新“辉煌”。

(一)克格勃偷导弹

1967年春天的莫斯科春寒料峭。这一天深夜,克格勃总部的一间办公室里灯火通明,烟雾弥漫。克格勃第一部局(对外谍报局)下属的科学技术局局长奥涅金将军正对着办公桌上的一份发自联邦德国的情报沉思。他的目光不时地停留在这样几行字上:“……策勒空军基地的保卫工作做得很差。任何一天晚上,你都可以走进去,偷走一架F-104‘星’式战斗机。”

“偷走……战斗机”这几个字像锥子一样刺痛了奥涅金。就在几个月前(1966年8月),以色列成功地从伊拉克人手中偷走了一架苏联制米格-21战斗机。他们能偷走我们的,为什么我们不能偷他们的?一个大胆的设想在奥涅金将军的脑海中逐渐清晰起来。但是,他对F-104战斗机并不感兴趣,奥

涅金需要的是另一种新型F-4战斗机。

F-4本是美国20世纪50年代为美国海军研制的远程全天候舰队防空战斗机，后来美国空军也大量采用，并外销10多个国家，成为风靡世界的名牌战机。F-4的外形有点怪:它的平尾向下倾斜，一副垂头丧气的样子。美国因此给它取了一个形象的名字——“鬼怪”。F-4有多种改型，其中F-4E主要用于制空战斗，亦可用于对地攻击。它装有许多先进的机载设备，包括中央大气数据计算机、通信一导航一识别系统、自动火力控制系统等。F-4E的火力和突击威力也很强:这种飞机从联邦德国基地起飞，可以直接飞临苏联的西部地区作战。这不能不引起苏联的特别关注。

根据奥涅金掌握的情报，联邦德国策勒空军基地的第74战斗机中队将是最先换装F-4E型多用途战斗机的部队。克格勃总部遂给在联邦德国的一个间谍小组下达指令:隐蔽待命，等“鬼怪”式飞机一到，就从策勒空军基地偷出一架。

受命偷“鬼怪”式飞机的这个间谍小组共有3名成员。为首的名叫曼弗列德·兰明格，是个30多岁的建筑师。他早在1963年就加入了克格勃，并在莫斯科受过训练。另一个成员是约瑟夫·林诺斯基，波兰人，是一个有经验的锁匠。第3个成员是沃尔夫·诺普，联邦德国空军第74战斗机中队的飞行员，他很了解联邦德国空军的武器装备。

就在偷窃的准备工作紧锣密鼓地进行的时候，诺普所在的部队又进了一批新的装备，其中有美国生产的“响尾蛇”空对空导弹。“偷一枚导弹也不是难事，何不再偷一枚‘响尾蛇’呢?”诺普把这个想法告诉了兰明格。兰明格听了他的详细计划之后，也认为这是一件“顺手牵羊”的好买卖，而且这并不会妨碍偷“鬼怪”式飞机。于是，兰明格未请示莫斯科，就擅自决定先动手偷一枚“响尾蛇”导弹。

诺普先对基地的导弹库进行了仔细侦察，然后将库房那些锁的详情告诉林诺斯基。在研究了基地的保安措施及其他有关情况后，他们选定了10月7日动手。在策勒空军基地，老鼠十分猖獗。基地司令下令10月7日晚上下毒饵灭老鼠，所有养狗的住户都得把狗关起来。这是个意外的机会，排除了偷导弹的最后一个严重障碍。

这天，林诺斯基拿着诺普为他准备的通行证进入基地。天黑后，诺普先到基地环形栅栏边一个选定的地方，把铁丝网剪开一个口子，然后再把它恢复原状，如果不注意根本看不出破绽。午夜后，林诺斯基和诺普来到了导弹库。林诺斯基没费多大劲就打开了几道门锁。进入库房后，他们把一枚“响尾蛇’导弹从安置架上卸下来，装上双轮手推车。诺普和林诺斯基把导弹推出库房，又把几道门按原样重新锁好，然后从预先剪开的豁口处把导弹抬出铁丝网。

在附近一条胡同里，兰明格正在诺普的马塞拉蒂牌跑车旁等着他们。导弹太长，车里装不下，他们只好把跑车的后窗打破，使弹头伸出车外。诺普找出一块破地毯，把导弹的弹头严严实实地裹起来。就这样，他们驱车跑了300多公里，穿插半个德国来到克雷菲尔德的一所公寓。在那里，他们设法把导弹分成两部分，分装在两个箱里，贴上“商业样品”的标签。当诺普长途跋涉赶回策勒空军基地去的时候，兰明格就开车到杜塞尔多夫机场，把两个木箱寄往莫斯科。

苏联对“响尾蛇”这种先进的近距离格斗导弹自然是欢迎的。他们既可以借鉴其技术，改进自己的导弹，又可以找出对付它的有效对策。而这时，德国人还不知道自己的导弹被人偷走了。因为这次行动，兰明格和他的同伙得到了3万多美元的报酬。踌躇满志的兰明格间谍小组摩拳擦掌，等待时机准备下手偷走一架“鬼怪”飞机。

然而，一次漫不经心的意外发现导致了兰明格间谍小组的“全军覆没”。这一天，策勒基地的一个外科医生受妻子的差遣去采野芹菜。他沿着基地周围的栅栏漫步，意外发现了铁丝网上被剪断的地方。他立刻报告了基地保安部门。经过火速的调查，发现基地的导弹被盗，线索直指诺普，通过诺普又找到了林诺斯基和兰明格。

这次事件之后，克格勃对兰明格是爱恨参半：恨的是他擅自行动，失掉了一架很可能到手的“鬼怪”飞机；爱的是他偷回了一枚先进的“响尾蛇”导弹。1971年8月，在一次大规格的间谍交换中，克格勃点名要回了兰明格。

(二)克格勃刺杀阿富汗总统阿明

1979年秋的莫斯科，在苏共中央绝密会议室。夜晚的天空中飘着丝丝小雨，此刻时针已指向23点，而会议室里仍是人头攒动，烟雾缭绕。大家静静地坐着，皱着眉头，听着窗外沙沙的雨声，谁也不说话。

在会议室中，苏联的最高领导商讨如何对付阿富汗新总统阿明。

阿明何许人也？为何苏联人对他有如此切齿之恨？原来，他就是阿富汗刚刚上任的新总统。几周前，阿富汗发生了政变，苏联支持的总统塔拉基被推翻、军人出身的总理兼国防部长阿明登上总统宝座。

在这次由阿明一手策划的政变中，塔拉基的亲信被一网打尽，片甲不留，就连塔拉基自己也性命未保，最后被残酷地勒死在总统府的地下室内。

阿明是普什图族的贵族子弟，曾两次留学美国，博学多识，满腹经纶，工于心计，心狠手毒。他一上台，便大权独揽，自行其是。由于同塔拉基的积怨很深，他对支持塔拉基的苏联人也耿耿于怀。他上台没有几天，便迫不及待地直接召见我国驻阿大使，要求我国撤回驻阿富汗的3000名军事顾问、教官及工程技术人员。一句话，阿明极力想摆脱苏联的控制。

经过讨论后，苏联决定选派特种部队，让他们对阿明的总统府进行袭击，以武力强行解决阿富汗问题。

克格勃第8局领受了任务。很快，以贝洛诺夫上校为指挥官的克格勃的一支特别行动部队从苏联出发了。庞大的安-22重型运输机载着特战队员，像一只巨鸟，在碧蓝的天空中展翅向阿富汗的方向掠去。

阿富汗总统阿明

不久，安-22带着巨大的轰鸣声降落到喀布尔郊外的巴格兰姆空军基地。贝洛诺夫选择了一片不显眼的草坪作为部队驻扎的营地,指挥所则临时设在飞机上。

其实,贝洛诺夫的这次行动并不是特别保密的。为了掩盖这些“超级黑兵”的形迹,早在一个星期前,驻在苏联大使馆的苏军顾问团就通知了阿明为了彻底解决瓦尔达克地区日益猖獗的反政府武装,苏军准备调来一支富有作战经验的部队,进山扫荡游击队。”

尽管是老谋深算的阿明也被这一消息蒙了过去。在这种情况下,如果贝洛诺夫遮遮掩掩地入境,反而会引起阿富汗方面的疑心。所以贝洛诺夫索性光天化日之下开始进驻巴格兰姆机场,在机场草坪上搭起了迷彩帐篷,外面围上一道尖利的铁丝网,三步一岗、五步一哨,把基地围得水泄不通,警戒异常森严。

当然,没有不透风的墙。机场管理电务的一名电工是美国中央情报局潜伏的特务,在安-22飞机降落的那一刹那,他就盯上了这群不速之客。这个特务敏锐地发现,哨兵手里端着的是一种从未见过的、崭新的冲锋枪。美国中央情报局根据报告,很快地做出鉴定:这是苏军最新式的AK-74冲锋枪。现在,这种冲锋枪还未正式装备部队,只有苏军特种部队才优先获得这种武器。毫无疑问,苏军的特种部队已潜入喀布尔!美方迅速得出这一结论。

当时,已是初冬的12月了。19日黄昏,橘红的太阳尚未隐没在黛青色的远山之后,兴都库什山区就已显露出冷静和可怖来。由于局势动荡不安,一入夜,除了阿明的巡逻队还在不紧不慢地到处游走外,当地老百姓都早早地躲入家中,整个喀布尔街上空空荡荡,白天的喧闹和聒噪像变戏法一样顿时消失得无影无踪。提起喀布尔,它曾是一个繁华美丽的城市。那些浪漫的法国人和优雅的英国人在这个城市建造了许多光怪陆离的商店高楼、豪华别墅、宾馆酒店、高级剧院,而金发碧眼的异乡人也曾给这个城市带来了一片兴旺和新鲜的感觉。

可如今,整个市区冷冷清清,凄凉萧条,许多曾经昙花一现的繁华场所如今都已大门紧闭,一片死寂。夜阑更深,无星无月,整个喀布尔城已经黑得伸手不见五指,只有人民宫内还闪出几丝阑珊的灯光。

昏暗的落地灯下,巨大的真皮座椅里,总统阿明以手支头,陷入沉思之中。近日来，他心神不定、坐卧不安。他似乎也嗅出一点火药味。

据情报部门反映，巴格兰姆空军基地已有1万多人了。他们还给阿明带来了不祥的消息：北面边境上，有几个俄国师已进入实战状态。

这时，墙上的镶金挂钟敲过了12点。阿萨杜拉急冲冲地冲进阿明的房间。这个神色匆匆的中年人是阿明的侄子，阿富汗国家秘密警察首脑，并掌管着全国的情报治安与阿明的安全保卫工作。

阿萨杜拉告之阿明，苏联特种部队已到达巴格兰姆。

阿萨杜拉接受阿明要求调查苏联军队的命令，刚刚出门时，说时迟那时快，只听得“嚓”的一声，刚刚出门的阿萨杜拉一声惨叫，重重地摔在客厅里，气绝身亡。与此同时，一颗子弹飞进阿明的房间，打穿了阿明的椅子靠背。

而此时的阿明也像吃错了药一样浑身筛着糠。这一半是出于害怕和惊吓，一半是出于恼怒。

阿明叹了口气，确定旁边的保安人员都在位后，慢慢地爬上床。这时，床头的电话遽然响起，阿明一哆嗦、手中的衣服掉在地上。在死一般寂静的夜里，这一声铃响格外得突兀、刺耳。阿明抓起电话。

“总统吗？我是苏联大使馆巴甫斯基。听说总统卧室里刚刚发生了一件谋杀事件？”阿明捂住话筒，惊恐万分，半天没有说出一个字来。他的眼睛在黑夜里闪着恐惧的光。这才过了几分钟？苏联人就知道了？莫非……

“我对此事表示震惊，希望您加强保安工作。大使先生和顾问团团长一早将前来慰问。”巴甫斯基不慌不忙地说完自己要说的话，适时地把电话挂了。阿明坐在床上，手中依旧拿着电话听筒，黑暗中陷入了不可自拔的恐惧之中。他隐隐有种预感：灭顶之灾即将来临。

第二天清晨，苏联大使的高级轿车果然缓缓驶至人民宫前。警卫打开车门，车里钻出了莫斯科驻阿特命全权大使兼顾问团团长维克多·帕普金。

帕普金已是秘密谍报工作的老手，尤其擅长于搞颠覆，对中南亚事务颇为精通，早年曾在苏联几个边境共和国的情报安全部门任职，其出色成绩很快受到上司的注意，因此他在短时间内就被晋升为中将，并进入克格勃的领导班子，主管对伊朗、阿富汗及土耳其等国的谍报工作。12月初，维克多·帕普金就率一个特别工作小组秘密来到喀布尔，以执行一项特殊使命。

出于礼节，阿明在三楼的一间会客厅会见了帕普金。阿明心里明白，莫斯科已下决心要出兵阿富汗了。但他也不示弱，针锋相对地还击他的客人。双方进行了激烈的交锋，会客室里的气氛越来越紧张。正在此时，帕普金向一名助手微微点头示意。那个助手打开黑色公文包，伸手向里掏着什么。

“他在掏枪！”阿明身后3个穿青色长袍的侍卫不约而同地想到了这一点。他们出手一撩，就从长袍底下呼地抽出瑞典造的“欣达”微型冲锋枪，二话没说就是一梭子弹飞泄出去。阿明此时想制止也来不及了——帕普金和3名助手已应声倒在血泊里。楼上枪声一响，楼下也枪声大作。楼下帕普金带来的保卫人员与阿明的警卫发生了激烈的枪战。经过一番浴血奋战后，3名“超级黑兵”打倒了数倍于自己的对手后，跳上一辆空车，夺路而逃。转眼之间就杀了1名全权大使及3名助手，莫斯科怎么能够放过自己呢？看来大祸临头，必须得有所准备！

当天下午，阿明带着全家大小和随员，离开人民宫，搬到郊外的达鲁拉曼宫去了——那儿的安全状况要比人民宫好得多。当天晚上，苏联大使馆做出了一项令阿明百思不解的举动。苏联人宣布，帕普金的一切言行并不代表苏联政府的意思，应由他个人负责，并向阿明总统表示歉意，希望他不必多虑。最后，大使馆还出人意料地宣布：今年将为阿富汗增加3000万卢布的援助。阿明面对着苏联人的缓兵之计，一时间懵了。

位于郊区的达鲁拉曼宫是10年前由英国首屈一指的建筑专家设计、建造的，是阿富汗值得称道的建筑之一。从飞机上俯瞰，达鲁拉曼宫像一颗巨型的银色珍珠，镶嵌在喀布尔市东南30公里的五角上。

整个达鲁拉曼宫由钢筋水泥构成，基实墙厚，气势雄伟，巍峨壮观。而5个大小形状相似的山包呈五角形排列着，每个角的山包上都建造了一座警卫楼。每座警卫楼内，都驻扎了一个警卫连的人马，警卫楼与警卫楼之间可形成交叉密集的火力网。另外，警卫楼与主宫之间建有地堡，形成蜘蛛网式多层次防线。达鲁拉曼宫分设东南西北四门，正中是达鲁拉曼楼，四层高，呈圆柱形。

一层驻有一个警卫营，二层是内卫队和阿明及政府要员的卧室，三层是服务人员和警卫团首领住房，四层则设有各种各样的轻重武器及探照灯。每层都设有机关暗道，宫内还有一条紧急秘密地道，可通向五角山。因而，用固若金汤来形容这幢现代化超级堡垒，一点也不过分。

而此时在巴格兰姆空军基地，参谋人员也在紧张地工作着。

贝洛诺夫接过参谋人员递过的这分珍贵的情报，欣喜若狂。自从他受命负责制定攻打达鲁拉曼宫的方案以来，他一直为得不到此宫详细准确的情况而异常苦恼。眼前的这份“五角山防御部署图”，正是他梦寐以求的东西，他忍不在内心的狂喜，举着这份地图在屋子里跳起俄罗斯舞蹈来了。贝洛诺夫毕业于克格勃特种技术学院，是一名能干的特种部队指挥官。

他具有超常的、令人艳羡不已的能力：他能流利地讲5国语言，会使用多种单兵作战武器，会开许多种型号的飞机、汽车和装甲车……当他以出色的成绩离开学院时，他就暗暗下定决心：我一定以平生之所学，干就一番惊天动地的事业来！

这次袭击阿明官邸，是苏军侵阿以来的第一个特种作战行动，他的任务已非常明确——将阿明首脑集团一网打尽。在组建突击队时，他在特遣二旅精挑细选了500名优秀的特种队员，配备了各种先进武器及攀援器械，另外还有12辆坦克、20辆步兵战车，10辆装甲运兵车、20辆摩托车。

如今，特战队员及装备已准备就绪，一切只等查明敌情，行动便立即开始。贝洛诺夫详细地查看了一遍“五角山防御部署图”，心里涌起一阵阵复仇般的冲动。现在还不动手更待何时？贝洛诺夫经过深思熟虑，果断地对参谋人员下达命令：“明晚开始行动！”

兵贵神速。就在阿明还举棋不定的时候，阿富汗北面几百公里的边境上，苏军的5个装甲师已经全面出动了。与时同时，巴格兰姆空军基地也出现一派繁忙景象。米格战斗机、武装直升机都进入了临战状态，马达轰鸣，机翼齐旋，蔚为壮观。

12月26日下午，克格勃特别行动部队的60多辆坦克及装甲车辆，都整整齐齐地排列在巴格兰姆空军基地的广场上。而在车队的前面，是站得笔直的

500名头戴贝雷帽、身穿迷彩服、全副武装的特种队员。

贝洛诺夫上校从西边走来，一边敬礼，一边检阅了他的突击队。最后，他回到队伍中央，站在一辆装甲指挥车旁，手臂用力一挥："出发！"随着一声口令，一排排战车驶出广场，只见尘土飞扬，烟雾飘荡，整个车队犹如一条灰色的巨龙向达鲁拉曼宫飞奔而去。

晚上7点，黛青色的天穹中还残留着一丝夕阳的痕迹，天色已暗了下来。贝洛诺夫的突击部队经过数小时的全速行驶，已经可以遥望到达鲁拉曼宫。这时，达鲁拉曼宫前方两座警卫楼突然亮起了红灯。

贝洛诺夫命令战车队发射榴弹。小小的榴弹带着尖锐的声音，拖着长长的尾巴，已在警卫楼轰然炸响。同时，主力部队趁机直奔主宫。20辆摩托车挟风带雨，向主宫疾速飞奔。但它们距主宫只有几十米时，突然遭到一楼和四楼轻重火力的拦阻，并形成一道密集的火力网。

"轰！"地一声巨响，坦克滑膛炮开火了。第一发炮弹即命中目标、主宫的墙壁立时被炸开一个大洞。同时，从装甲车上跳下来的几名突击队员立即向主宫发射了数颗高爆及装甲榴弹，巨大的爆炸威力顿时将四楼炸塌了一半，整座大楼也在爆炸声中摇摇晃晃。只见从靠近大楼的摩托车上跳下几名队员，飞快地将数枚手雷投向二楼的每一个窗口，接着窗口一亮，传来了沉闷的爆炸声，浓浊的烟雾涌了出来。

窗口的火力顿时哑了。在坦克和步兵战车强大火力的掩护下，特种部队的突击队员们端着AK—74冲锋枪冲进了大楼。

大楼里到处是一堆一堆的瓦砾及残缺不全的尸体。工兵们冲了上来，迅速将障碍扫清，突击队员们向三楼冲去。接着，他们又用火箭筒劈开了通往四楼的道路。

战斗迅速地进展着。在每个房间，都有特种队员与阿明的卫兵拼搏、厮杀的影子。贝洛诺夫率4名精兵强将冲到阿明的卧室前，一脚踹开了反锁的大门。阿明抬头一看，企图夺路而逃。在这千钧一发之时，贝洛诺夫一扬手，一颗手雷旋转着先阿明进入了暗道。一阵浓烟袭来，暗道门已被炸塌。冲锋枪的声音充斥了整个房间，所有的内卫与阿明一起，在摇摇晃晃中迎接了上百发子弹，然后无力地瘫倒在地。

战斗很快结束了。没有一个逃走，全部被击毙。贝洛诺夫从尸体中爬了出来，带着满脸的血污，翻起阿明弹痕累累的尸体，那骄横顽固的凶相、死不瞑目的恶眼，看来仍让人心惊。

（三）一起间谍案催化苏联解体

1981年5月，密特朗就任法国总统，由于新内阁中，有4名共产党人担任部长，美国大为恼火。为了取悦美国，这年7月于加拿大举行的七国首脑会议上，密特朗亲口向里根透露了一桩苏联间谍案，结果令里根大吃一惊："这乃是20世纪最大的一桩间谍案！"有人甚至认为，该案使东西方两阵营的平衡关系从此发生急剧变化，从而间接导致10年后苏联的解体。

1932年出生于莫斯科的维托夫，是苏联克格勃成员。1965年他奉派巴黎工作，名义上是苏联的专员，专门负责电子器材的进出口工作，实际上是为克格勃吸收情报人员，以及偷取法国的科技秘密。他的夫人斯维拉娜，在此期间则迷上了巴黎的时装及香水。1970年，维托夫奉调回国，在克格勃总部负责科技情报工作。也许因为享受过巴黎的纸醉金迷，他一直渴望再出国，也因此一直与任职汤姆森电子公司的法国人普鲁斯特有来往。1974年，维托夫调派加拿大，而此时，加拿大及美国都已觉察到了维托夫的真实身份，再加上他夫人斯维拉娜涉及到一件珠宝案，不到一年时间，维托夫就被莫斯科紧急召回，继续在克格勃情报分析中心工作。

对维托夫而言，这是件枯燥的工作。而斯维拉娜爱慕虚荣，私生活极不检点。维托夫本人则与办公室女同事奥切京娜有染。1981年2月，维托夫写了一封告急信给那个法国人普鲁斯特。信中称："我已陷入生死攸关的一刻！"

普鲁斯特与法国反间谍机构"领土监视局"（DST）有来往。该局决定试探维托夫的真实意图。一位也在汤姆森电子公司工作的工程师立刻被派往莫斯科。这位60来岁的法国人，实际上是货真价实的谍报人员，名叫阿迈尔，系法国名校"国立综合科技学院"高材生（就是因为在这件间谍案上他所表现出的冷静大胆，而获得法国最高荣誉勋章）。

1981年3月份，阿迈尔在莫斯科一家专供外国人消费的百货公司前，与维托夫第一次会面。维托夫向阿迈尔提供的情报，均属最高机密，也最具价值，其中包括苏联如何在西方国家中收集科技情报，以供苏联国内军民工业之需。

法国的领土监视局确认，维托夫已成为西方国家在克格勃核心中最重要的卧底者。该局当时的负责人夏莱，特别为这位卧底者取了一个代号“再见”。对夏莱而言，这个英文代号有双重意义，一为“万事如意”，一为“一路顺风”。最重要的是，用英文代号，会使苏联情报部门怀疑是美国人或英国人干的，而不会想到法国人。

1981年7月初，夏莱将该间谍案呈报法国内政部长。一般来说，法国领土监视局只负责法国境内的反间谍工作，但负责国外情报工作的法国国家安全局被怀疑遭克格勃渗透，因此，维托夫卧底案全权由领土监视局负责，并于1981年7月获总统密特朗亲自核准。

法国驻莫斯科大使馆武官奉命与维托夫联系，并把一台“迷你”相机交给对方。“再见”工作表现得十分“优异”。10个月之间，他提供了3000份有关苏联如何收集西方科技情报的文件，结果散布在15个西方国家中的被克格勃招募的工作人员，以及450名在西方国家中专门刺探科技秘密的苏联情报人员，纷纷被抖落出来。或许是因为维托夫的卧底，导致80年代很大程度上依赖科技情报的苏联经济陷入窘迫。更有甚者，美国以诡诈的“星球大战”计划，逼迫苏联与之展开军事竞赛，从而使苏联经济不堪重负。

1983年4月，法国根据维托夫提供的情报，将47名苏联驻巴黎大使馆的外交人员，以间谍罪驱逐出境。前法国驻德大使希尔，当时为法国外长谢松的助手，在通知苏联代办时为了不容对方反驳，特将维托夫泄露的机密文件示给对方。维托夫的卧底身份因而被克格勃追查出来。1984年12月，维托夫被苏联最高军事法庭判处死刑，次年1月被枪决。不过，据俄国记者的说法，维托夫是在1982年2月被捕，并非判国罪名，而是因其酒后失手将一路人杀死，被判15年徒刑。

(四)俄特工智杀车臣匪首

俄罗斯人很现实，尽管从克格勃到联邦安全局，俄罗斯特工从不缺少奇异的杀人工具。但他们认为，执行暗杀行动，达到目的才是最重要的。常规武器也为俄罗斯特工顺利完成任务立下过汗马功劳。

2002年11月，车臣非法“代总统”扬达尔比耶夫遭到俄罗斯通缉。为躲避俄特工追杀，扬达尔比耶夫远走卡塔尔，开始了秘密的流亡生活。俄方多次要求引渡扬达尔比耶夫，均遭卡方拒绝。为铲除扬达尔比耶夫，俄对外情报总局向卡塔尔派出了杀手。2004年2月13日，扬达尔比耶夫乘车回家时，装在他车里的定时炸弹爆炸。扬达尔比耶夫和儿子身负重伤，两名保镖当场毙命。由于伤势过重，扬达尔比耶夫在被送往医院途中死亡。一周后，3名俄特工被卡塔尔警方抓获。

巴萨耶夫

哈塔卜、扬达尔比耶夫等车臣匪首被消灭后，俄特工开始集中力量追捕车臣头号恐怖分子——巴萨耶夫。2006年7月10日凌晨，巴萨耶夫乘坐的“卡马斯”汽车在印古什共和国纳兹兰市一乡村公路上爆炸，他本人被炸得面目皆非。事后，联邦安全总局对《共青团真理报》说，为消火巴萨耶夫，“我们花了很多时间和精力才找到一个人。行动前，那个人将填满TNT炸药的雷管绑在‘卡马斯’卡车的一侧，而情报人员需要做的只是在恰当的时刻发射一个电子信号”。

(五)俄罗斯红发美女间谍查普曼

2010年6月26日，FBI联合美国多个执法部门在经过数年的监控后利用

"钓鱼"手段抓捕了11名俄罗斯间谍。这些俄罗斯对外情报局秘密特工，在美国多年深度潜伏，借助高科技暗中联络，采取多种手段向美国政府决策层渗透，搜集核武器、美国对俄政策等情报。平时，他们大都住在乡镇地区，有孩子、在当地买房子、从事平凡的工作，与邻居关系非常融洽，看起来和普通人没有什么差别。由于不在使馆或军事部门工作，因此他们的真实身份很难被外人识破。

在被美国政府逮捕的11名俄罗斯特工中，最夺人眼球的无疑是28岁的红发美女间谍安娜·查普曼(原名安娜·库斯琴科)。这位俄罗斯美女有一头美丽的红发、丰满的身材和经济硕士学位，堪称美丽与智慧并重，《纽约邮报》形容她拥有"内衣女模的身材"。她简直就是007谍战电影《来自俄罗斯的爱情》里的女间谍再现，没有人知道究竟有多少权贵拜倒在她的石榴裙下。

被捕前查普曼住在纽约曼哈顿商业区，有自己的房地产公司，律师鲍姆在法庭上称她的资产价值高达200万美元。在人们的印象中，她看起来更像是成功的商业女强人，而不是FBI口中的间谍嫌犯。事实上，查普曼正是利用了商业上的人脉网络和自己的美色，千方百计与各种地位极高的国际商业精英人士交往(有传和她交往的人中包括"股神"巴菲特)，开展自己的间谍活动，并把机密不断传送给俄罗斯对外情报局。

平日，查普曼把自己伪装得天衣无缝，通晓俄语、英语、法语和德语的她是纽约曼哈顿名流社交圈红人，还经常出没一些秘密会议。不过，在不为人知的间谍领域，查普曼所使用的手段却出乎所有人的意料。查普曼曾经与一名俄罗斯官员用无线网络设备接头，该官员并没有与她面对面交谈，

间谍嫌疑人安娜·查普曼

而是隐匿在附近的货车中通过无线网络沟通。联邦调查局利用分析软件监控到整个过程。两个月后，两人又以相似方法接头，查普曼在书店，接头人拿着公文包在书店外与她联系。间谍接头总免不了使用暗号，查普曼的接头方法是搭讪陌生人时常用的装熟人手段："打扰一下，我们去年夏天是不是在加利福尼亚见过面？"对方答："不，我记得我们是在汉普顿见的面。"

查普曼的间谍同事们也非常善于使用复杂的高科技手段获取情报。在纽约活动的间谍曾用加密的私人计算机网络与搭档联络；在纽泽西和波士顿的潜伏者则使用一种名为steganography的间谍手段，把情报植入公开的图像中传递出去；在西雅图的间谍则把无线电报或数字电码作为联系工具。FBI顾问素基特·谢诺伊说："俄罗斯间谍以往使用克格勃特制设备，现在则使用普通笔记本电脑。如今技术太强大，你根本不必使用特制设备。"

此外，查普曼另外一个惯用的间谍伎俩是使用预付话费手机。就在6月26日，查普曼在布鲁克林的商店购买了这样一部手机，然后马上把装有充电器和购买协议的包扔进垃圾箱。她在购买协议上写着假名：伊琳·库佐夫。因为买主不打算长期使用这一手机，商家在交易过程中无需查看对方身份证件，这意味着执法部门无法借助手机通话记录确定犯罪嫌疑人的身份。查普曼正是利用了这一点，常常在购买手机后仅仅通话一两次便把它们扔掉。在FBI向外界高调公布这些间谍手段后，有着一双深情款款大眼睛的查普曼立刻成为全球媒体关注的焦点。谁又能想到，一个如此美艳的性感女孩，竟是运用高科技手段盗窃信息的女间谍？

英国媒体报道称，"蛇蝎美人"查普曼出生于前苏联时代的乌克兰，2003年起曾在英国居住5年。那段时间，她经常出没于安娜贝尔夜总会，一名商业成功人士如此评价她："一朵了不起的交际花。"

那时"在场的人都High到顶点，尤其是菲利普·格林和VincentTchenguiz。而查普曼却一直安静地坐在金瑞利的身边，冷静地观察着周围的一切，直到凌晨聚会结束。"2005年，查普曼是一家对冲基金资产管理顾问公司CEO尼古拉斯·金瑞利的私人助理。

"有很多优秀的俄罗斯人为金瑞利工作，而查普曼尤其特殊。她很聪明，

安娜·查普曼

平易近人，有吸引力，英语非常流利。毫无疑问，她是社交场合的交际花，金瑞利介绍给她的几乎所有高端商业人士都和她打得火热。”在得知间谍事件后，金瑞利竟回忆不起当初23岁的查普曼是什么样子了。“我从未在她身上看到有任何间谍的迹象，更想不明白为何她后来会突然成为间谍。”在他看来，查普曼是个安静的人，是个普通得不能再普通的女孩。金瑞利知道查普曼已婚，但却从未见过她丈夫，也从未听她提起过。当然，也没有人知道，查普曼是如何走上间谍之路的。

查普曼在伏尔加格勒南部小镇一个有影响力的外交家族中长大，在伏尔加格勒中学读书时，父母去莫斯科工作，查普曼从此和祖母生活在一起。朋友说，查普曼8岁那年，父亲出任俄罗斯驻肯尼亚大使。

从中学毕业后，查普曼搬到莫斯科，并在前苏联著名的人民友谊大学读书。毕业后查普曼从商，最初在富通投资工作，后来成立了自己的网上房地产业务。一个偶然的机会，查普曼遇到英国人亚历克斯，并与之结婚移民英国。自那以后，查普曼开始在英国定居，时不时回俄罗斯探望。

现年30岁的亚历克斯是英格兰的一名实习医生。2001年9月，亚历克斯在伦敦一次地下狂欢舞会上邂逅了19岁的查普曼。

2002年夏天，亚历克斯和妻子在非洲蜜月旅行时拜见了岳父维斯利，没想到却备受冷遇。“他的父亲令人生畏，他很关心我以后的生活方向，要怎样挣钱。很久之后查普曼才告诉我，他父亲曾经是克格勃高官，他从不相信任何人，为人十分谨慎，平时乘坐的是一辆装着黑色车窗的越野车，每次出行都是前面一辆汽车开路，后面一辆汽车跟随。”

蜜月后的两年里，夫妇二人在伦敦平静地生活。亚历克斯说：“那时的查普曼非常热情、有同情心、有爱心。而且她还非常聪明，智商高达162，能够应

安娜和亚历克斯在婚礼上

付众多事情并最终取得成功。”可是从2005年开始，查普曼开始贪图金钱和享乐，一心只想移居美国。而她的行踪也越来越神秘，经常与她的神秘朋友聚会。“她有很多有钱有势的朋友，在莫斯科经常靠一个开兰博基尼的朋友保驾护航。她似乎有不可告人的资金来源，账户的钱也从来不和我共享。”

亚历克斯怀疑，2005年当他们的婚姻逐步走向崩溃的时候，查普曼正在受到她父亲维斯利的遥控，而查普曼正是在父亲的精心栽培下，才从单纯少女变身为冷酷女人。两人离婚后，2006年，查普曼移居美国，那时的她看似对纽约非常向往。“在美国比其它任何地方更容易遇见世界上最成功的人，这在莫斯科几乎是不可能的。今晚你与邻居共进晚餐时，可能就会遇到最重要的风险资本家。”

而查普曼何时开始变成一名间谍，至今仍是个未知数。“我不知道她的私生活，但是她确实是个非常有才华的企业家。”德米特里在莫斯科的一家青年企业家俱乐部与查普曼相识。“在我们接触的过程中，她从未表现出对政治的兴趣，而是要一心实现自己的商业目标，并开始计划在纽约开展投资项目。至于为何她最终变成了一名间谍，可能永远是个谜吧。”

查普曼作为俄罗斯“美女间谍”的消息传至英国以后，英国内政部与负责英国国内情报工作的军情五处立即对查普曼在英国期间的行踪展开了调查。他们怀疑查普曼嫁给亚历克斯可能只是为了取得英国护照。英国政府一名高级官员当地时间7月10日表示，英国内政部已经决定取消俄罗斯“美女间谍”查普曼的英国国籍和护照，并有可能将她列入禁止入境黑名单。

美俄多次谈判交涉下，两国随后达成协议，美国驱逐这10名俄罗斯特

俄美女间谍现身联盟号飞船发射场为宇航员送行

工，俄方则释放4名被控为美国从事间谍工作的俄罗斯人。双方7月在奥地利首都维也纳完成“间谍”交换。俄罗斯特工回到国内后不久，受到俄总理弗拉基米尔·普京接见。2010年10月18日，俄罗斯总统德米特里·梅德韦杰夫举行仪式，向10名遭美国驱逐的俄罗斯特工颁发最高国家荣誉奖章。克里姆林宫发言人纳塔利娅·季马科娃当天说，仪式在克里姆林宫内举行，“总统向对外情报局成员颁发奖章，包括在美国工作、7月返回俄罗斯的特工人员”。

大多数俄罗斯特工在回国后都相当低调，只有外型出众的查普曼继续成为媒体关注的焦点。10月11日，查普曼被任命为俄罗斯一家基金服务银行总裁的助手，并受邀参加一项火箭升空活动。当天，身穿鲜红外套的查普曼参加了在发射场为俄美两国宇航员举办的送行仪式。被记者认出后，查普曼只说自己刚刚抵达这里，之后便缄口不言，拒绝回答任何问题。随后，她在一名魁梧的男子护送下匆匆走进一间保卫森严的会客室。有报道称查普曼目前正在写一本书，但她此前已被禁止以她的故事作为卖点赚钱。

由于没有充分证据表明查普曼有过间谍行为，因此人们曾一度怀疑她的真实身份到底是不是一名独立的特工。而克里姆林宫此次的颁奖仪式似乎已经消除了所有的疑问，俄罗斯政府不仅认同查普曼的间谍身份，而且还表彰她为祖国所做的贡献。据悉，28岁的查普曼是获得该殊荣的人员当中年龄最小者之一，这或许会让人们对这个美女间谍更加感兴趣。

“国家鹰犬”：

以色列摩萨德

摩萨德是世界公认的一流情报机构，曾演绎了一系列曲折、惊险、神秘的谍战传奇，其声名绝不在美国中央情报局和前苏联情报机构克格勃之下。1972年慕尼黑奥运会，“黑九月”成员绑架杀害以色列11名运动员。此后，以残忍和冷酷著称的摩萨德特工开始以牙还牙，开始闻名于世界。摩萨德特工都经过严格培训，曾担任摩萨德特工的以色列作家本·戴维写道：“特工虽不完美，却近乎完美……素质出色、经验丰富、策划谨慎。我们在全球任何一处地方获取情报的能力超群。”按照他的说法，摩萨德行动成功率高，“1000次行动中或许只有一次失败”。一名不愿公开姓名的前特工称，现实中的摩萨德远超公众想象。“相信我的话，除非你成为其中一员，你根本无法想象摩萨德的工作。现实情况常比好莱坞电影(情节)还要惊心动魄。”自摩萨德创立以来屡建功勋，特别是为保障以色列国家安全立下汗马功劳，因而被以色列方面誉为“国家鹰犬”，并奇迹般地跻身于世界著名情报构前列。

引子：哈马斯高官酒店神秘死亡

在监视摄像头遍布的世界，间谍们很难做到真正的“隐蔽”。一旦留下任何影像资料，在全球共享的“人肉网络”下，他们都将会被曝光。

这是一部现实版的悬疑惊悚片，形态各异的人物形象、华丽的中东背景、超过20个摄像机的多机位拍摄、精彩的近摄和慢镜头、巧妙的嵌入字幕、浑然天成的编辑手法……俨然是各大电影节获奖的大师手笔。

这部由以色列最大的情报机构——摩萨德在2010年初导演的现实版大片绝对比电影节上的作品有过之而无不及。

2010年1月20日下午1点30分，迪拜布斯坦罗塔娜酒店。“先生，先生！对不起，我们进来了。”服务员打开了230号房间紧锁的门。由于这位名叫马巴胡赫的客人房间的电话一直处于无人接听状态，他们不得不如此。而前一天晚上有人还看见这位客人从酒店大堂里经过，拎着一个购物袋。但此时，房间内的客人已经死去多时。根据医院的尸检报告，马巴胡赫死于窒息。而迪拜警方在经过9天的调查后证实，马巴胡赫是被谋杀的，是非常专业的暗杀。

摩萨德特工进入酒店(闭路电视截屏)

刺杀马巴胡赫小组女特工“盖尔·福利亚德”

此事还需从以色列说起。2010年1月初，以色列港口城市特拉维夫北部郊区一座小山丘上，两辆崭新的黑色奥迪A6轿车停在一所建筑的大门前。这是以色列秘密情报机构摩萨德的总部，人们通常称之为“Midrasha”。

以色列总理内塔尼亚胡走出汽车，与64岁的梅厄·达甘握手寒暄。掌管着摩萨德的梅厄·达甘拄着一根拐杖——在年轻时候某次执行任务中受伤后，他就离不开那根拐杖了。简单寒暄后，达甘便匆匆把内塔尼亚胡和另外一名军官带进简报室。

简报室内坐着一群暗杀组成员。在会议的最后，内塔尼亚胡最终拍板了一项举世震惊的暗杀计划：在迪拜暗杀巴勒斯坦伊斯兰抵抗运动(哈马斯)高级指挥官马哈茂德·马巴胡赫。暗杀计划并不复杂，风险也不大，不过得由内塔尼亚胡亲自签署死亡追缉令。每每此时，这位强硬的以色列总理在这种场合都会不紧不慢地吟诵：“以色列人民信任你们，祝你们好运。”

暗杀准备工作秘密进行了几个月。暗杀行动开始时，摩萨德就得到情报，马巴胡赫正准备前往迪拜，而他们恰好可以利用当地豪华酒店宽松的戒备实施暗杀活动。当马巴胡赫在迪拜降落，摩萨德特工早已在当地布下天罗地网。他们使用巴黎、法兰克福、罗马、苏黎世居民的假护照，甚至盗用了当地居民的信用卡。暗杀小组在特拉维夫市一家宾馆的房间内密集训练、沙盘

以色列总理内塔尼亚胡亲自为情报机构摩萨德进行暗杀开了绿灯

老谋深算的达甘

马巴胡赫在前台登记(闭路电视截屏)

推演，不过饭店的负责人却完全不知情。几天后，2010年1月19日，阿联酋航空公司EK912次航班由叙利亚首都大马士革起飞。正如摩萨德所预料，马巴胡赫正在航班上。

当空客A330飞过淡蓝的天空向南飞去，49岁的马巴胡赫看到的是一座座古城和尖塔。那是他的家乡。20年前，他被以色列士兵从加沙驱赶出来，至今未归。此前，马巴胡赫曾多次到访迪拜从事哈马斯商业买卖。但他万万想不到的是，这一次自己会命丧于此。

摩萨德特工分为几个小组负责观望，由最后一人完成致命一击。当马巴胡赫抵达酒店，一个看起来30岁左右的女间谍迅速向酒店的特工发去信息，至少有一名摩萨德特工在前台偷听他的房间号并迅速把消息发给其他的同事。出于安全考虑，马巴胡赫选择了一个没有阳台的房间，而摩萨德特工为了方便观察就住在他房间的对面。几个小时后，马巴胡赫死在迪拜酒店房间内。表面上看，马巴胡赫是一次意外的自然死亡，而不是死于谋杀，但迪拜紧密的闭路电视系统揭开了谜题。

特工得手后，还在酒店房间门口留下“请勿打扰”的牌子。闭路电视监控系统记录了摩萨德暗杀特工在迪拜的一举一动，警方将他们的监控录像和暗杀嫌犯照片公之于众，摩萨德一时处于进退两难的尴尬境地。迪拜方面根据曝光的监视器画面捕捉到11

哈马斯军事领导人马巴胡赫(前)被2名“刺客”(后)跟踪的录像

名疑犯、10男1女的镜头。经交叉比对，涉嫌参与暗杀的这11名成员全是“外国出生的以色列人”，其中6人持英国护照、3人持爱尔兰护照、1人持法国护照、1人持德国护照。

正是这项谋杀计划，让整个世界都为之震惊。一时之间，神秘的以色列情报部门摩萨德，又一次挑动了全球的神经。迪拜警方说，现实情况表明，以色列情报机构摩萨德是谋杀马巴胡赫的元凶，警方将寻求逮捕以色列总理内塔尼亚胡和摩萨德局长梅厄·达甘。摩萨德称此事件与其无关。但迪拜公布的宾馆录像清晰地再现了当时的场面，这也使得这次暗杀活动成为摩萨德历史上第一次被监控记录下的暗杀行动，被称为摩萨德历史上最大的败笔。

阿联酋公布涉嫌杀害哈马斯领导人凶手照片

一个小国的情报机构竟能与声名显赫的中情局、克格勃、军情五处等相提并论，其实力确实不凡。各国情报机关搞暗杀不是新鲜事，但摩萨德最为恶名昭著，而且因为很少失手而成传奇。不过，此次暗杀哈马斯高官被闭路电视监控系统全程拍摄记录，成为摩萨德间谍史上的一大败笔。哈马斯高级指挥官马巴胡赫被暗杀后，以色列秘密情报机构摩萨德被推上风口浪尖。不可否认的是，暗杀事件已经演变成国际争端，甚至可能导致巴以双方报复行动不断升级。由此，摩萨德这个甚至敢跟美国中情局叫板的间谍机构，在全世界的批评指责中举步维艰。

一、摩萨德概况

以色列的情报机关是一个集合概念，它实际上包括负责国内情报的辛贝特，负责国外情报的机构摩萨德，负责军事情报的阿穆恩等，而其中以负责国外情报的摩萨德最为出色，也最为出名。摩萨德的规模在当今世界情报机构只能算是小兄弟，不过它作风强悍、办事利落、行动缜密，成为世界情报史上的传奇。

（一）摩萨德是一个什么组织？

摩萨德是伴随着“犹太复国主义”运动的发展和以色列国的成立而形成的。在以色列独立以前，巴勒斯坦地区有一个犹太秘密军事组织“哈加纳”（意为“防务”），这个组织是为了专门、有组织地向巴勒斯坦地区犹太人秘密购买武装、偷运武器和组织非法移民而成立的，而为这些活动收集情报的则是一个附属“哈加纳”的“沙亚”情报机构。1948年以色列国成立后，“哈加纳”为“以色列国防军”所代替，6周后，“沙亚”为“对外情报机构”所代替，这就是摩萨德的前身。

摩萨德的全称为“以色列情报和特殊使命局”（The Institute for Intelligence and Special Operations）成立于1951年4月1日，是以色列专门负责收集境外情报、在境外执行“特殊任务”的秘密情报组织。摩萨德是从一片情报废墟的基础上建立起来，从一个很不起眼的小机构开始发展，最终成长为国际谍报机构中一支实力超强、让同行侧目、让世界关注的力量。自创立以来屡建功勋，特别是为保障以色列国家安全立下汗马功劳，进行了多次让世界震动的成功行动。

“摩萨德”的徽标

而使得它赢得这一地位的，正是其在60年的发展历程中所做出的一系列匪夷所思、诡秘难料、惊心动魄的壮举。它总是那么让人看不懂，总是那么神秘。然而，又总是那么有力量！其实，摩萨德之所以能够如此，完全是出于对自己种族存亡的责任感，良好的组织与管理以及其特工超群的智商，而并不是他们真的获得了什么超人的力量与上帝的眷顾。摩萨德特工并不是全能的神，这是从其一系列丢脸的、失败的活动中得出的自然结论，在其辉煌的发展历程中，摩萨德始终不能摆脱其手下的败迹给自己带来的阴暗影响，它总是对这些丢脸的事情躲躲闪闪，但却不能无视它们的存在。一般来说，这些失败是由于组织与管理不善以及特工活动时不慎重引起的，但同样不能忽视的是敌对国反间谍部门所做出的不懈努力。他们在以色列国内弄不出什么名堂来，但在国内反间谍问题上却颇为得手。

60多年来，中东5次大战，小小的以色列占尽上风，摩萨德功不可没。它的眼线遍布对方的中枢高层，知己知彼使以色列国防军如虎添翼。20世纪50年代，它首先搞到赫鲁晓夫反斯大林的秘密报告，美国公布后震动全球。60年代，摩萨德跨国跟踪，把二战中屠杀犹太人的战犯艾希曼从阿根廷抓回以色列受审。1966年，它又从伊拉克偷走最先进的米格–21战机。摩萨德还组织突击队远程奔袭乌干达首都恩德培机场，成功解救100多名人质，自己只损失了1人——身先士卒的突击队长约尼上校是两次荣任以色列总理内塔尼亚胡的哥哥。

摩萨德特工暗杀机器全球最狠。“摩萨德”全面负责以色列的对外情报工作。一方面“摩萨德”要打击以色列的敌人，侦察、获取敌方的机密，并且在阿拉伯国家之间挑拨离间；另一方面，它还要打破其他国家对犹太复国主义的孤立，并进行渗透。这也是“摩萨德”的两个重要政治目的。为了这些目的，“摩萨德”在世界各地采取的手段可谓五花八门、凶狠毒辣。暗杀、劫持、破坏、利用外交手段搞恐怖活动……上演了一幕幕惊心动魄的特工杰作。在冷战时代，摩萨德是一个令人感到十分神秘但又足以令所有国家，尤其是以色列的中东敌对国感到胆战心惊的谍报部门，其活动能力和影响力足以和美国的中央情报局媲美，并非浪得虚名。比如说摩萨德特工盗取约旦前国王尿样，从而摸清他身体健康的行动；摩萨德特工从伊拉克总统萨达姆的眼皮底下将50卷价值连城的犹太教珍本古籍悄悄地偷运出境的行动都是它近年来的经典之作。摩萨德还掌握了克林顿与莱温斯基长达30个小时情意绵绵的录音，并曾想以此要挟克林顿。

2010年1月，一场哈马斯高官在迪拜遭暗杀风波把以色列情报机构摩萨德推到风口浪尖，关于涉嫌参与暗杀行动的摩萨德特工小组的各种传言和揣测甚嚣尘上。以色列是西方世界唯一公开实施暗杀行动的国家，其最高情报机构摩萨德的特工更是惯于通过暗杀这种将成本和舆论影响都尽量降低的方式来消灭敌人。这种不是你死就是我亡的行动理念，加上超间谍技能，使得摩萨德特工成为世界情报界"没有最狠，只有更狠"的角色。

(二)拥有严密的组织机构

在以色列特拉维夫市南端海滨，有一座很不起眼的陈旧的棕褐色小楼，这就是大名鼎鼎的摩萨德总部。摩萨德组织极为严密，机构比较健全，9大处分兵把口环环相扣。根据任务不同，其机构设有协调计划行动处、秘密情报收集和特殊使命处、政治行动与联络处、干部财政安全事务处、训练组织事务处、调查处、战术行动处、技术事务处和派遣装备处等9个处。

摩萨德9大处都有不同的任务分工。协调计划行动处的主要任务是负责策划、决定行动方案和有关事宜协调，以及实施任何一个行动的具体时间、地点和任务。秘密情报收集和特殊使命处负责通过多种手段搜集秘密情报，在海外设有规模不等的联络站，主要负责监督和执行海外谍报工作，并对获得的情报进行分析和整理，该处是摩萨德最大的机构。政治行动与联络处主要负责监督和执行政治行动，同以色列的盟国进行情报合作，同时还与没有同以色列建交的国家或地区建立秘密联系渠道。干部财政安全事务处负责管理摩萨德的人事、资金，以及内部保卫工作，是摩萨德的行政机构，主要负责摩萨德日常的机关工作，并不承担过多的情报职责，唯一的情报使命是负责摩萨德内部的安全工作。训练组织事务处负责摩萨德人员的招聘、考核，并负责对新特工进行谍报技能训练，并为其他情报机构培训人员。调查研究处负责分析和判断所搜集的国内外重大情况和事件，并向局长提供内阁会议和总理所需的周边国家等政治和国际战略的情报分析。战术行动处下设特别行动部和精神战术部。技术事务处负责为摩萨德的情报工作提供技术支持，如先进的无线电台、密码通讯手段等，同时还承担着摩萨德进行特别行动时所需通讯等方面的协调与联络工作。派遣装备处负责向国外派遣间谍，采办、分配和管型情报专用设备。此外，摩萨德还设有8个地区办公室，分别承担在中东、南美、俄罗斯及东欧、非洲、亚太地区、地中海地区、欧洲、北美的情报工作，并合作管理设在各个地区的情报站。虽然摩萨德的大部分活动都不为人所知，但仅媒体公开的部分，就足以令以色列骄傲。摩萨德和美国中央情报局、英国军情五处、苏联克格勃被公认为全球谍海四强。

在以色列情报界，摩萨德与辛贝特(以色列国内安全总局)同属政府情报机构，与隶属于以军参谋部的军事情报局(阿穆恩)一样负责搜集境外情报。但由于摩萨德局长同时担任情报与安全委员会主席职务，是总理的首席情报顾问，因此实际上它起着以色列中央情报机构的作用，是以色列最重要的情报机构。因此，摩萨德的局长向来都由总理亲自任命，直接受其领导且只对总理个人负责，并定期向总理汇报报情况。在所有内阁成员中，也只有他才是有权不经过通报便可直接面见总理的特殊人员。以色列内阁还有一个与世界其他国家内阁不同之处，就是在全体内阁会议之外，还有一个核心内阁会议。这是个有最高决策权的机构，所有重大行动和关于国家战略利益的决定，只在这个内阁中商议讨论。这个内阁只有5人，包括总理、外交部长、国防部长、财政部长和摩萨德局长。摩萨德局长权责之重可见一斑。上世纪60年代后，以色列法律还规定摩萨德局长的姓名为国家机密，不得公开。这规定直到上世纪90年代才废除。

(三)摩萨德主要任务

虽然摩萨德的机构编制较小，不过它的作风精干、办事凶狠、行动缜密，而且它的保密工作令人叹服。它的行动几乎遍及世界每一处，然而许多事只有在时过境迁之后，才会留下一些捕风捉影式的报道，在人们的头脑中只留下一些似是而非的悬念和猜想。总的说来,摩萨德的活动非常广泛,凡是涉及以色列国家安全的都属于它的活动界限,具体来说,主要包括:

一是情报收集。这是摩萨德特工在国外活动的主要责任之一。打入境外的特工往往有专门的特殊的身份,通过身份的掩护,特工往往取得所在国国民的承认,进而逐步进入核心的、秘密的部门以窃取特定所需要的情报。这类情报主要是军事上的,因为以色列在建国后一直就处在周边的敌视之下,处于严重的生存危机之中,只有维持强大的武力才能有存在的理由,而军事情报是维持强大的武力的重要内容。除了军事情报以外,也不乏政治情报,包括各国的内部政治情况等,以色列的外交政策就往往是根据各国的政治局势来制定的。在这类活动方面,摩萨德特工中出了两位佼佼者,一个是打入叙利亚的伊利·科恩,一个是打入埃及的沃尔夫冈·洛茨。科恩和洛茨就分别打入了这两个国家的军政界上层,为以色列收集到了价值难估的军事政治情报。

二是暗杀与绑架。这两个恐怖活动主要是针对那些严重威胁以色列国家和国民安全的人。这些人主要是激进的政治对手。他们基本上都信奉通过武力和恐怖活动来解决问题,而作为以色列的对手,他们的行动对象又往往是犹太人。对于这些人以及他们的恐怖活动,以色列则采取"以牙还牙"的对策与之针锋相对。比如1972年反击残酷杀害参加慕尼黑运动会的以色列运动员的"黑九月",1988长途奔袭突尼斯暗杀巴勒斯坦高级领导人阿布·杰哈德等。此外,还有的人虽然没有直接威胁到以色列公民的人身安全,但是对国家的机密造成了重要的破坏或泄漏,对这些人,摩萨德同样不会客气相待,比如1986年绑架泄露国家核机密的瓦努努等。摩萨德的此类"以恐怖反恐怖"的活动引起国际舆论的激烈争论。

美国、俄罗斯、欧盟以及国际人权组织则对以色列的暗杀行动进行了批评,认为这同那些自杀炸弹事件一样残忍。一位人权组织的成员说,"谋杀不能取代严格的法律程序"。美国国务院发言人鲍彻也表示:"我们不认为这种有目标的谋杀是一种好政策。它是错误的。对任何受其波及的人都是一个可怕的悲剧。"国际人权组织认为,以色列的这种暗杀行为违反了相关的国际公约。国际人权组织还批评以色列没有提交任何有关他们暗杀的被怀疑者的可靠证据。但是以色列却有自己的看法。以色列认为：暗杀是为了自卫或称为“预防性打击”。以色列强调说，它目前只是在与恐怖主义作战，它有消灭它的敌人的法律和宗教上的权利。前总理沙龙曾对以色列记者说，这种秘密暗杀行动将持续下去。“我们正在采取许多特别行动和突击行动来对付恐怖分子。”他说，“其中许多不为人所知，但其中有许多都是十分成功的。”

三是偷窃。一说起偷窃，我们很容易联想到水浒英雄时迁，或者《偷天陷阱》里面的美女大盗，然而要是推选偷盗之王，则非摩萨德特工莫属了。为了获取富有价值的情报与物资，摩萨德特工在不能以公开的方式(比如政治谈判、正常的商业购买)得到的情况下，往往采取偷盗的手段来获得。偷窃的目标，除了软性情报以外，也包括各种重要的实物，比如飞机、铀料、导弹快艇等军用物资。偷窃的进行往往是和其他方式相结合的，包括身份的伪造、策反敌方人员等，不一而足。摩萨德偷窃的成功行动以60年代从法国盗取导弹快艇、从伊拉克策反米格21飞机飞行员、从瑞士偷到幻影战机图纸等为范例。

四是对外联络。摩萨德还有另外一个不太为人所知的行动是负责外交关系的秘密联络。秘密联络是在阿米特时期充分发展起来的，但是它来源于首任局长罗文·希洛的“外围战略”思想。在阿米特担任局长以后，积极推进以色列同别的国家的交往，以至于使得摩萨德的政治与外交联络部发展成为“第二外交部”，而它所负责的外交活动则被人们称为“准外交”。摩萨德所负责的外交活动往往是那些有必要进行但是却不可以公开的。通过摩萨德与以色列交往的国家有土耳其、摩洛哥、肯尼亚、印度尼西亚、伊朗、尼日利亚、罗马尼亚等，他们要么出于意识形态，要么出于政治考虑，都不可能公开宣布与以色列建立外交关系，但是他们对以色列都有这种或那种的需求，于是就通过秘密的途径来进行相互交往，而这对于谍报机关摩萨德来说正是拿手戏。

二、摩萨德的来龙去脉

在当今世界各国情报机关中，财大气粗的要数美国的中央情报局，人多势众要算前苏联的克格勃，历史悠久首推英国的军情五处，但历史短，人数少，资金也并不雄厚的以色列情报机关，比起这些大哥级的老前辈，所取得的成绩有过之而无不及。

(一)在危乱中建立

在第一次世界大战中，犹太人哈龙和他的女儿莎拉建立的间谍网出人意料地成功获取了德国生产芥子气作为化学战武器的绝密情报。

1920年，在巴勒斯坦的犹太人又成立了一个叫做“沙伊”的专门搜集情报的谍报部门，这可算得上是今天以色列情报机关的前身了。1936年，“沙伊”的间谍网已经覆盖了整个巴勒斯坦地区，可以向“哈加纳”提供阿拉伯人各方面活动的情报。在第二次世界大战中，犹太人成立了两个具有谍报性质的犹太旅和犹太自卫军组织，配合盟军作战并维护自身的利益。后来，两个组织合并起来，形成了今天以色列安全情报部门的雏形。

沙龙搀扶以色列总理古里安

1937年，巴勒斯坦的犹太人又成立了名为“摩萨德”的组织，专门负责为巴勒斯坦地区的犹太人地下武装购买和偷运武器，并负责向巴勒斯坦组织偷运犹太人移民，最初总部设在法国巴黎。1940年巴黎被纳粹德国占领后，“摩萨德”转入了更隐蔽的地下，也更积极向巴勒斯坦地区偷运武器和组织非法移民。在这一时期，巴勒斯坦地区还出现了像“伊尔贡·兹瓦伊·卢米”、“特恩帮”之类的犹太人恐怖组织及其所属情报机关。

1948年，巴勒斯坦的犹太人建立以色列国。以色列第一位总理戴维·本·古里安和其他政府官员宣布以色列国独立之时起，他们就意识到，一定要组建一个有特色的情报机关来帮助他们求得生存。他们认为国家是地球最小的国家之一，但谍报机关必须是世界上最优秀的。不过在建国之初，以色列有好几个职能重复的情报机关，相互间争功邀赏，常产生摩擦。为了以色列的国家利益，古里安总理的心腹、曾在犹太自卫军中享有很高声誉的伊塞·哈雷尔就向古里安总理建议：必须成立一个统一的专业特工部，以改变现有的各特工组织群雄争霸的局面。这也正是本·古里安心中所想。因为在这个刚成立的国家，政府必须有一个高效率的情报机关作为它的左膀右臂。

沙龙护送以色列总理本·古里安

摩萨德的成立带有戏剧色彩，它源自于以色列情报局内部的一次严重的叛乱。以色列成立之初，情报界之间的分工非常模糊，职责往往相互重叠。当时共存在有阿穆恩、辛贝特、外交部政治处、阿利亚-B四个情报机构，他们的分工大致是阿穆恩负责军事领域情报，辛贝特负责国内安全事务情报，外交部政治处负责海外的谍报收集并与外国安全机关建立关系，阿利亚-B负责有关移民的一切事务。建国初，以色列面临着周边国家巨大的压力，而这种压力关系以色列的生存。可以想象，此时的以色列对军事情报是迫切需要的。尤其是1950年朝鲜战争升级、美苏关系滑坡后，其对军情的需要更是与日俱增。

然而，令人失望的是，作为海外谍报刺探机构的外交部政治处对此贡献相当有限，他们的重点放在了诸如其他国家的政治计划、经济建设工程之类的事情上，这些信息对当时的局势来说显然助益有限。不但如此，那些海外间谍在欧洲肆意挥霍，生活十分奢侈，这就更引起了其他情报人士的愤怒。作为阿穆恩的负责人，吉布利首先向政治处发起挑战，接着，辛贝特局长哈霍尔也成了吉布利的盟友，他们在向海外派驻了各自的谍报人员后，很快就在各个方面形成了竞争，并逐渐导致情报的混乱。

总理吉里安对此十分光火，于是下令对情报机构进行整治。起初，整顿工作在罗文·希洛的领导下有条不紊地进行着，看来一切还算顺利。但是那些原属政治处的谍报人员却对此大为不满，在一个名叫本·纳坦的高级谍工的领导下，他们拒绝服从这一由最高领导人执行的改组，他们提出了集体辞呈，并焚烧了手中所有的秘密档案。这一反叛行为遭到了总部的重视，罗文·希洛在总理的支持下把反叛者抛弃一边，全力改组，结果“情报暨特别任务局”成立，就是大名鼎鼎的“摩萨德”。这一天，是1951年4月1日。4月1日是西方的“愚人节”，这是一个特别的日子，似乎说明了它从一天开始就要愚弄整个世界。

成立之初，摩萨德有多种名称，以色列秘密情报局、以色列情报和特别任务局、中央协调局、中央情报与安全局……这些字眼人们都曾用来称呼过这一特工机构。然而，人们最终还是无一例外地选择了以前偷运武器和组织非法移民的机构名称“摩萨德”，这一充满神奇色彩且令人自豪的名称。自然，出任这个新成立的已极具权势的情报机关的首脑之职，落到了罗文·希洛身上。不久，希洛因在一次车祸中头部受伤，身体状况一直不佳，1952年9月20日，罗文·希洛辞去了摩萨德局长职务并交给了伊塞·哈雷尔。在哈雷尔的领导下，权力得到了重新分配，大批经过长期精心训练的特工人员被分派到中东各国执行间谍任务。摩萨德全力收集海外谍报，并直接向总理负责，而情报所引发的特别行动以及周边国家军事情报则由阿穆恩负责。摩萨德几乎就是国家的耳目,使以色列国家安全须臾不可离开。

(二)在战斗中发展

在摩萨德成立伊始，初出茅庐的情报界与建国伊始的整个以色列社会一样,开拓精神占主导地位,人的作用也被视为最最重要的因素。这一时期的摩萨德局长伊塞·哈雷尔同时兼管辛贝特(国内安全总局),成为以色列情报界的中心人物和情报系统的首脑。

作为摩萨德的真正奠基者,哈雷尔确立了以色列情报系统的性质。哈雷尔认为,情报局长要为下届树立榜样,情报部门的所有人员应该像他那样爱国、无私和充满热情。作为一个崭新的情报机构,摩萨德缺乏老牌情报机构所拥有的经验和传统。但是建国之初的新奇和热情,却使得他们敢于去摸索经验和创造自己的特色。当特工们接受了任务却不知如何去完成时,他们便会被告知:如果你被扔出了门,那就再从窗户钻进去。正是凭借着这种坚持不懈的精神,年轻的摩萨德初露锋芒,并逐渐积累了自己的经验。冷战时期是摩萨德发展史上的一个黄金时期,它在世界各地大显身手。

几乎所有的情报人员的背景都是相同的:欧洲出生的犹太人,能讲多种语言,各自都为自己的教育程度和修养感到骄傲。他们形成了一个英国式的“兄弟会”,将国内社会的内聚力令人惊诧地变成了在外行动时意志的统一。他们总是认为,自己领先甚至绝对领先于他们的阿拉伯敌手。然而,有些在外行动的以色列间谍的行为则有失分寸，他们整日在高级旅馆套房和豪华餐厅里做着间谍梦。这些人的表现与哈雷尔的清教主义和生活从简的原则发生了冲突,并最终被哈雷尔毫不留情地踢到了一边。

20世纪60年代,摩萨德完成了从人工情报向现代化情报工作的转变。原阿穆恩(军事情报局)局长梅厄·阿米特接替哈雷尔成为摩萨德局长。他虽然不像其前任那样兼管辛贝特,但摩萨德仍然控制着以色列整个情报界。阿米特推出了更为专业的招募和训练特工的办法，在强调人工情报的重要性的同时,也把计算机和其他技术手段引进了摩萨德。从那之后,美国大型企业的管理方式被引进了摩萨德。摩萨德的海外情报搜集和特工步入了正规化的轨道。摩萨德在这一时期取得了多项令世人瞩目的成就，特别是因中东战争的情报保障而将其成功推向了顶点。1966年，摩萨德巧施美人计，将伊拉克一名飞行员迷倒，偷走苏联当时提供的最先进的米格–21战机，使以色列军方得到该战机的详细资料。

以色列的种种成功，使得以色列情报界在上世纪70年代染上了自高自大的毛病，认为自己因无所不知、无所不能而不可战胜。另外，对于战争后新占领土的管理和控制也分散了情报部门的精力和注意力，应该说，这一时期军事情报部门的自负要远远超过了摩萨德。自负的以色列情报部门终于在1973年的第四次中东战争中，受到了应得的惩罚。战争结束后，围绕未能预测战争威胁的责任问题，各情报机构各执己见，互相推诿，从而导致了情报界的四分五裂，并大大削弱了以色列国民对于情报机关的信任。曾被军界和政界视为无所不知的情报部门，转眼间变成了闭目塞听的乡巴佬。

以色列总理的贝京

进入20世纪80年代，先后担任以色列总理的贝京和沙米尔，均系特工出身。他们不仅对情报界的秘密行动很感兴趣，而且鼓励情报机关采取令人振奋的历史性行动，企图以此恢复情报机构的活力和重塑以色列的国际形象。贝京经常出于感情和政治方面的考虑，而将安全及情报工作需要的职业特性抛在一边，这样就使其堕入了冒险主义。每当他认为以色列需要得到保护的时候，便会置摩萨德等情报机构提供的客观分析材料于不顾，大胆出击，并敢于冒险。因此在这一阶段，摩萨德特工人员受到赞赏的不再是他们的智慧，而是他们的蛮干。1986年，一名摩萨德女特工把叛逃到英国的以色列核工程师瓦努努从伦敦引诱到意大利度假，让他糊里糊涂地吞下安眠药，被摩萨德押回以色列，并以泄露国家核机密的罪名推上审判台。到了上世纪80年代末期，摩萨德领导人的观念也随着政府领导人的政策而发生了重大变化。

他们虽大胆向部下授命，但却忽视了对他们的管理，结果造成了许多不应有的失误。由于各情报机构之间的群雄争斗，内耗随之加剧，效率开始明显降低。

以色列总理沙米尔

由于各种原因，近年来摩萨德在执行任务时屡屡失手。1992年11月，在刺杀萨达姆的荆棘行动演习中，5名摩萨德特工身亡，行动被迫取消。1997年，摩萨德特工企图用毒针刺杀当时的哈马斯政治局主席马沙勒，结果却被约旦警察抓获，最后为换取这名特工，摩萨德不得不交出解药，并释放哈马斯精神领袖亚辛等人。1998年，摩萨德人员在瑞士准备一次特殊行动时被瑞士警方发现，一名特工被捕判刑，导致当时摩萨德局长亚图姆辞职。出现如此多的失败在摩萨德历史上是空前的。这主要是由摩萨德内部权力斗争激烈，新老特工互不买账，内耗严重引起的。解决这些问题，自然需要一次大刀阔斧的改革。

为此，以色列政府对摩萨德进行了有史以来最重大的改革。令许多专家感到震惊的是，改革完成后，这个间谍遍布全球的情报机构将放弃绝大部分间谍职能，改组成为一支全球化的特种作战部队。摩萨德改革后，以色列三大情报机构摩萨德、以色列国内安全总局(简称辛贝特)和隶属于以军参谋部的军事情报局将重新分工：辛贝特主要负责以境内的安全情况调查和反间谍工作;摩萨德将大部分情报搜集工作转给军事情报局，军情局将由原来单纯搜集军事情报转为在全球范围内搜集各种情报，职责范围明显扩大;摩萨德的主要任务则是在世界范围内开展特别行动，包括消灭针对以色列和西方的恐怖组织、抓捕恐怖分子头目以及摧毁其拥有的大规模杀伤性武器等。

根据现领导人梅厄·达甘制定的改革计划，摩萨德在国外的大部分情报机构已被关闭，情报网及其担负的情报职能由军事情报局接手。摩萨德的所有人员正在根据新计划,进行业务和人事上的调整。调整后摩萨德将按区域和任务组成不同的战斗分队,并开始进行相应的训练。

(三)以色列其他情报特工机构

以色列在建立摩萨德后又成立了两个情报机关，承担其他方面的秘密任务,以减轻"摩萨德"的工作量,使其能集中精力于情报搜集工作。一个是国内安全总局,简称辛贝特,主要是保护政府首脑和国家重要设施的安全,同时担负以色列国内反间谍反颠覆使命,有点类似美国的联邦调查局。下设阿拉伯处、东欧处和反恐怖处三个部门。另一个是军事情报局,简称阿穆恩,主要负责搜集军事领域的情报。这在一定程度上与摩萨德的使命有些重复,所以不免会有摩擦产生,这在1973年10月的第四次中东战争中,给以色列带来了巨大的灾难。摩萨德1973年5月就掌握了埃及与叙利亚即将发起战争的情报,并发出了警报,以色列政府据此进行了动员,进入了战备状态。但埃及与叙利亚为了迷惑以色列,在正式开战前实施了"兵不厌诈"的战略欺骗,多次征召预备役人员,然后复员;接着再征召、再复员。并多次组织部队的集结与开进演习,结果使摩萨德的第一次警报成为谎报。

以色列还有几个秘密部门,第一个就是总参谋部侦搜队。由于1954年四名以军士兵在戈兰高地设置监听装置时被叙利亚军俘虏，并受到了酷刑逼供。使以军深切体会到情报收集的困难,因此决心建立一支具有较强专业性的侦察搜救突击力量,经过精心筹备于1957年正式成立。这支部队直属于总参谋部领导,被誉为"总参谋部之子",主要使命是从事战术侦察、情报搜集以及营救人员等，其成员主要来自阿拉伯地区的犹太人后裔和遭受阿拉伯人迫害的少数民族,因此对阿拉伯人比较仇视,具有较高的士气。日常训练是在英国特种部队特别空勤团SAS的训练科目基础上进一步加以提高,具体内容被列为机密,秘而不宣,唯一知道的就是淘汰率高。这支部队与众不同之处是非常注重团队精神,组织形式类似家族式,一旦加入就得终生为之服务。这支部队是以色列国防军的军中骄子,其作战技巧、战斗力、士气均堪称军中典范，并且是以军新装备的测试单位，可以最早装备以军的新型武器。特别是这支部队的军官升迁比较快，以军很多高级将领都出自这支部队，如1991年4月出任总参谋长，并于1999年5月作为工党领导人当选总理的巴拉克就来自这支部队。

以色列特种部队士兵

以色列其他担负秘密使命的机关，专业针对性较强，一个是外交部情报研究司，另一个是警察总部调查部，分别负责外交和刑事领域的情报搜集，因规模较小，也没有什么突出的成就而不被人注意。

除了以上这些从事情报搜集、安全保卫的秘密机关外，以色列还有一支担负特殊作战的突击队性质的武装力量，也就是平时所说的特种部队。该部队成立于1953年，成员都是从各部队中精选出的尖子，最早番号为101部队，首任指挥官就是赫赫有名的鹰派人物、1981年任以色列国防部长的沙龙。1954年，因为该部队在吉比亚村屠杀平民而引发著名的“吉比亚村事件”，遭到国际社会的一致谴责，在巨大压力下，101部队被迫解散。但事隔不久就重新扩编为第202空降旅，旅长仍是沙龙。以该旅为骨干的以色列特种部队，被称作“哈贝雷”，(希伯莱语，意为野小子)，其成员必须经过包括步枪、机枪、火箭筒、迫击炮在内各种武器的使用，跳伞、游泳、拳击、柔道、登山等技能，野外生存和敌后渗透作战的严格训练，年龄在30岁以下，军官还必须经过美国北卡罗来纳州“绿色贝雷帽”特种部队基地的培训。全旅约3000人，从旅长到普通一兵，无一不是身强力壮、精通多种技能的精兵强将，着装为头戴红色贝雷帽，胸缀银鹰空降徽章。在实战中常采用十二人一组的小分队，单兵多使用苏制AK47突击步枪或美制M16自动步枪。

三、摩萨德特工的招募与培养

尽管在各国谍报机构中，摩萨德属于规模较小的机构，但却因其行事干净利落、作风强悍、行动缜密、不留痕迹而跻身于先进情报机构之列。摩萨德之所以如此声名显赫，这与其独具特色的特工招募与培养是分不开的。

(一)摩萨德招募条件苛刻

摩萨德受过严格训练的专职和兼职特工约2500–3000人，并依靠散居在世界各地的犹太人，能够比较便利地开展活动。这些人分布在世界各地。他们所从事的工作上至外交官、技术专家、新闻记者、巨贾富商，下至饭店服务员、秘书、私人司机等三教九流，简直无所不包。他们几乎无一不是经过特殊训练，每人都有各自的拿手好戏，从窃听、爆破、偷情报到袭击、绑架、暗杀，个个身怀绝技。

摩萨德招募特工的方式也十分隐秘。有时候，它通过建立挂名公司的办法来招募特工，招聘地点通常设在远离市区的郊外没有明显标记的大楼里，招募人员只字不提摩萨德这个名字，只是询问申请者是否对为国家服务和到国外旅游感兴趣。有时候，摩萨德打着为国外招募特工的旗号来招募特工，而许多被招募的特工人员自己都被蒙在鼓里，他们根本不知道是在为摩萨德收集情报。摩萨德招募特工的另一种常用方法是朋友介绍朋友。凭借着以色列错综复杂的间谍网络，那些职业谍报人员会谨慎地向摩萨德推荐他们的亲戚或最可靠的朋友来替这个谍报部门效力。

摩萨德招募特工条件极为严苛。情报部门首先按规定遴选出候选者必须是犹太人，最好曾在以军服役，特种部队老兵和军官是首选。他们大部分有海外背景，在北美或欧洲成长，通晓英语和多种欧洲语言，发音标准。通过首轮选拔后，候选者就会接受持续数月的各种测试，包括心理测试和背景调查。摩萨德对候选者10岁以后交的所有朋友都要进行了解。经过层层选拔和淘汰后，幸运留下的人接受“试训”。摩萨德赋予给他们新的身份，让他们执行外人看来“不可能完成的任务”，例如，在15分钟内获得一个陌生人的名字、住址、银行卡号和父母姓名等信息。“试训”阶段，候选者面临巨大心理和精神压力，大部分人会自动退出或遭劝退，最后，只有极少数人能够通过考验，成为摩萨德特工。摩萨德还曾伪装成别国情报机构，以此来招募特工或者给这些被蒙在鼓里的新雇员派任务。而有时候，这些伪装的他国情报机构也被用作考验真正摩萨德特工的忠诚度。那些拒绝执行针对以色列的任务的特工相当于通过了忠诚度考试，往往会迅速在摩萨德内部获得提升。

人才招募在哈雷尔时代完全是封闭式的，到阿米特时期则转为半公开式，而2000年，摩萨德更是广贴海报，实行全球性公开招聘。这种通过正规挑选的人员要接受严格的、科班式的训练。在哈雷尔时代，这主要是通过英式“校友会”朋友的举荐，因为哈雷尔推崇直觉判断。那时候，一位受过合格教育或在某个特定军事单位中服过役的老熟人就是一名恰当的间谍人选。梅厄·阿米特任摩萨德局长时期，推出了更专业的招募和训练方法，稍稍脱离了分析家称之为“人工情报”的方法。阿米特一向强调招集优秀人才的必要性，但他也把计算机及其它技术手段引进了情报界。阿米特说：“谍报是一种智力斗争，技术的运用及其它方面的改进只对人的思维劳动起辅助作用。以色列使用的是人与机器的组合体，而在这种组合体中，人是决定性的因素，情报界的情形更是如此。”阿米特希望摆脱对那些在哈加纳及其它建国前的地下组织中与其共同战斗过的“老朋友”的依赖。哈雷尔当年是凭直觉招人，而这位摩萨德的新主人则像美国大型企业那样招人。他采取一些更为系统的方法，大多在精锐的军事部门挑选人员，这些人必须表现出“进取和首创精神、机敏的素质、坚定的意志以及与敌人一比高低的强烈欲望”，为了能够像管理一个大公司那样管理以色列对外情报机构，阿米特将摩萨德从特拉维夫的国防部大院搬进了新的办公楼。对于老一辈来说，这些办公楼实在过于奢侈豪华，所以，最初的关于浪费甚至腐败的指责也就出现了。

如今，以色列人常常被一幅醒目的广告所吸引：天蓝色背景下，画有以色列国徽的深蓝色大门敞开着，广告词称，以色列情报局(即摩萨德)的大门向你打开：发挥你的潜力，开发你的能力，前面是广阔的未来和崇高的贡献。号称世界四大间谍组织之一的摩萨德竟然也公开刊登招聘广告，这对习惯于对国家安全和机密守口如瓶的老一辈犹太人来说实在难以接受。摩萨德前局长阿米特无奈地承认，时代不同了，如今谍报工作后继乏人。老一辈人可以毫无怨言地为复国理想奋斗，而当今的年轻人则注重个人价值的体现。虽然摩萨德现在比以前任何时候都更需要优秀的特工，但由于生活在和平环境中的年轻人对国家安全观念淡薄，禁不住高科技企业优厚待遇的诱惑，根本不愿到国家安全机构工作，使摩萨德面临前所未有的严峻挑战。

摩萨德公开招聘特工的计划得到了以色列总理的支持和批准。总理为此发表声明说，目前情报部门已难招聘到一流人才，摩萨德必须适应人才市场竞争，效法美、英等国，采取公开的方法征召精英。确实，面向21世纪，随着国际形势的缓和，随着和平与发展成为世界的主潮流，因纷乱的中东局势而名声大噪的摩萨德如何处理好自己的地位与形象的确是一个很大的问题。很难预测摩萨德在21世纪会获得多大的成功。每当一位以色列情报官辞职或退休的时候，他总是声称情报界已今非昔比。那些“创业者”认为，过去一切美好、优秀的东西正在逐渐衰变，得以幸存的微乎其微。现在，提高士气和不断吸收优秀人已经成为两个不可回避的难题。

(二)淘汰度较高的训练

在训练计划上，最初是情报工作的基础训练，这与世界上任何一个国家的情报机关对新特工的训练并无区别。其中包括使用密码，运用各种枪枝和器械，练习柔道、格斗技术等。除此之外，另一些训练则是摩萨德的技术“专利”。如用在羽毛中装有电子发射装置的信鸽来进行空中侦察，操纵在机身中装有电视摄像机的航空模型飞机等。在这些基础训练中，也包括连续不断的记忆训练。比如，首先给受训者看一部电影，突然放映机停了下来，教官马上要受训者们详细地讲述刚才看见的一切，例如，要求说出刚才画面中出现的20件东西是什么以及它们的形状和颜色。这种训练枯燥而且伤脑筋，但是对从事间谍工作的特工来说则是必不可少的。摩萨德通过这种训练，可以在很短的时间里提高间谍们对图纸、文件、照片的记忆力。他们还要练习如何进行跟踪而不被发现，或让别人跟踪自己再设法甩掉“尾巴”。如果学员轻松地完成了任务，教官就会派出更有经验的对手以增大训练难度。

训练中的以色列特工

此后，学员将接受更为全面的训练，使他们能更适应派往国家的生活环境。首先，他们必须熟练掌握派往国的语言，并从外表上看与当地人没有明显的区别。摩萨德的一个极为有利的条件是以色列人的多民族性。在来自世界各地的犹太移民中，摩萨德可以轻而易举地挑选大批熟悉所在国情况的间谍。训练的最后一个阶段是间谍生活的关键时刻，实际上是训练一些日常生活中涉及到的内容，比如，在进行活动的地区应该怎样穿着？与人们聊些什么？付多少小费等。而那些分到欧洲国家的情报人员，则必须背出每月联赛足球队的比赛成绩，甚至还有这样的情况，教官要考问当国国家足球队主力队员的姓名。这是一种文化性训练，它之所以重要，是因为它涉及到间谍的身份，而间谍的身份一旦暴露，后果是不堪设想的。

在结束一切课程之前，年轻的情报人员为完成他们的毕业考核得到了一个新的“身份”。为了避免复杂的家庭背景带来的麻烦，发给他们的伪造护照往往证明他们是孤儿。所有训练结束后，有一个实习期，在这个实习期内，谍报人员将受到最后的考察。根据考察的结果来分配未来的工作。在这个实习期，有的人能够顺利地通过考察并如意地被分配到国外工作，有的人却在这时功亏一篑，比如，曾有一个受过训练的间谍在实习时被发现是一名同性恋者因而被教官劝退。训练结束时，每个学员都得到成绩单。那些成绩一般的人留在总部办公室工作。在情报分析处收集、分析情报，在联络处负责与友好国家的情报部门保持联系，或在秘密的外交部里工作(这个秘密的外交部负责处理与以色列没有外交关系的非外交渠道事宜)。只有那些成绩特别优异，大约占总数八分之一的人，有幸被分配到负责向国外派遣行动和暗杀小组的"特别行动处"。

这种科班式的训练并非没有淘汰程序。实际上，能够在整个训练与考察中坚持下来并合格的人数往往不到总受训者的60%。除了这种正式的招募与训练外，摩萨德还有一种非正式的招募特工的机制，这套机制是为了弥补前一种制度的不足而设立的，这就是适时挑选与策反制。每一个特工或特工小组在被派往国外执行任务时，为了行动的需要，不可避免要接触到当地的人，这些人形形色色，但是在摩萨德特工看来都具有潜在的价值——只要时机得当。为了进一步获得情报的需要，摩萨德特工根据所接触的人的具体状况，会通过种种手段(往往是金钱与女色)引诱对方为自己效力，甚至通过对方建立起一个更为安全有效的间谍网(当然，这样做也是有一定风险的，所以摩萨德在这方面比较慎重)。被选择与被策反方有可能是训练有素的职业间谍，更有可能是并未受到特殊的正规训练的非间谍人员，但是这并不重要。由于这种机制相当灵活，而且被挑选的人员正是所在国家的公民，通过它，往往能够收集到摩萨德特工在一般情况下收集不到的机密信息。可以说，这种机制是对前述正规机制的重要补充。

摩萨德下属最重要的机构是代号为"凯撒里亚"的特别行动队，类似特种部队。这一机构的新人需要接受一至两年的严格训练。新人需要尽快掌握大量间谍基本技能，包括跟踪、反跟踪、偷拍、窃听、徒手格斗、使用武器炸药、驾驶各种交通工具包括飞机、以及"经营"自己的假身份。他们长期远离家人朋友，在海外执行任务。摩萨德向每位特工提供心理咨询服务，以免他们因压力过大而崩溃。特工生涯较短，通常不超过7年。"退役"后，他们将不再抛头露面，大多返回总部工作。

(三)间谍技术手段高超

无论在冷战时代,还是冷战后时代,摩萨德始终都是一个令人感到十分神秘但又足以令所有国家感到胆战心惊的谍报部门，其活动能力和影响力足以和美国的中央情报局媲美。自20世纪60年代起,从跨国追捕纳粹战犯艾希曼到全球追杀巴勒斯坦恐怖组织“黑九月”,……效率惊人的摩萨德,制造了许多血雨腥风。

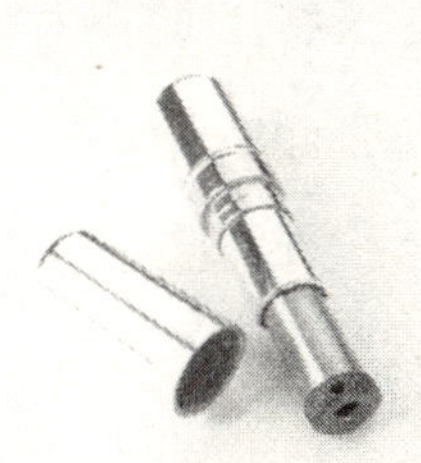

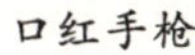

口红手枪

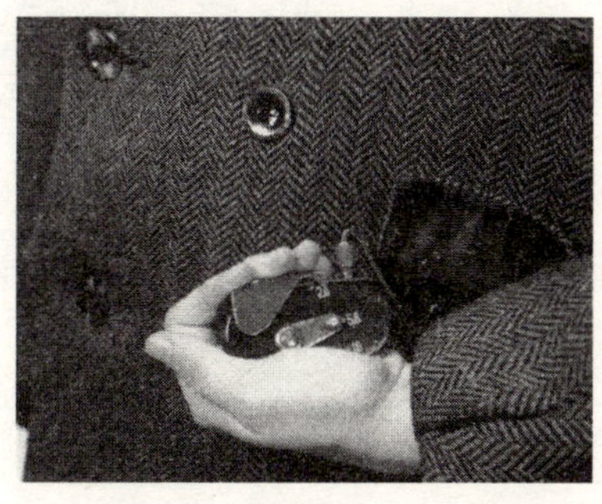

扣眼相机

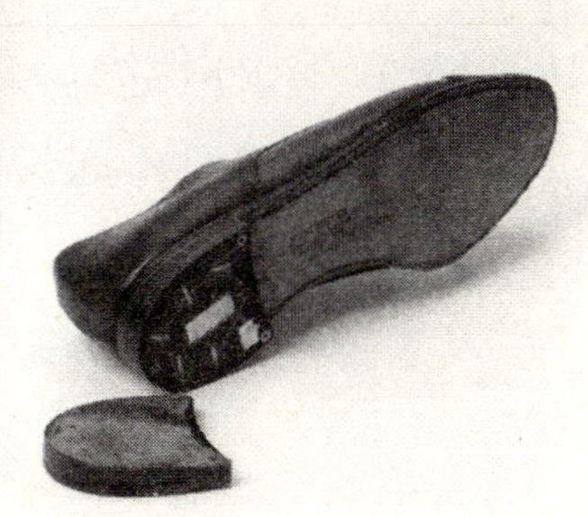

皮鞋发射机

摩萨德利用高技术进行情报收集,其水平之高,全球难有与其比肩者。美国白宫堪称壁垒森严，但对以色列电脑高手来说，钻进去也只是小菜一碟。摩萨德的“飞箭”特工队,目标是所有外国的机要部门。他们放言:世界上没有一个国家的使领馆“飞箭”不曾光顾过,白宫也不在话下。美国白宫、国务院的电话,甚至克林顿总统的电子邮件,摩萨德均能获取。

摩萨德还掌握了克林顿与莱温斯基长达30个小时的录音。在1998年斯塔尔向美国国会提交的对克林顿性丑闻的调查报告中，人们大多忽视了这样一段话:莱温斯基说,1997年3月29日,她和克林顿在总统办公室拥抱时,克林顿对她说,他怀疑某国使馆一直在窃听他的电话。克林顿还对她说,如果有人问电话调情如何解释，就说他们为防范窃听,将计就计,用调情来迷惑对方。

克林顿与莱温斯基

而美国联邦调查局对这一段话高度警觉。当

即跟踪一位在美国电话公司工作的以色列人，他的妻子是以色列使馆外交官，据说是摩萨德官员。特工搜查他时，发现了一份联邦调查局最敏感的电话号码清单，非常吃惊。美国国家安全委员会反情报部前主任梅杰称，以色列人搞情报就像打仗，永远处于战争状态，而且不惜任何手段。白宫和以色列对此都矢口否认，称摩萨德早有定规，不准在美国从事非法谍报行动。然而，摩萨德的最高准则是，为了国家利益，没有什么不能干的。如此，谁能说清合法、非法的界限？

其实早在1985年，美国联邦调查局就曾挖出了打入美国海军情报部门的间谍波拉德，称他给以色列搞了50万份文件，包括许多美国特工的照片、姓名和地点。美国还称，有个代号为“米加”的间谍活跃在白宫，可能比波拉德更厉害。据摩萨德的特工透露，以色列首次对美国总统下手是1974年，目的是了解美国向沙特出售预警飞机的情况。

四、摩萨德历任领导人

根据以色列的有关法律，摩萨德局长直接向总理负责，每周进行一次例行汇报，并且在特殊情况下有权不需通报可以直接晋见总理。摩萨德局长还是国家最高决策五人小组的成员，其他四人为总理、外交部长、国防部长、财政部长。摩萨德局长权责之重可见一斑。

(一)“情报先生”罗文·希洛

摩萨德于1951年4月1日成立时，罗文·希洛被本·古里安总理任命为该机构首任局长。

罗文·希洛原名罗文·扎斯兰斯基，1909年出生于耶路撒冷一个信仰东正教的犹太居民区，当时的巴勒斯坦还处在土耳其奥斯曼帝国统治之下。在学生时代，他学习认真、智力超群，表现出自己独特的思维方式。他言语不多，但却常常显示出幽默感。由于在戏剧方面很有天资，似乎决定了他日后将从事情报工作。

加入犹太复国主义地下组织哈加纳后，他化名为罗文·希洛。此名出自于希伯莱语中“夏利亚”一词，意为“间谍”，而他当时曾多次作为古里安的高级特使，执行过各种秘密任务。在哈加纳中，希洛的突出表现引起了古里安及其他指挥官的注意。他们使他飞黄腾达，他则以赤胆忠心回报提携者。

1931年8月，22岁的罗文·希洛首次接受了国外任务。犹太办事处让他潜入伊拉克执行秘密任务。他以教书及兼职记者身份作掩护，花费三年时间，在伊拉克建立起了一个秘密情报网。在此期间，希洛曾与伊拉克北部的库尔德人有过密切交往，从中获得了重要启迪，并且从那以后就一直没有忘记过这些山民。以色列建国后，当希洛为情报事业设计未来构想时，他曾反复强调与中东地区所有非阿拉伯少数民族建立秘密联系的必要性。

他认为，犹太人可以在阿拉伯世界的外围获得朋友。希洛的“外围哲学”后来成为以色列情报界一项不变的原则。1934年，希洛回到耶路撒冷后，哈加纳交给他一项新的任务——协助肖尔·阿维格(迈耶罗夫)组建一个专门情报机构，以保护犹太人在巴勒斯坦的长期利益。当时，希洛的公开身份是本·古里安的犹太办事处与巴勒斯坦英国总督之间的联络官。在此身份的掩护下，希洛与阿维格密切合作，很快建立起了“沙伊”这一重要情报机构。

第二次世界大战爆发后，罗文·希洛在敌后为犹太通讯社从事特殊工作。他抓住纳粹德国是英国人和犹太人共同敌人的机会，设法在英国军队中建立了一个犹太旅。以色列建国后，该旅成为以色列武装部队的基础。

在第二次世界大战中，沙伊努力营救同胞，虽然成效不大，但是对于希洛及其部队来说，这次战争却是他们学习和实践情报工作的大好时机。在这些实践中，沙伊的特工们学会了渗透、侦察、伪装等重要技巧。二战期间，希洛还广泛结交了一些非常重要的朋友。在后来犹太人与阿拉伯人争夺巴勒斯坦控制权的斗争中，这些朋友曾向犹太人提供了帮助。希洛还不失时机地与驻耶路撒冷和开罗的英国军事情报官建立起了牢固的关系。

而更为重要的是，第二次世界大战揭开了犹太复国主义组织与美国情报部门之间交往的序幕。希洛曾与战略情报局的特工们同餐共饮、交流思想。1947年，战略情报局成为中央情报局的核心。这种联系在战后得到了进一步加强，并最终发展成为美以两国情报界间的密切合作。希洛在二战期间的表现，不仅反映出他的情报智慧，同时也证明，他是一位能够从长远和战略性角度看待现代情报工作的杰出人物。

罗文·希洛作为总理的国际和地区战略顾问，实际上一直主管并协调着以色列整个情报系统的工作，并被视为以色列情报界当然的领袖。然而，希洛出任摩萨德局长后不久，他的一些弱点和短处很快就暴露出来。1951年，他派往伊拉克的弗兰克差点送命，紧接着摩萨德在巴格达的间谍网被破获，都说明了他的情报业务经验不足。而作为其中主要的负责人和协调者，希洛是难辞其咎的。摩萨德驻巴格达间谍网是他一手创建的，也是他一手毁掉的。

事实证明，希洛属于那种只能充当高级顾问的角色。他的战略眼光独树一帜，在进行宏观战略规划时显得极富机智和极有条理，并在此领域发挥出了不可否认的重要作用。然而，对于具体的情报业务，他却并不十分在行。不久，希洛因在一次车祸中头部受伤，身体状况一直不佳，精力也受到了影响。1952年9月20日，罗文·希洛辞去了摩萨德局长职务，但仍继续担任总理的国际和地区战略顾问。

总的说来，罗文·希洛并没有在摩萨德的简短任期内做出什么惊人之举，但他终究是摩萨德的创始人。作为创始人，希洛为摩萨德制定了指导该机构今后数十年工作的基本原则；确立了摩萨德与外国安全机构、尤其是与中央情报局建立起工作关系的基础；为摩萨德建立起一个经济情报处，专门负责侦查阿拉伯国家为了阻止国外与以色列发展贸易往来所进行的活动。此外，希洛还极力强调，以色列必须与全世界犹太人建立起亲密的和相互信任的关系，从而使以色列海外特工活动得到了世界各地犹太人的广泛支持，并因此取得了令各情报大国自叹不如的惊人成绩。

(二)“摩萨德教父”伊塞·哈雷尔

1952年9月，以色列国内安全总局局长伊塞·哈雷尔，继希洛之后成为摩萨德第二任局长。从此，在哈雷尔的领导下，摩萨德进入了发展历程中第一个辉煌时期。而同时，受益于哈雷尔的还远远不止是摩萨德情报局。哈雷尔在以色列情报界有着突出的地位和杰出的贡献，所以被人们称作“摩萨德教父”。

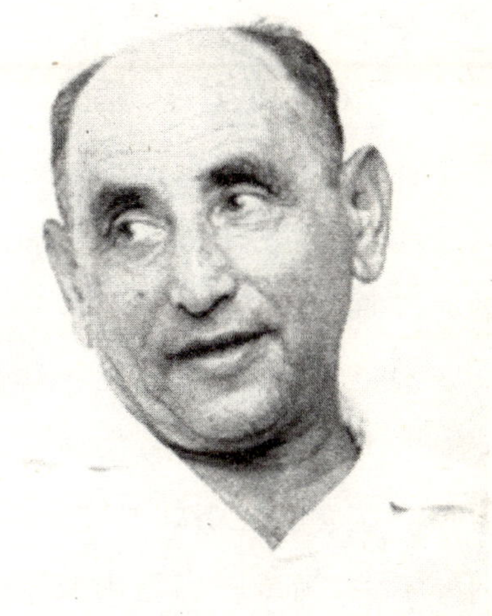

摩萨德局长伊塞·哈雷尔

伊塞·哈雷尔，原名伊塞·哈尔彭，1912年出生于俄国维切布斯克镇的一个正统犹太家庭，父亲是个富有的小工厂主。随着1917年十月革命爆发成功，他的父亲财产也荡然无存，于是举家移居到拉脱维亚。在那里，反犹太势力极为嚣张，犹太人被迫组成自己的社团进行抵抗。年仅15岁的小哈雷尔开始接受犹太教育，并且加入了一个犹太复国主义青年组织，他还为自己在黑市上买了一把左轮手枪。尽管哈雷尔从那时起就学会了希伯莱语，但直到后来说话时仍旧保留着浓厚的俄国口音。

哈雷尔几乎天生就是个当间谍的材料。1936年，他为自己起了一个希伯莱名字“哈雷尔”，并且奉命打入替英国托管当局效命的警察预备队，负责刺探英国托管当局的情报。1939年，他混进英国人创建的警察预备队，负责刺探英国托管当局的情报。一次，他抓住一个搞黑市交易的英国军官，不由分说地扇了他一个耳光。于是，他不得不潜入地下，继续为从事秘密情报活动。1942年，哈雷尔正式加入沙伊，专门刺探阿拉伯和英国的情报，并从此开始了自己的职业特工生涯。哈雷尔首先被选中到“沙伊”犹太处任秘书。

两年后，哈雷尔当上犹太处处长时，他已经积累了许多秘密情报工作的经验和知识。1946年6月29日，英国托管当局向在特拉维夫的哈加纳领导人，发动了一场规模空前的大搜捕。这一天后来被称为“黑色安息日”。哈雷尔正是凭着这一原则，使哈加纳领导人得以逃脱被捕的厄运。哈雷尔的出色表现赢得了古里安的青睐，这一天成了伊塞·哈雷尔命运转折的吉日。

哈雷尔的新上司戴维·沙尔蒂尔(后来出任以色列驻荷兰大使)，很快就发现了这个年轻人在情报分析方面的非凡才能。他先让哈雷尔负责国内安全方面的工作，后来又让他当上了特拉维夫地区沙伊组织的领导人。1948年，沙伊被解散，同时，36岁的哈雷尔被本·古里安总理任命为国内安全总局辛贝特的首任局长。

1952年9月，罗文·希洛因健康原因辞去摩萨德局长职务，并向本·古里安提出了接任人选：莱文斯基、吉布利和哈雷尔。而本·古里安最终选择了哈雷尔。在建国之初的4年里，以色列情报机构一直在忙于应付杂乱纷繁的国内外活动，尚未腾出精力确定自己的发展方向和明确的指导方针。以色列为了生存而进行的斗争必然包括秘密斗争，因此，所有的情报活动都是刻不容缓的。但问题在于，所有这一切都显得毫无章法和缺乏连贯性。伊塞·哈雷尔的坚强和正直打动了这位开国总理。本·古里安认为，哈雷尔正是那种能够担负起这一重任的合适人选。于是，哈雷尔被任命为摩萨德局长，成为继罗文·希洛之后的以色列情报系统的最高领导人。

哈雷尔刚接任局长时，摩萨德的规模还很小，其总部连局长秘书在内，也不过12人。此外，办公条件极其简陋，经费也严重不足，就连工作人员的薪水都无着落。哈雷尔立刻去找本·古里安追加经费。当天下午，摩萨德的经费就增加了10倍。哈雷尔要求摩萨德特工必备的第一素质，就是为以色列国家忘我工作的献身精神，而他自己则正是这一精神的化身，他因每天连续工作18个小时而被手下人称为“工作狂”。哈雷尔的这种忘我精神极大地激励了部下，他们在执行一些危险任务时，尽管既无报酬，也无褒奖，但却总是能够奋不顾身，勇往直前。

哈雷尔在任摩萨德局长期间，不满足于仅仅从事情报搜集工作。在其任内，摩萨德海外特工行动也极为活跃，其谍报人员分布在国外各个角落，并且经常是单枪匹马地各自为战。尽管他们的薪金远比不上欧美各主要情报机构的间谍，但其忠诚及献身精神，却是其他国家的情报机构人员无法与之匹敌的。摩萨德驻海外情报站的工作人员个个都是职业情报人员。以色列其他情报机构在国外执行某项任务时，除了军事情报局派驻各国的武官外，其他人员均由摩萨德统一指挥。在哈雷尔的领导下，摩萨德飞速地运转起来，很快就干出了几件令国际情报界同行目瞪口呆的绝活。

（三）致力于变革的梅厄·阿米特

军事情报局局长梅厄·阿米特是摩萨德第三任局长。

阿米特原名梅厄·斯卢茨基，1926年出生在巴勒斯坦太巴列一个来自俄国的移民家庭。阿米特早年曾在加加利地区的阿洛尼姆集体农庄工作，后加入犹太地下军哈加纳，曾奉命打入替英国托管当局效命的警察预备队刺探情报。1944年，阿米特已升为哈加纳的一名连长，从此开始了自己的职业军人生涯。

自以色列建国以来，它与周围阿拉伯各国间的各种战争就从未停息过。在50年代，阿米特曾在步兵和坦克部队中任职。他生性好战，且勇敢过人，他不愿呆在后方，总是要求到前线去带兵打仗。而在前线，在每次战斗中，他又总是身先士卒。只要是进攻战斗，阿米特就会把手一挥，大喊一声“跟我来”，便不顾一切地第一个冲上去。

当时的以色列军队士气极高，像阿米特这样的勇敢军官也为数不少。之后，为了激励士气，“跟我来”便被确立为以色列军队的基层分队的战斗信条，阿米特也就成为“跟我来”原则的创始人之一。阿米特的知名度越来越高，并很快成了当时的以军参谋长摩西·达扬将军的好友。1956年苏伊士运河战争开始前，他被达扬选作随从参谋。之后，阿米特出任西奈战场南部军区司

摩萨德第三任局长梅厄·阿米特

令。1958年，在进行跳伞训练时受伤后，他到了美国休养。在美国休养的时间，获得了纽约的哥伦比亚大学经济学硕士学位，并同美国情报机构建立了初步联系。阿米特在美国的经历对他以后的仕途有着非常大的影响。实际上，他在成为摩萨德的局长以后，就是运用在美国学习到的先进的经济管理方法来管理摩萨德的。

1960年，阿米特被任命为以色列军事情报局阿穆恩的军情处长，紧接着，1962年又接替哈伊姆·赫尔佐格将军，成为阿穆恩第六任局长。在担任军事情报局局长期间，阿米特曾努力设法缓解军事情报局与摩萨德之间的争斗。他上任伊始就公开提出："在保卫犹太人的工作中，各情报组织不应该互相敌视，而应该密切合作。"然而，他与哈雷尔在对情报工作的看法上观点相异，思维方法也格格不入。两大情报机构间的矛盾不仅未能缓解，反而更加升级。

阿米特刚出任摩萨德局长时，仍兼着军事情报局局长一职，这就为他解决这两个情报机构的合作问题提供了机会。在此期间，阿米特把阿穆恩负责海外行动的"131部队"并入摩萨德，与摩萨德两个较小的行动机构合并为"行动处"，从而使摩萨德海外行动力量得到了极大加强。阿米特认为，原始材料以及对它的系统性分析，必须代替对人的直觉的依靠，为此他把军事情报局早已采用了的计算机等先进技术引入了摩萨德。但他同时强调人的因素的重要性，他说：谍报工作"是一种智力斗争，技术运用及其他方面的改进，只对人的思维劳动起辅助作用"；以色列使用的是"人与机器的组合体。在这种组合体中，人是决定的因素，情报界更是如此"。

阿米特将摩萨德的海外任务扩大到更大的领域。在他任内，摩萨德的政治行动与联络处几乎变成了以色列的秘密外交部，在某种程度上甚至胜过外交部。当时，与那些尚未和以色列建立正式外交关系的国家进行外交联络的不是外交部官员，而是摩萨德驻该国的特工。这一现象被人们称为以色列的"准外交"活动。摩萨德首任局长罗文·希洛当年提出的"外围战略"，在阿米特任期内得到全面实现，非洲的摩洛哥、肯尼亚、扎伊尔、利比里亚和加纳都与摩萨德建立起了良好的情报合作关系。摩萨德的特工还以以色列农业、工业和商业专家、顾问的身份打入到非洲十几个国家，之后抓住各种机会，与亚洲的印度、斯里兰卡、新加坡、印度尼西亚等国家建立起了友好的合作关系。阿米特本想将这一“准外交”活动引向深入，但却未能如愿。

1967年5月下旬，埃、叙大兵压境，阿以战争迫在眉睫。但以色列军队立即进入紧急状态后，阿拉伯联军却按兵不动。作为小国的以色列久耗不起，欲主动发起进攻以早日结束这种尴尬局面，但又担心苏联的干涉，于是阿米特秘密前往美国寻求支持和谅解。华盛顿为战争大开绿灯，作出了无言的承诺。于是，以色列于1967年6月5日主动开战，仅用六天时间便占领了整个西奈半岛。战争开始后，摩萨德还致信约旦侯赛因国王，企图离间约旦与埃及。当然，“六天战争”的胜利不仅有赖于摩萨德成功的“准外交”活动，还有赖于它所提供的有关埃及空军的精确情报。摩萨德向军方建议，对埃及进行空袭的最佳时间是早晨7时45分。因为此时飞行员正在进行早餐，空防松懈，值班人员正在进行交接班，地勤人员正把飞机拖向跑道。于是，以色列战斗机带着炸弹和情报部门提供的目标清单，于7时45分准时飞达埃及11个机场及雷达站的上空，在不到6个小时的时间里就奠定了整个战争胜利的基础——埃及空军在地面就被炸毁殆尽。与此同时，叙利亚和约旦军队也受到了类似的致命打击。阿米特在局长任期内，还针对这一时期刚刚露头的国际恐怖主义活动，为摩萨德制定了切实可行的行动方针。后来当阿米特退休时，大多数西方情报机构的首脑都致信给他，高度赞扬了阿米特的情报局长生涯，认为他成功地遏制了国际恐怖主义的活动，并为全世界的人们提供了有效防御的典范。

“六天战争”前的“准外交”活动为摩萨德以及阿米特赢得了无比的荣耀，但另一次“准外交”活动的参与，却让阿米特最终丢掉了摩萨德局长的宝座。1968年3月，摩西·达扬想秘密访问伊朗，与伊朗国王进行一次私下会谈。鉴于摩萨德负责与伊朗方面的关系，于是达扬找阿米特替他作出安排，并要求阿米特对其行踪严格保密。摩萨德局长满足了以色列国防部长的要求，但却将“密”保到了以色列总理的头上。艾希科尔总理发现此事后怒不可遏。尽管他极为欣赏阿米特的情报才能，并认为阿米特丝毫不逊色于其前任伊塞·

哈雷尔，但还是没有让他连任摩萨德局长。

(四)柔中带刚的兹维·扎米尔

时任摩萨德局长的扎米尔

1968年夏季，以色列情报界爆出了冷门：成绩斐然的情报专家梅厄·阿米特，未能像其前任哈雷尔那样连任局长，而毫无情报工作经历的兹维·扎米尔将军，却接替他成为摩萨德第四任局长。

兹维·扎米尔1925年出生在波兰。出生7个月后，便随同父母迁居巴勒斯坦。1942年，18岁的扎米尔参加了帕尔马赫冲锋队。1946年，他在奉命为沙伊的一次偷运军火行动放风时，被英国警察逮捕并被关进了监狱。出狱后，他继续在军队中工作。在1948年的独立战争中，他指挥一个旅团，承担了打开通往耶路撒冷通道的任务。从此，他开始了行伍生涯。

1950年，兹维·扎米尔成为高级军官进修班的教员。1953年，他又到英国高级军官学校学习，回国后被任命为步兵学校校长。1956年，在国防部训练司令部担任高级军官，苏伊士运河战争期间曾在西奈战场任某旅旅长。1957年，扎米尔离职去希伯莱大学攻读文科学士学位，学业完成后被晋升为准将，并主持训练司令部的工作。1962年，他担任了南方司令部的领导职务，成为以军独当一面的前线指挥官。在此期间，他曾几度身入加沙地带的所谓"恐怖分子老窝"进行侦察。1966年7月，扎米尔又被任命为驻伦敦大使馆武官。

扎米尔虽然没有情报工作的经历，但在艾希科尔等人看来，扎米尔的力量却恰恰蕴藏在他的弱点之中。在过去的20年里，摩萨德一直是由自命不凡的间谍大师们当家，无论是伊塞·哈雷尔还是梅厄·阿米特，都是说话要算数的超级强人。这些行家里手在情报工作方面的高效率固然可取，但当这种效率影响到政治家们的决策时，他们宁可挑选一个更为听话的人来担任情报总管。摩萨德首脑毕竟不能当家，他们不过是为政治家们执行任务的工具，而工具就必须用起来得心应手。

从外表看，扎米尔秃脑门、招风耳，身材修长，近乎干瘦，很容易让人联想起他可能患有胃溃疡或胃下垂之类的疾病。他不苟言笑、离群索居，据熟悉他的朋友说，他“在家时总是独自呆在地下室里”。总之，扎米尔几乎谈不上魅力，是以军中缺少风采、毫无情趣的人物之一。

在就任以色列驻伦敦武官一职期间，扎米尔负责从盎格鲁萨克逊地区购买军火的所有事务。在英国上流社会中的交际活动，使扎米尔受到了绅士风度的熏陶，以致他的一举手、一投足，都俨然透着一身英国上议院中勋爵们所特有的那种潇洒风度。他这种衣冠整洁、服饰考究的气质，在穿着随便、不修边幅的以色列特工群体中形成了鲜明对比，自然会显得格外招眼。但扎米尔却我行我素，依然故我，即使率领特工队行进在40度高温的内格夫沙漠中时，这种风度也不减半分。兹维·扎米尔就任摩萨德局长时，恰值法国刚刚宣布对以色列实行武器禁运令，因此摆在新局长面前的首要难题，就是能否为“纺织厂”(这是迪莫纳核反应堆的对外名称)搞到铀。这可是关系到以色列核武器研制成败与否的大问题。

因此，在以色列驻伦敦大使馆为武官扎米尔的离任举行的告别宴会上，当年轻的肯特公爵问起扎米尔将有何另任时，扎米尔以其特有的幽默回答说：“我将进入纺织工业。”扎米尔上任后，立刻从阿米特手中接过了搞铀工作。早在哈雷尔下台前夕，这一工作已经开始了。为以色列制造原子弹搞铀的工作，在经过了摩萨德前后三任局长之手后，最终在扎米尔手中完成。扎米尔在担任摩萨德首脑时的最大功绩之一，就在于他冲破了法国人的武器禁运，使“舍尔斯贝格”运铀货轮“改变航向”，200吨氧化铀矿石被偷运到以色列。此外，窃取法国“幻影”歼击轰炸机蓝图的任务，也是在他手中最后完成的。

另外，扎米尔在摩萨德局长任上还有两项引起世界注目的功绩：一是成功地实施了将5艘导弹快艇从法国海港里偷出并运回以色列的“诺亚方舟”行动；另一项则是追寻、并将“黑九月”恐怖分子斩尽杀绝的报复行动。

(五)自豪的将军伊扎克·霍菲

1974年，兹维·扎米尔5年摩萨德局长任期届满后，便无声无息地退出了以色列最大的情报机构。刚刚出任总理不久的伊扎克·拉宾挑选了自己的一位老熟人——伊扎克(哈卡)·霍菲少将出任摩萨德局长。

新总理的这一任命，实际上是在证明他极力回避“赎罪日战争”的阴影。在一年前的第四次中东战争中，由于军事情报部门的麻痹大意而使得以色列在埃及、叙利亚等国的突然进攻面前被打得措手不及，从而丢尽了情报部门的脸面。因此，拉宾总理决心选一位与这次奇耻大辱毫无关系的人，来出任新的摩萨德局长。

霍菲是以色列高级将领中唯一的在战争爆发前，极力敦促其上司注意叙利亚部队调动动向的将军。他当时正担任北部军区的司令，在预感到战争即将爆发后，曾请求增援他的坦克和炮兵部队，但是这一请求却未受到理睬。

1973年10月6日，战争爆发后，在埃及军队跨过苏伊士运河之时，叙利亚军队开始攻打戈兰高地。突遭袭击的以军在初期陷入了被动，但霍菲将军及其手下的部队却打得异常英勇。作为北部前线指挥官霍菲面临的是：一方面是叙利亚军队的猛烈进攻；一方面是国内的惊慌失措、悲观绝望的情绪，认为以色列行将毁灭，几乎毫无出路。但强硬果敢的霍菲首先指挥进行了一场阻击战，而后在一场大规模的坦克战中不顾一切地进行反击，顽强地守住了自己的阵地，收复了谢赫山和戈兰高地，甚至打到了叙利亚境内。因此，在这次让以色列人丢尽了脸面的战争中，霍菲便成为了少数能为其行动感到自豪的人。

霍菲出生于1927年，他是第一位任摩萨德局长的“萨布拉”(“萨布拉”在希伯莱语中意为“仙人掌上可食用的红色多刺的果子”，这个词被用来指在以色列出生的以色列人，因为据说他们外表多刺，内心则很甜)。与很多同时代的人一样，霍菲在17岁时就参加了犹太秘密军队“哈加纳”的特工部队“帕尔马赫”，同时，他与伊扎克·拉宾是工党中同一派别成员，这对他与总理后来的关系大有裨益。在英国托管时期，这支部队在巴勒斯坦进行地下活动。后来他参加了1948年的独立战争。以色列建国初期，霍菲指挥的一支专门对付阿拉伯人的特工部队并入了以色列军队，霍菲便在以军中步步高升：开始是个营长，接着担任某军校教官，后又晋升为一个战功卓著的伞兵旅的副旅长，参与了以色列在西奈和加沙地带的几次冒险行动。当时的空降旅旅长是后来当上了以色列国防部长的阿里尔·沙龙将军。1964年，霍菲去美国陆军指挥和参谋学院参加了一个为期6个月的培训。

1965年，霍菲在西奈半岛当过空降部队副司令，之后，作为一名制定计划的高级军官，参加了第三次中东战争（"六天战争"）的准备工作。1968年，霍菲晋升为准将，随后又晋升为中将。在第四次中东战争（即1973年的"赎罪日战争"）中，霍菲更有上乘表现。1974年7月，霍菲离开了部队，只有少数人知道他是到摩萨德当局长去了。由于摩萨德局长的任命及行踪从不见诸报端，因此对大多数人来说，他从此便销声匿迹了。直到若干年后，人们才知道这位从前的伞兵在特拉维夫的摩萨德总部经历了一段传奇。

霍菲手下的工作人员对他非常尊敬，这主要是出于对他在工作中表现出的异乎寻常的勤勉和认真态度的敬佩。伊扎克·霍菲在任摩萨德局长期间，最重要的成绩之一就是协助政府成功地开展了秘密外交活动。阿米特为摩萨德开创的"第二外交部"的传统，一直很好地保存了下来。第四次中东战争之后，拉宾就赋予了摩萨德一项新的任务：协调他同约旦国王侯赛因的秘密会晤及其他官方接触。这些都是以色列外交政策中最敏感、最机密的一面。

1975年3月，摩萨德安排侯赛因国王和拉宾总理，在两国边境线上尘土飞扬的阿拉瓦平原进行了会晤。双方会谈的情景都被摩萨德用隐藏的摄像机和窃听器录了下来。有关这次秘密会晤的录像带、录音带及文字材料，到现在都被紧锁在以色列政府的档案馆内。随后，摩萨德又受领了安排拉宾总理秘密出访摩洛哥的使命。1976年，以色列总理乔装打扮，头戴假发，取道巴黎飞抵拉巴特。拉宾总理请求哈桑二世国王设法说服埃及总统萨达特坐到谈判桌边来。虽然这次出访没有立即产生效果，但是以色列和摩洛哥之间的秘密合作却得到了发展。摩萨德取得了与中央情报局同等的权力:他们的特工可以在国王的领土上自由行动,其中包括与可能有用的阿拉伯人来往、建立无线电通讯侦收站以对北非各国的行动进行电子侦察。而摩萨德所作的回报是,就摩洛哥国内安全事务,向国王及其高级官员提出建议。

霍菲还继续执行着以色列传统的"外围战略",但有一点已变得更加清楚:以色列需要与阿拉伯国家本身发展关系。不久,摩萨德与约旦秘密警察达成了一项重要协议:双方交换有关共同敌人巴勒斯坦恐怖组织的绝密情报。为此,摩萨德曾多次传递了巴解组织企图刺杀侯赛因及其内阁部长的计划。

1977年5月,梅纳赫姆·贝京出任以色列总理后,工党中的政客们都把"利库德集团"(当然也包括贝京本人)看作是一个"会把阿拉伯人吞掉"的恶魔,一个会挑起以色列与其邻邦之间可怕冲突的战争贩子。但贝京却想让人们相信,他会成为一位伟大的和平使者。就在他上台几个星期后,一项试图与以色列最大敌人埃及和解的计划开始实施。贝京一心想实现其前任一年前访问摩洛哥时未能实现的目标。

作为该计划的第一个步骤,摩萨德局长霍菲、副局长戴维·金奇被作为和平使者派往摩洛哥。在伊弗兰宫中,霍菲见到了与世隔绝的哈桑二世,并使国王同意作为东道主,促成一次埃及与以色列人之间的罕见的会晤。就在当天,埃及副总理哈桑·托哈米和情报局局长卡迈勒·哈桑·阿里将军,应哈桑国王之邀来到了摩洛哥。在伊弗兰王宫,摩萨德首脑与埃及副总统进行了秘密会晤。由于此次行动是极为秘密的,就连身为埃及情报局长的阿里将军也被拒之门外。阿里当时差点给气疯了。回到埃及后,阿里向萨达特大肆抱怨托哈米故弄玄虚,没想到埃及总统却大笑起来。据阿里后来回忆说,他从来没见过总统这样大笑过,而且直到这时候,萨达特才对情报局长讲出了他们此行的真正目的。霍菲的摩洛哥之行,为埃以两国领导人其后的会谈开辟了道路。但摩萨德还将为融化坚冰再添一把火。

严格地讲,霍菲并不是搞情报工作的天才。一位在特拉维夫的工作会议上结识了这位摩萨德新任首脑的德国特工人员曾对霍菲作了这样的描述:

“在乍一接触的几小时内，人们不禁感到纳闷。这个人怎么会爬上这么高的职位?他沉默寡言，总是洗耳恭听别人的讲话，看上去反应有些迟钝，像是某个集体农庄的农民。但是，接触的时间越长，这个人给你的印象越深刻。什么东西也逃不过他的眼睛，他善于判断。”这位德国特工还补充了一句：“我相信他的部下日子不会好过——霍菲是个铁石心肠的人物。”

此话看来不假，这位圆脸庞、短胖身体、其貌不扬的将军，性格内向，待人冷冰冰的，差不多到了抑郁寡欢的程度。他在摩萨德的中下层朋友不多，他几乎同所有的人都保持一定的距离。但他工作勤勉、认真，具有突出的组织才能和惊人的记忆力。尤其是他那直率的态度和过人的胆识，使他赢得了部下的好感。霍菲做事喜欢雷厉风行，一丝不苟，对懒散拖拉的作风毫不留情。每当有特工人员抱怨这位上司“过于认真苛求”时，霍菲总是用一句标准的名言来回答：“如果事情恰恰取决于此，他就没有犯第二次错误的机会了！”

霍菲在1974年至1982年间连任两届摩萨德局长，成为在这个重要位置上的时间仅次于哈雷尔的人。

(六)没有个性的尴尬局长内厄姆·艾德莫尼

1982年夏季，内厄姆·艾德莫尼成为摩萨德的第六任局长，他也是从摩萨德内部产生出来的第一位局长。摩萨德内部人员似乎更了解他，认为他是一个“没有个性的人”，一位“普通人”，一个“当官的”。尽管艾德莫尼可能属于那种没有活力的官僚，但其优点是办事谨慎，且有恒心，53岁的艾德莫尼完全是通过自己的努力，从最低层一级级升上来的。

1929年，内厄姆·艾德莫尼出生在耶路撒冷。几年前，他的父母刚从波兰来到巴勒斯坦，并将“罗特鲍姆”这个姓改成了“艾德莫尼”。他父亲是耶路撒冷公园的设计师，因此艾德莫尼一家得以住在离豪华的戴维国王旅馆不远的雷哈维亚高级住宅区。

实际上，以色列政府中的不少官员，以及一些大学教授和军官，都来自雷哈维亚。少年时代，内厄姆·艾德莫尼就在哈加纳及其情报机构沙伊中工作。1948年的独立战争结束后不久,艾德莫尼就考入美国伯克利的加利福尼亚大学,专攻国际关系专业。他在那里半工半读,曾在一家犹太学校工作过,并为一家犹太教堂当过看管人,还在一家为美国军队生产军装的工厂干过活。在加利福尼亚,艾德莫尼遇见并娶了他现在的妻子,他们在西海岸的5年生活是他们一生中最愉快的时光。这是艾德莫尼的前半生能够摆脱秘密战争压力的唯一一段时光。

艾德莫尼之所以选读国际关系专业,是想当一名外交官。但当他回到以色列后,却在位于耶路撒冷的情报专门学校当上了教官。不久,当摩萨德从教官队伍中招收特工时,艾德莫尼被选中了,成为摩萨德政治和联络处的情报官。艾德莫尼在该机构驻世界各地(从华盛顿到埃塞俄比亚)的情报站,一干就是30年,曾参与了与中央情报局进行的多项合作工程,成为以色列从事兼职外交活动的专家。

由于艾德莫尼多年来所从事工作的性质,使得他在具体的秘密行动方面缺乏实际经验。他不是一个冒险家,也不是一个杀手,但他工作踏实,非常勤奋,还是赢得了大家的尊敬。艾德莫尼尽管性格内向,但并不窝囊。在他任局长期间,摩萨德同样干出过几件惊天动地的大事。1984年初到1985年初,摩萨德成功地策划和实施了"摩西行动",将埃塞俄比亚的1万余名犹太人,偷偷空运回以色列。

1986年9月,摩萨德特工将从迪莫纳核研究中心叛逃的技术人员莫迪凯·瓦努努,从英国骗到意大利后绑架回以色列。1988年2月,摩萨德特工在希腊成功地炸毁了巴解组织运送巴勒斯坦人到以色列的"回归"号,挫败了对方"回归航行"的宣传企图。1988年4月,在摩萨德的精心策划和积极配合下,以色列"马特卡勒塞雷特"突击队前往1500英里之外的突尼斯,成功地暗杀了巴解组织最高军事指挥官阿布·杰哈德。艾德莫尼领导摩萨德也达7年之久,总的来说,功过参半。1989年9月,内厄姆·艾德莫尼退休。

(七)鹰派十足的强硬局长梅厄·达甘

2002年9月10日,梅厄·达甘被沙龙任命为摩萨德局长。最能说明他做事风格的是，他在自己的办公室墙上挂着一幅大照片，照片上显示的是一名年迈的犹太人站在壕沟边，一名纳粹冲锋队军官拿枪瞄准老人的头部。梅厄·达甘会告诉每一位到访他办公室的人说：照片上的老人就是我爷爷！我的生存哲学是：我们得强大，得靠我们的智力保卫自己，只有这样，大屠杀的悲剧才不会重演。在达甘的领导下，摩萨德的暗杀行动得到加强。

摩萨德负责人梅厄·达甘

梅厄·达甘1947年出生于俄罗斯，父母均为幸免于二战时期纳粹大屠杀的犹太人。5岁时，他和全家人一同移民以色列，居住在特拉维夫附近的比特亚姆。1963年，梅厄·达甘进入以色列国防军服役，从此开始了他32年南征北战的军旅生涯，这期间曾两次受伤，两次受到嘉奖。

梅厄·达甘从军后，先是被分配到伞兵旅的侦察分队，一干就是好几年。1967年第三次中东战争爆发后，他作为一名连级指挥官，先后在西奈半岛和戈兰高地执行任务。1970年，达甘奉时任以色列国防军南部军区司令的沙龙之命，组建了一支特别行动部队，主要对付加沙地带巴勒斯坦人的恐怖活动。这支部队采取秘密行动，追踪、逮捕或暗杀巴活动分子，被一些媒体称为暗杀部队。

在1973年的赎罪日战争中，梅厄·达甘与沙龙的关系得到进一步加强。当时，梅厄·达甘是沙龙属下的一名军官，一同率军方出奇兵，偷渡苏伊士运河，使以军在战争中反败为胜。战争结束后，达甘被调到装甲部队任职。

20世纪80年代初，梅厄·达甘被任命为以色列国防军黎巴嫩联络部负责人，指挥特种部队504部队的行动。在遥控遍布各个阿拉伯国家的以色列军事谍报人员行动的同时，达甘还亲自出马，帮助组建了亲以色列的南黎巴嫩军。1982年黎巴嫩战争爆发后，达甘又指挥装甲部队挥师贝鲁特，据称是第一个乘坦克进入贝鲁特的以色列军人。1987年，达甘被调到以色列国防军总参谋部，任军事行动部负责人，同时还担任总参谋长特别助理，参与组建了在加沙地带和约旦河西岸行动的以军秘密部队。

1995年，梅厄·达甘从以色列国防军退役，先后在内塔尼亚胡政府和巴拉克政府中担任总理反恐安全顾问。达甘这个反恐安全顾问，干的依然是指挥秘密行动的老本行。据报道，为了显示其进攻性理念，他曾于1997年策划了暗杀巴激进组织哈马斯领导人米沙艾尔的行动，但这一行动未能成功。

身为以色列鹰派人物的达甘，在中东和平问题上的立场非常强硬。在巴拉克政府中担任总理反恐安全顾问时，他就因为一直反对巴以和解的《奥斯陆协议》而不得不辞职，退出左翼工党政府。他不仅多次指责巴勒斯坦领导人没有和平的诚意，而且在2000年9月以巴爆发新一轮冲突后，公开表示要在军事、政治和经济等方方面面以战争回应战争，甚至放言这一次是该把阿拉法特赶回突尼斯去的时候。除了坚持以色列不能将耶路撒冷的任何一部分交给巴方管理，否则以色列安全将无法保证外，达甘还明确表示反对将戈兰高地归还给叙利亚。

正因为如此，2001年11月达甘被沙龙任命为与美国中东特使津尼谈判小组的负责人后，立即引起了轩然大波。以反对党领袖萨利德批评说，派达甘带一帮子极端分子去谈判，目的就是要使谈判失败。工党议员拉蒙表示，这意味着最后一线停火的希望也被葬送了。利库德集团则解释说，除了停火外没有什么好谈的，这就是为什么达甘是最佳人选的原因。可见，梅厄·达甘完全成了以色列强硬政策的代言人。

应该说，梅厄·达甘最终能够在几名候选人中脱颖而出，同他与沙龙的特殊关系是分不开的。达甘与沙龙两人除了在过去历次战争的合作中建立起亲密的关系和友谊外，2001年沙龙竞选总理时，达甘也立下了不小的功劳。由梅厄·达甘出任摩萨德局长一职的任命一经宣布，许多以色列左翼议员都表示反对，认为沙龙任人唯亲。因此，沙龙是在一定的压力之下，经过仔细斟酌后才做出这一决定的。

当然，沙龙选中梅厄·达甘，并不仅仅因为私人关系，因为这毕竟是一项事关国家安全的重要任命。当前的中东战略环境复杂多变，以巴冲突愈演愈烈，以色列面临着诸多威胁，需要有一个强有力的军事情报机构。达甘则认为，定点清除等秘密行动手段是以色列国家可资利用的一种工具，以彰显其威慑力。沙龙希望，摩萨德能重振往日雄风，行动更具进攻性，手段更加老练。而这些正是梅厄·达甘的性格特征。

摩萨德局长达甘(左)与沙龙

沙龙的任命宣布后，梅厄·达甘只对前来采访的媒体记者说了一句话：我很高兴，希望我能不辜负选择了我的人民所对我的信任。除此之外，他拒绝发表更多的言论。梅厄·达甘有自己的政治和安全理念，他虽然是海法大学政治学专业的毕业生，但其世界观更多的是建立在32年从军经验的基础上的——他曾开玩笑说，自己是在军队里长大的。梅厄·达甘表示，他将按照自己的意愿对摩萨德进行改组，并将其置于反恐战争舞台的中心位置。

梅厄·达甘平日行事低调，出言谨慎，自担任摩萨德局长以来，除了在就职仪式上接受过采访外从不在媒体上公开露面。然而他在摩萨德内部进行的大刀阔斧的改革却让其备受瞩目。近半个世纪以来，摩萨德以毫不妥协的复仇闻名于世。但这个令其敌国提心吊胆的情报机构曾一度出现重大失误，陷入低潮，原因是内部权力斗争激烈，新老特工间互不买账。此外，泄密也使它实力削弱。冷战时代的摩萨德很神秘，随着自身保密机制出现漏洞和新闻界不断曝光，摩萨德的面纱正缓慢褪去。

梅厄·达甘上任以后，进行了大胆改革，他把一些他认为过于保守或谨慎的官员全部撤换，使得有超过200名部下不满达甘的独断专行而辞职。同时，他还制定了严格的保密制度。他从自身做起，拒绝接受媒体任何采访。为安定人心，他大力改善员工待遇。据报道，摩萨德的优厚待遇吸引了不少优秀人才，在报上登了一次招聘广告后，竟史无前例地收到1000多份申请。

他的处世哲学很简单：以暴制暴。他的一句名言是：在我看来，任何恐怖分子都难逃一死，不管他在什么地方，一个人在成为恐怖分子的那一刻起，他的性命已经被没收了。美中央情报局一位官员评价梅厄·达甘说："他有着真实的杀人本性，同时是个情报天才，具备缜密的思维能力。在梅厄·达甘领导下，摩萨德不仅正重新寻找昔日的辉煌，而且随着摩萨德在国内外执行越来越多的暗杀任务，其领导下的情报机构再次成为了一支名符其实的暗杀部队。"

达甘主持的一个重要行动是2008年2月12日晚在大马士革暗杀黎巴嫩真主党二号头目伊迈德·穆尼耶，在该行动中穆尼耶被汽车炸弹炸飞了头颅。6个月后，摩萨德在以色列特种部队的配合下，暗杀了叙利亚的朝鲜核计划联络人穆哈默德·苏莱曼将军。当时苏莱曼在自己的别墅花园里休息，他的保镖在外面守卫，但苏莱曼的头被一颗子弹射穿，一声不响地倒下。

以色列前总理沙龙任命梅尔·达甘出任摩萨德首脑。由于摩萨德取得了出色的成绩，奥尔默特和现任以色列总理内塔尼亚胡两度延长了达甘的任期。2010年1月，巴勒斯坦哈马斯组织高官马巴胡赫在迪拜遭暗杀，外界普遍认为这是摩萨德特工所为，他们在行动中使用了伪造的外国护照。在此之后，摩萨德的行动遭到了国际社会的猛烈批评。

五、摩萨德重大事件揭秘

在以色列历次特别行动中，摩萨德都是核心的组织者，通常由摩萨德负责侦察相关情报，制定周密的计划，由下属的战术行动处或其他部门的突击队员付诸行动，几乎每次都是一击而中，全身而退，像追捕纳粹战犯艾希曼、空袭伊拉克核设施、突袭恩德培机场营救人质、获取赫鲁晓夫秘密报告……无一不是秘密行动中的典范！这一组织也因此在中东乃至世界舞台上，扮演了重要的角色。并以人员精悍、行事毒辣、效率惊人，成为世界间谍机关中的佼佼者。

(一)摩萨德特工孤身生缉纳粹元凶

1960年的一天，在阿根廷一条僻静的街道上，以色列特工彼得·马尔金成功将纳粹头子阿道夫·艾希曼擒获，完成了其特工生涯中最漂亮的一项任务。2010年2月初，这位传奇特工在美国纽约去世，享年77岁。在他身后，留下了很多耐人回味的故事。

彼得·马尔金

●"摩萨德历史上最出色的特工"

马尔金是出生在英国的犹太人。1930年，他随家人搬到波兰与亲戚一起生活。1939年德国人侵波兰前，他和母亲及时逃离了波兰，来到现在的巴勒斯坦地区生活。然而马尔金的姐姐和其他亲戚因为签证的原因没能离开波兰，最终不幸死于纳粹大屠杀。得知这一噩耗的马尔金发誓要为死去的亲人报仇雪恨。

马尔金14岁的时候参加了犹太人地下组织。1950年，他加入以色列情报机构摩萨德成为一名特工。马尔金在摩萨德一共服役了27年，并于1976年正式引退。在公开的业绩里，除了孤身擒获纳粹刽子手以外，他还曾抓获一名混入以色列高层的外国特工，并阻止了一些前纳粹核科学家在二战后参与埃及武器发展计划的企图。鉴于他出色的表现，马尔金曾两次获得以色列最高荣誉——以色列总理奖章。以色列媒体把马尔金称为"摩萨德历史上最出色的特工之一"。

●孤身擒获纳粹军官

说起马尔金单枪匹马智擒前纳粹军官的故事，还要追溯到1960年。当时，以色列情报人员在阿根廷首都布宜诺斯艾利斯发现了二战期间疯狂屠杀犹太人的纳粹军官阿道夫·艾希曼,并决定秘密把这个刽子手抓回以色列受审。这个艰巨的任务交给了马尔金和他的同事们。

艾希曼是纳粹头子希特勒屠杀600万犹太人的主要策划人和执行者。阿道夫·艾希曼于1906年在德国出生,8岁时随父母迁居到奥地利。1932年,他加入纳粹党,并逐步成为党卫军的一员。1934年,他被任命为纳粹达豪集中营的头目。不久,他加入了盖世太保司令部的犹太人事务部。1936年,又被任命为犹太人事务部的头头。为了掌握对付犹太人的手段,艾希曼不遗余力地向众位纳粹头目"学习",甚至还去巴勒斯坦收集情报。1938年,艾希曼被派往奥地利,其后又被派到捷克斯洛伐克和东欧的纳粹占领区。这个杀人不眨眼的刽子手,发明了用煤气毒死犹太人的所谓"高效率屠杀"。二战结束后,艾希曼被捕入狱。但后来,他设法从狱中逃走,到了阿根廷首都布宜诺斯艾利斯,化名克莱门特与妻子和3个儿子一起生活。

1946年,艾希曼从德国出逃后便隐姓埋名生活在阿根廷。在马尔金执行任务前,摩萨德特工们早已对艾希曼实施了严密监视,并摸清了他的生活规律,知道他每天在什么时间乘哪班公交车上下班。

在一切准备工作完成后,1960年的一天，马尔金从巴黎飞往布宜诺斯艾利斯。他乔装成一名德国艺术家,还带了一本伪造的德国护照。在经过海关检查时，他从行李箱里拿出一些绘画颜料给检查员查看，这些东西和那本假护照轻易地骗过了检查员的眼睛,马尔金顺利抵达布宜诺斯艾利斯。

阿道夫·艾希曼在以色列受审

为了不引起当地人的注意，马尔金决定单独对付这名纳粹军官。一天，艾希曼下班后走在住所附近的街道上，马尔金悄悄从背后跟上了他，然后轻轻拍了拍他的后背说："劳驾，先生。"还没等艾希曼反应过来，马尔金迅速将其制服，并塞进了汽车。抓到艾希曼后，下一步就是如何把他安全送回以色列受审。

聪明的马尔金又想出了一个办法。他给艾希曼化了妆，给他穿上英国航空公司乘务员的制服。化妆后的艾希曼恐怕连他在阿根廷最好的朋友都认不出来了。随后，马尔金等人对艾希曼进行了轻微麻醉，便把他带上飞机，送回以色列接受审判。

1961年12月15日，艾希曼以屠杀200万犹太人的罪行，被定为反人类罪、反犹太罪，以及参加犯罪组织罪而被判处绞刑。1962年5月31日，艾希曼以屠杀犹太人的罪名被送上绞架，伏法受刑。1962年6月1日，在太阳还未升起之际，以色列人把艾希曼的骨灰倒入远离海岸的大海之中。至今，这依然是以色列唯一一次执行死刑。

●退休之后成为画家。

为了掩人耳目，马尔金在摩萨德服役期间，经常更名改姓、乔装打扮，因此获得了"伪装大师"的称号。他曾装扮过艺术家、码头装卸工、飞行员和商人，而他的国籍一会儿是法国，一会儿又变成了德国或者美国。马尔金说："我大约有30种不同的伪装方式。有时候连我的母亲、妻子和朋友也被我弄得晕头转向。"

《艾希曼在我手中》

1976年，马尔金离开摩萨德后，开始钻研绘画和写作，并成为一名真正的画家。他曾在巴黎、伦敦、东京等地举办过画展，还曾卖出300多幅油画和素描。马尔金最有名的作品是他在阿根廷执行任务期间，用油画棒和水彩笔画在一本南美导游手册上的画，上面描绘了马尔金的一些亲属,以及阿根廷庆祝独立150周年的场景。

除了绘画以外,马尔金酷爱写作。1980年,关于马尔金的一部纪实小说在整个欧洲流传开来,人们这才知道原来他就是逮捕艾希曼的人。马尔金最著名的一本书是他在1985年出版的回忆录,书名为《艾希曼在我手中》,此书还被拍成了电影。

(二)摩萨德的"神偷"绝技

如果有人告诉你,一架战斗机竟能被间谍神不知鬼不觉地偷走,你一定不相信这是真的。不过,这事真的发生在摩萨德身上。以色列情报机构摩萨德在世界各大情报机构中,以"神偷"绝技著称,除了一般意义上的信息情报之外,摩萨德尤擅长偷实物,仅20世纪60年代,摩萨德就从美欧那里偷得核原料,从伊拉克偷回米格-21战斗机,从法国人手中偷得"幻影"战机设计图纸和五艘导弹艇。

●偷了美国177公斤浓缩铀

为了满足国内核研究的需要,摩萨德1962年开始了一个特别行动:策反某个能够接触核原料的外国官员,寻找机会合理"挪用"一些浓缩铀。美国纽梅克公司总经理夏皮罗成了"捕猎"的目标。生长于美国的夏皮罗是个狂热的犹太复国主义者,对以色列非常同情。而且,他曾受聘威斯汀豪斯公司参与研制美国第一艘核潜艇"鹦鹉"号所使用的反应堆。工程结束后,获得一大笔收入的夏皮罗成立了纽梅克公司,主要为美国一些商业性核反应堆提供氧化铀。

摩萨德很快就与夏皮罗建立了联系,并帮助他把生意拓展到了以色列。接着,纽梅克公司又成立了一个子公司,而该公司一半的股份都掌握在以色列人手中。从那以后,夏皮罗的公司和住宅时常会有一些以色列客人甚至政府高官出入。他们实际上都是摩萨德的特工。

夏皮罗的行动引起了美国情报部门的注意。1965年4月,美国原子能委员会调查发现:威斯汀豪斯公司向纽梅克公司提供的用于"阿波罗"空间计划的60.8公斤浓缩铀竟然莫名其妙地失踪了。夏皮罗在接受盘问时狡辩说，自己只是在特殊的生产过程中曾经埋掉了一部分报废的铀，这种做法很正常。但在检察官的坚持下，他把装有报废铀的容器从地下挖出来时，发现埋掉的铀还不到“丢失”数量的十分之一。

美国原子能委员会之后又进行了两周时间的详尽调查，发现“失踪”的浓缩铀竟多达177公斤，这已经是一个具有实际军事意义的数量。夏皮罗矢口否认自己的公司丢失过铀，坚持说公司所有的交易都手续完备，只是一部分成交凭据在清洁工厂时不小心散失了。后来，美国联邦调查局也介入调查，但最终以证据不足不了了之，而且允许纽梅克公司照常营业。

不过，夏皮罗几个月后就主动关闭了自己的公司。有媒体透露，美国中央情报局当时极有可能已经判定是以色列人在幕后操纵了这一切。但出于战略利益的需要，美国政府至今讳莫如深。

●摩萨德瞒天过海从欧洲偷走核原料

20世纪60年代，以色列秘密启动核武器研制计划。为突破国际禁运，以情报机关策划了偷运核原料的“高铅酸盐”行动。擅长瞒天过海的摩萨德特工以一家德国公司为掩护，辗转于欧洲诸国，仅用14个月时间就将数百吨铀矿石成功运回以色列。

以色列的迪莫纳反应堆于1964年6月就已开炉运行，但由于内部分歧，制造原子弹的指令迟迟没有下达。直到第三次中东战争后，国防部长摩西·达扬成为一言九鼎的人物，在争论中力排众议。1967年夏末秋初，以色列政府终于通过了制造原子弹的秘密决议。

当时的迪莫纳面临重重困难。安全问题倒不是首要的，最让人忧虑的是：科学家们提出需要200吨氧化铀，可此种物资根本无法用正常途径获得。以色列高层当机立断，决定实施偷铀计划，情报部门接受任务后，立即开始撒网搜寻目标。不久，他们就通过在国际原子能委员会的“内线”了解到，比利时布鲁塞尔矿业公司拥有一批数量可观的氧化铀矿石，就存放在荷兰安特卫普港的仓库里。

很快,一个代号为"高酸铅盐"的行动计划出笼了。该计划的核心,是设法找到一个既为国际原子能管理机构认可、又愿意接受以色列委托的贸易伙伴,这批矿石将由它出面通过"正常途径"买下,然后再设法于途中将其偷运到以色列。这是一项极端危险的特别行动,因为自从"核俱乐部"成员增加后,国际上对核原料的管制更加严格了。各核大国为阻止以色列人造原子弹,一直在严密监视他们的一举一动。

计划中有一个非常关键的人物:西德阿斯马拉化学股份有限公司的老板赫伯特·舒尔岑。此人曾是纳粹德国飞行员,酷爱金钱和美女,以色列特工决定以此为突破口逼迫舒尔岑就范。事情进展得非常顺利,舒尔岑迅即落入摩萨德设下的色情陷阱,而且作为前纳粹军官,他没办法拒绝合作;当然,事成之后他会得到巨额报酬。

1968年3月21日,阿斯马拉公司正式向布鲁塞尔矿业公司发出购买200吨氧化铀的订货单。上面注明:本公司打算将货先运到摩洛哥加工,而后再运回德国。布鲁塞尔矿业公司接到订单后,派副总裁德尼·德韦前往德国。两天后,双方就在200吨氧化铀矿石的买卖协议书上签了字。但在最后关头,一个事先没有考虑到的细节,险些使"高酸铅盐"计划泡汤。德韦把交易手续办妥后,好心地提醒舒尔岑:摩洛哥不属于欧共体范围,凡向欧共体以外输出铀矿石,除了须经欧洲原子能委员会的一般性审批外,还需经过特批,而这类特批是很难获准的。舒尔岑顿时傻眼了——摩萨德交代任务时,特意强调只须将货船驶入地中海,剩下的事就不用管了;为了将这批货装船,他才坚持铀矿石必须经过加工才能使用,而且特意选择了濒临地中海的摩洛哥。

以色列方面闻讯,冥思苦想补救措施。最后关头,他们找到了意大利米兰的"赛卡"染料公司,公司老板是个见钱眼开的家伙,自然不会拒绝这笔买卖。接着,由舒尔岑紧急通知比利时方面,已将铀矿石的加工业务转给意大利人承担,合同也将做相应的修改。德韦感到很高兴,如此一来审批手续要简单得多,这笔大生意眼看就要成了。

与此同时,摩萨德已通过在利比里亚注册的一家"海运公司",从德国汉堡弄到了一艘小型货轮——"舍尔斯贝格"号。专备的船员也先期飞抵该船停泊地，这些人都是清一色的摩萨德特工，他们的护照、海员证等都出自伪造专家之手。同年10月30日，一名对原子能一窍不通的德国法学家，糊里糊涂地批准了这份购铀合同。11月15日，在安特卫普港，560个贴着“高酸铅盐”的剧毒符号的密封大圆桶被装上“舍尔斯贝格”号，桶内装着200吨优质铀矿石。深夜1点半，货轮悄然起锚出海。

仅仅半个月后，这些珍贵的核原料就被秘密送到了位于以色列沙漠中的迪莫纳核中心。换言之，在以色列内阁拍板后仅14个月，摩萨德即已圆满完成偷铀任务。此后又过了7个月，欧洲原子能委员会才发觉自己受了骗。

●摩萨德用美人计偷米格-21

1965年1月的一天，以色列空军司令埃泽·魏茨曼来找谍报机关摩萨德首脑梅厄·阿米特将军。他对阿米特将军说：“我需要一架货真价实的米格-21。”阿米特将军沉思了片刻，说：“好吧，让我们来试试看。”

空军司令魏茨曼领导下的以色列空军是一支精悍的很有战斗力的队伍，被称为“以色列的长臂”。其主力飞机是法国的“幻影”Ⅲ战斗机。可是，现在以色列空军司令感到了来自空中的威胁，这就是米格-21的威胁。原来，和以色列对立的几个国家在20世纪60年代初的几年里先后引进了一批苏联生产的米格-21战斗机。

米格-21是米高扬设计局的杰作。1955年第一架米格-21诞生，它具有优良的战术技术性能，轻巧、灵活、爬升快、操纵性能好、火力强。北约给它取了个绰号，叫“鱼窝(FIAHBED)”。20世纪60年代，米格-21是苏军的主力战斗机，最多时装备了2500架以上。为扩大影响，苏联向叙利亚、伊拉克和埃及提供了米格-21。以色列要偷米格-21，当然要从邻近的国家入手，但是要从对方严的密控制下完整地偷出一架飞机，真是谈何容易。

摩萨德行动计划处的沙龙处长决定从伊拉克空军下手。他选中了伊拉克空军的飞行大队长穆尼尔·雷德法少校为策反对象。沙龙明白：以色列要偷飞机必须先“偷”人。因为让任何一个间谍亲自去偷一架飞机，都是不可能的，必须在对方的飞行员中打主意，让对方的飞行员把飞机开过来。

伊拉克空军的飞行大队长穆尼尔出身于伊拉克一个非常富有的家庭，其家人都是天主教教徒。在伊拉克，非穆斯林普遍受到歧视，穆尼尔一家也不例外。此外，穆尼尔对其部队曾经轰炸和扫射北部库尔德人总感到内疚。摩萨德认为，这些都是策反他的有利条件。

在派往巴格达的间谍当中，有一个持有美国护照的犹太美女，她是实施策反的关键人物。在摩萨德的精心安排下，这个女间谍在一次有伊拉克军政首脑参加的招待会上“结识”了英俊潇洒的穆尼尔，并在极其秘密的情况下把他带到了以色列。

在以色列，穆尼尔受到了大人物般的礼遇，在特拉维夫一下飞机，就被直接带到了内格夫的一个秘密空军基地。摩萨德头子阿米特将军亲自接见他。阿米特直截了当地问他：“你愿意重返巴格达带着你的飞机再来以色列吗？”穆尼尔没有拒绝，但是也没有立即表示同意。“你会得到报酬的。”阿米特将军拍着他的肩膀说。在穆尼尔表示愿意“成交”之后，刚刚接替魏茨曼担任空军司令的莫迪凯·霍德亲自帮助他拟定了出逃计划，精心安排了各种细节。

几天后，穆尼尔在他的“美国女友”陪伴下返回了巴格达。接下来的几周对穆尼尔和摩萨德来说都是不轻松的，首先必须说服穆尼尔的全家人，让他们以不同的借口，在不同的时间一个一个地出国，而又不引起怀疑。这项工

收藏在以色列空军博物馆的MiG-21FL战斗机

作难度极大，万一露出马脚，不仅穆尼尔性命难保，而且摩萨德一年多来的苦心经营也将付诸东流。其次，摩萨德将许诺给穆尼尔的百万美元存进了一家瑞士银行。穆尼尔必须耐心地等待例行飞行的时机。

机会终于来了。1966年8月15日早晨，穆尼尔镇定自若地走向自己的飞机。他命令地勤人员给飞机加满油。这使地勤人员十分吃惊，因为苏联顾问曾三令五申，要将燃油限定在执行任务所必需的最低数量之内。这是一项“安全措施”。但伊拉克人都明白，这是不信任伊拉克飞行员。他们为这种不信任而感到耻辱。地勤人员服从了穆尼尔的命令。首先这是因为穆尼尔是一位高级军官；其次，谁不恨那些傲慢的俄国佬呢。他们当然没有想到，一个精心策划的驾机外逃计划正在实施。

穆尼尔多年来单独执行任务时总是“循规蹈矩”，俄国人从不怀疑他。这一点帮了他的大忙。而且，此时此刻，基地的苏联警戒人员正在吃早饭，无心过问伊拉克人的事。

穆尼尔驾着加满油的米格-21从容不迫地起飞了。他先沿着例行航线朝巴格达方向飞去，然后突然改变航向朝南飞行，接着又对准西方，直飞以色列。他准确地按霍德规定的航线和高度飞行。当他到达约旦河上空时，苏联人和伊拉克人还没发觉出了事呢。

当穆尼尔驾驶的米格-21以约定的方位出现在以色列雷达的荧光屏上时，一个中队的“幻影”战斗机紧急起飞，前往迎接护航。穆尼尔操纵飞机做了一连串事先约定的动作，消除了以色列飞行员的怀疑，顺利实现了会合。十几分钟之后，穆尼尔降落在以色列的一个机场上，受到了以色列空军司令霍德的欢迎。

以色列空军就这样偷走了米格-21。

●偷回“幻影”战机设计图纸

法国政府1967年下令禁止向以色列出售各种武器，包括已经付款的50架“幻影”战斗机。摩萨德再次玩起了“神偷”绝技。

当年12月，以色列获悉瑞士政府曾向法国订购一百架“幻影”战机，现决定只要53架，其余47架的全部零件连同设计图纸仍在瑞士人手里。摩萨德就此事展开调查。他们发现瑞士苏赛尔兄弟公司与制造“幻影”飞机的法国达索尔公司签有承制该机种的合同，负责监督“幻影”制造的是瑞士高级工程师弗劳恩克内希特。

摩萨德软硬兼施地制服了弗劳恩克内希特，迫使他答应帮助偷取“幻影”飞机的设计图纸。但这可不是一件容易的事，因为设计图纸数量实在太大了，仅仅一部飞机引擎机床的设计图纸就有4.5万多张，有的图纸和说明书竟长达三米，即使夜以继日地不停拍摄，也需要很长的时间才能干完。

正在为难之时，瑞士政府为防止泄密下令将设计图纸逐步销毁，专门运送图纸的司机巧合的是弗劳恩克内希特的表弟，而且弗劳恩克内希特也被指定参与销毁工作。这样一来，为作案提供了极为便利的条件。弗劳恩克内希特在运送图纸经过的公路旁租了一间经过特殊装修的车库，每周四，装着“幻影”飞机图纸的卡车在没有到达销毁工厂之前便开到这间房子里，在那里进行掉包。完成销毁“废图纸”的任务后，再回来把真图纸运到靠近德国边境的一座小城，交给摩萨德特工，然后秘密运回以色列。“幻影”飞机的设计图纸就这样一批又一批地悄悄运到了以色列。

以色列1975年4月制造出了“幼狮”战机，完全是“幻影”飞机的改进和仿造。此时，这件事才被世人知晓。

●“诺亚方舟”行动偷回五艘导弹艇

与偷“幻影”战机设计图纸的背景一样，法国一家造船厂为以色列建造的五艘导弹快艇即将完成时，法国政府宣布对以色列实行全面武器禁运。摩萨德又展开了一项代号为“诺亚方舟”的偷艇行动。

以色列先是于1969年11月通知造船厂老板哈里奥，称既然无法获得这些导弹艇，那么只求收回已付的全部款项，他们可以把船卖给任何人。正当哈里奥着急出售导弹艇时，一个名叫塞姆、自称是挪威阿克尔制造公司总经理的人主动上门找到哈里奥说：“我的公司现在巴拿马注册，希望买进那五艘导弹艇。”哈里奥问他买导弹艇的意图，因为军售必须向国防部交代。塞姆称，自己是为巴拿马一家名叫斯塔布持·韦尔的公司买的，他在这家公司有股份，这家公司想把这些船用于阿拉斯加近海的石油勘探。

哈里奥虽然不明白勘探海底石油为什么需要导弹艇，但他更关心一件事:尽快将快艇出手。但是他不知道，塞姆确实是阿克尔制造公司总经理，但这家公司是几天前才刚刚成立的。法国政府很快就同意了这笔交易。

与此同时，此前一直待在船厂的以色列人尽管已经不再购买导弹艇，但是借口他们的合同尚未到期不肯离去。12月25日，以色列前海军司令利蒙将军来到了瑟堡。当法国人沉浸在圣诞节的快乐中时，刚建造完成的五艘导弹艇悄悄地驶出了瑟堡港口，消失于茫茫大海。

专门前来送行的船厂老板哈里奥还不解地说:“这些挪威人真性急啊！”。利蒙也笑着说“我们也着急回去好好庆祝一下这个美好的夜晚。”回到旅馆后，利蒙立即向以色列发报:“诺亚方舟已经启航！”就这样，摩萨德如愿以偿地偷回五艘崭新的导弹艇。

●摩萨德再施美人计，以色列再偷米格-23战机

以色列电台1989年10月12日发表了一则简单的新闻:“昨天中午，叙利亚空军少校穆罕默德·阿迪勒驾驶一架苏制米格-23战斗机投奔以色列。”这一新闻引起了各方面的震动，尤其是在叙利亚方面。大马士革作了种种的努力，希望通过联合国和国际红十字会向沙米尔内阁政府施加压力接回飞机和飞行员，但是都落了空。

以色列对于事先是否知道阿迪勒驾机叛逃这一敏感性的问题避而不答。面对来自各方面的种种担忧和猜测，以色列国防部长拉宾将军圆滑地说道:“这是军事上的秘密，无可奉告。”

倒是欧洲的新闻媒体的报道说到了点子上：这一事件不禁使人联想起23年前伊拉克飞行员穆尼尔·雷德法驾驶米格-21战斗机投奔以色列的情景。毫无疑问，这是以色列秘密情报局摩萨德的又一杰作。摩萨德一定预先得知阿迪勒要叛逃，而且为他提供了着陆地点及躲避空中火力的路线和方法。事实正是如此，阿迪勒少校只是跌入摩萨德美丽诱人女间谍情网中的又一条大鱼。

叙利亚总统阿萨德在1973年，即中东第四次战争结束后不久，访问莫斯科期间，前苏联同意向叙利亚提供米格-23战斗机等先进武器，以对付以色列的F-15和F-16战斗轰炸机。鉴于此，以色列迫切希望证实叙利亚是否已经得到比米格-23型更先进的苏制飞机。在上述背景下，以色列方面加强了对叙利亚军事情报活动，摩萨德便派遣女谍前往叙利亚首都，刺探这方面的情报。策反阿迪勒驾机叛逃的德丽丝便是其中一员。

德丽丝是黎巴嫩人。在她刚懂事时，病魔夺走了她母亲的生命。不久，德丽丝父亲又娶了新的妻子，离德丽丝而去。在德丽丝16岁那年，与她相依为命的外祖母病故。德丽丝变成了孤儿。为了生活，德丽丝经人介绍来到贝鲁特的一家酒吧当女招待。德丽丝长得亭亭玉立。她的出现使原来不很景气的酒吧一下子生意兴隆起来。就在这时候，德丽丝结识了在黎巴嫩从事秘密活动的摩萨德特工人员莱尔赛。莱尔赛很快就把她拉入了摩萨德组织，并安排她先到叙利亚工作一段时间，设法搜集叙利亚空军军事力量的情报。

德丽丝到大马士革后，职业掩护仍然是酒吧的女招待。叙利亚空军少校飞行员穆罕默德·阿迪勒生活上并不顺心，年龄三十余岁，仍是孤身一人。阿迪勒生性急躁，因此常和上司闹别扭，每逢遇上什么不称心的事，便去酒吧借酒消愁。那天，阿迪勒少校来到德丽丝当招待的那个酒吧，发现端着托盘向他款款走来的女招待德丽丝长得如此美丽动人。当阿迪勒喝完三杯啤酒后，便不由自主地向德丽丝吐露了自己的姓名和叙利亚空军少校飞行员的身份。

踏破铁鞋无觅处，得来全不费功夫。德丽丝眼睛一亮，把自己的名字告诉了阿迪勒，并把对空中英雄的仰慕传达给阿迪勒。就这样，阿迪勒与德丽丝相识了。

阿迪勒不久知道德丽丝是摩萨德派出的特工后，开始时大吃一惊，六神无主，坐立不安，但又一想，自己反正在叙利亚军中受人排挤，只要能和心爱的人永远在一起，付出任何代价都行，于是他决定铤而走险。这时，原来只是逢场作戏的德丽丝也真正爱上了阿迪勒。德丽丝向阿迪勒道出了自己的任务和目的：驾驶一架最新米格战斗机前往以色列。

阿迪勒在军中的境况和对德丽丝的爱促使他终于下定决心，同意完成德丽丝交待的任务，但要求与德丽丝上司面谈。之后，摩萨德方面派出人员与阿迪勒面晤。摩萨德特工为阿迪勒设计了驾机叛逃计划。阿迪勒提出两个条件：一是允许他娶德丽丝为妻。二是他驾驶的飞机平安抵达以色列后，以色列方面要支付他一百万美元。摩萨德方面答应了阿迪勒的条件。

两架叙利亚空军的苏制米格–23战斗机于1989年10月11日中午时分在距离大马士革市30公里远的一个空军基地待命。当机场的塔台发出"起飞"的命令时，两架飞机的引擎已经开始轰鸣。飞机平稳地向起飞跑道滑行。转瞬之间，两架米格–23战斗机在机场升空，扑向毗邻以色列的戈兰高地作正常飞行训练。忽然，飞在后面的一架米格–23战斗机偏离预定航向，转头往西朝以色列边境方向飞去。飞机以极快的速度进入以色列领空后，从雷达荧光屏上消失，降落在以色列边境。紧接着，就在米格–23飞抵以色列的次日，就出现了前面那则新闻。

●摩萨德偷美国绝密情报

2004年8月27日，美国哥伦比亚广播公司《60分钟》特别节目突然播出了一条爆炸性的新闻：国防部里潜伏着一名间谍，该间谍已经打入了高层，并从五角大楼"拿走"了许多绝密文件。报道称，这名间谍并非被美国的"敌人"收买，而是为美国最亲密的"友邦"以色列服务的。

此人是国防情报局的一名上校，名叫劳伦斯·富兰克林。他是国防部第三号人物、分管制定政策的副部长道格拉斯·费斯手下的一员"爱将"，在费斯直接分管的一个特别办公室工作，而且与国防部副部长沃尔福威茨的关系也非常密切。

哥伦比亚广播公司报道说，2003年国防部曾向当时的美国总统布什递交了一份有关美国对伊朗关系的绝密文件，这份文件快完成时，这名间谍将草稿交给了以色列，估计当时的以色列总理沙龙甚至比布什还要早知道这份绝密文件的内容。

据报道，以色列对美进行间谍活动已经不是第一次。1974年，福特政府计划向沙特阿拉伯出售预警飞机。以政府担心，一旦沙特拥有这种飞机，将会对以空军在中东地区的行动了如指掌。从此，以色列在美国展开了全方位的间谍渗透活动。

1985年，美国海军情报官员帕纳德因向以色列出卖情报而被捕。在18个月中，帕纳德共向以色列提供了上千份敏感文件，许多情报属于绝密级别。美国最后判帕纳德终生监禁，美以关系一时陷入低潮。

2003年初，美国《洞察》杂志透露，美国反间谍机构侦破了一个以色列超级间谍网，逮捕、驱逐了120名在美国从事间谍活动的以色列人。

(三)报复“黑色九月”

以色列前总理果达尔·梅厄夫人

1972年9月5日，联邦德国慕尼黑奥运会举办期间，巴勒斯坦极端恐怖组织“黑色九月”的8名恐怖分子闯入奥运村以色列选手驻地，当场击毙了两名以色列举重教练和运动员，绑架了另外9名运动员。此后，“黑色九月”发表声明，要求释放被以色列关押的234名巴勒斯坦政治犯。以色列政府拒绝了释放政治犯的要求。随后，联邦德国试图营救人质的阻击战失败，引发枪战，导致9名人质全部丧生。这就是历史上著名的“慕尼黑惨案”。

梅厄夫人对将军们背诵了《圣经》上的一条严厉的戒条：“以眼还眼，以牙还牙。”

慕尼黑惨案发生后，以色列举国哀悼。以色列总理格尔达·梅厄夫人下令实施报复。她对摩萨德头目扎米尔和复仇队长阿夫纳说，以色列存在于世，就是要保护犹太人，使他们免遭敌人的欺凌和虐杀。梅厄夫人表示："这显然是一场恐怖分子精心策划的袭击，令我们的运动员付出了代价。"外界普遍认为，梅厄夫人随即下令摩萨德特工追杀凶手，展开血腥报复。

扎米尔为暗杀行动命名为"上帝的复仇"。为给被杀的11名以色列运动员抵命，死亡名单凑足11个人，一支训练有素的暗杀队伍——"死神突击队"成立了。"死神突击队"分成若干个小组，暗杀每个目标动用一个小组。暗杀活动从1972年10月到1981年8月，持续9年有余。列入死亡名单的11名恐怖分子全部被处死，也伤及了大量无辜，摩萨德的复仇行动震撼世界。

第一个被干掉的是"死亡名单"上的第四位：瓦埃勒·兹怀伊特，他是"黑九月"在意大利的头头。1972年10月16日夜里，40岁的兹怀伊特像往常一样，从他的意大利女友家出来回家。在公寓门厅里，暗杀小组的两名特工出现在兹怀伊特面前，一名特工用英语问道："你是瓦埃勒·兹怀伊特吗？"问得很随便，而且很有礼貌。扎米尔曾对他们说过："要和目标套近乎，好像他就是你的亲兄弟一样，让他自己暴露身份，然后再拔枪，拔出枪来就要立即射击。"兹怀伊特毫无防备，没带枪，也没有保镖。两个特工几乎同时扣动了扳机，装有消音器的贝雷塔手枪发出轻轻的"嗒嗒"声，兹怀伊特倒下了，身中14弹。摩萨德为杀死兹怀伊特，共花费了35万美元，但头头扎米尔认为很值得，旗开得胜。

哈姆沙里是巴勒斯坦解放组织驻巴黎的正式代表，他温文尔雅，颇有教养，娶了个法国妻子，生了一个女儿，住在巴黎一套公寓里。但是，有材料证明他策划了多起恐怖活动，包括"黑九月"事件。因此，哈姆沙里无论走到哪里，都有警卫跟着，并事先为他"清扫"路面。公寓四周的街道上都布设了警卫暗哨。用暗杀兹怀伊特的办法来干掉哈姆沙里要担很大的风险，而且，在杀死他的同时，还要避免伤害他的妻子和女儿。因此，扎米尔决定不惜一切代价避免直接交火，他们商定了一个更巧妙的安排，借助摩萨德的军械师和爆炸专家来完成。

1972年12月5日，一名特工乔装成管道工，破坏了哈姆沙里家的电话电缆。第二天晚上，一位技师开着一辆工具车来了。在检修电话期间，技师把一枚新式炸弹偷偷放到了电话机底部。拿起听筒，炸弹还不会起爆，须有无线电信号遥控才能引爆。

12月8日上午8点25分，哈姆沙里的法国夫人像平时一样，送女儿上幼儿园去了。

两天之前，哈姆沙里曾接到过一个"意大利记者"要求采访他的电话，他们已约好今天在一个咖啡馆里面谈。那个记者说，他一到咖啡馆，就往他家里打电话。现在，那位"意大利记者"打电话来了，哈姆沙里拿起听筒，对方说明自己是"意大利记者"后，问他是不是哈姆沙里本人，哈姆沙里刚回答了"对，是我"，电话机爆炸了。暗杀小组的特工们躲在附近的工具车内，看到整座大楼轻轻地颤抖了一下，哈姆沙里寓所的大玻璃窗震出了纵横交错的裂纹。哈姆沙里并未当场身亡，在医院里治疗了一个月后才死去。

对"死亡名单"上的第十位人物——侯赛因·阿巴德·希尔的"处决"，是在塞浦路斯进行的。希尔的职业是东方语言教师，他从不随身携带武器，也没有保镖。

1974年1月22日，扎米尔得到情报，希尔将于次日去塞浦路斯，他已在一向住惯的奥林匹克饭店预定了房间。当天夜里，暗杀小组捷足先登，住进了奥林匹克饭店。1月23日晚上，希尔化名侯赛因·巴沙里，持叙利亚旅游护照，住进了奥林匹克饭店。

暗杀小组的爆炸专家决定在希尔的床下多放些炸弹。可是，住在希尔隔壁的是一对以色列新婚夫妇，他们是到塞浦路斯来度蜜月的。爆炸专家拍着胸脯保证说："绝对不会危及隔壁房间。"给希尔准备的是一种压力炸弹，内有6个小型炸药包，分别连在两个弹体上。两个弹体由4个弹簧隔开。弹簧可以防止上部弹体的4颗螺丝碰到下部弹体的4个接触点。但是，人体的重量足以压低弹簧，使螺丝碰到接触点。这样一来，压力炸弹的保险就打开了，然后，通过无线电信号引爆炸弹。1月24日早上8点刚过，希尔外出。暗杀小组的两名特工偷偷溜进他的房间，把炸弹固定在床垫下面的金属弹床绷上，并破坏了卧房内床头罩灯的开关线路。这样，在远处的摩萨德特工看到卧房的灯熄掉时，就可以断定希尔上床就寝了。当天夜里10点，希尔回到房间后被炸弹杀死。

1979年，三名巴勒斯坦人在贝鲁特被暗杀，其中“黑色九月”头目尤赛夫被汽车炸弹炸死。在接下来的几年里，陆续有涉嫌参与慕尼黑绑架的巴勒斯坦人遭暗杀。但是，在追杀“黑色九月”成员的行动中，摩萨德特工也曾出现失误。在挪威小镇利尼哈马，摩萨德特工错误杀害一位与慕尼黑绑架案毫无关联的摩洛哥侍应生。这一失误导致5名摩萨德特工在异国锒铛入狱，并被控以谋杀罪，来自国际上的压力导致以色列被迫取消了“上帝的复仇”行动。五名特工因此被捕入狱，其中女特工西维亚·拉佩尔五年后才获释返回以色列。

(四)千里奔袭恩德培机场救人质

恩德培机场人质解救行动是一次由以色列军方和以色列特工部门摩萨德策划，在乌干达恩德培国际机场实施的反劫机行动。1976年7月，以色列特种部队穿过5个敌对国家上空，长途奔袭乌干达恩德培机场，营救人质成功，则是它无数次出征中的一次杰作。这次行动之大胆、奔袭距离之遥远，展露了以色列打击恐怖主义的能力，被视为反劫机作战中最富传奇色彩的一幕。

约纳坦·约尼·内塔尼亚胡上校

这次行动从1976年7月3日夜持续到次日凌晨，最后成功救出人质返回以色列。以色列军方又称这次行动为“霹雳行动”，也有人以行动的指挥官约纳坦·约尼·内塔尼亚胡上校的名字称呼这次行动为“约纳坦行动”。内塔尼亚胡上校也是这次行动中唯一阵亡的以色列特种部队成员，他是两任以色列总理的内塔尼亚胡的哥哥。

1976年6月27日，这一天是星期天，一架法国航空公司的A300客机从以色列首都特拉维夫起飞，经希腊雅典机场转停后飞往法国巴黎。但是，当飞至伯罗奔尼撒半岛上空时，这架客机突然被恐怖分子劫持。飞机在班加西作了短暂停留后，最终在乌干达首都坎帕拉的恩德培机场降落。显然，这是一次经过周密策划的劫机行动。

6月29日，劫机犯发表声明，要求释放关押在以色列、德国、肯尼亚、瑞士和法国的53名在押犯，并要求在7月1日14时前作出答复，否则将炸机杀人。6月30日，全体以色列内阁成员会集在在拉宾总理的官邸里。事情已经到了千钧一发的紧要关头，必须立即作出决断。

经过讨论，以色列政府决定与恐怖分子谈判，并呼吁劫机者把处死人质的时期推迟到7月4日。

与此同时，以色列国防部就研究了采取军事行动营救人质的可能性。

在特拉维夫以南100公里处的贝尔希巴，有一座大型空军基地。它被浩瀚的沙漠紧紧包围着。尽管这里人烟稀少，但基地四周仍戒备森严，一队队荷枪实弹的士兵一刻不停地在基地附近来回巡逻。

营救人质的“霹雳行动”便是在这里酝酿成熟的。在这个基地，以色列特种部队司令希姆朗准将从飞机一被劫持便开始研究偷袭恩德培机场的军事行动。希姆朗是特种部队的创始人，也是以色列最年轻的将军之一。希姆朗知道和平谈判正在进行，但他相信，只有成功地采取军事行动，才是解决事

行动前以色列军官在布置细则

件的唯一办法。7月1日，化装成商人的摩萨德特工飞往乌干达邻国肯尼亚的内罗毕，一部分人同内罗毕警察署秘密取得联系，另一部分人则由肯尼亚经陆路潜往乌干达。

仅一天，摩萨德便收集到乌干达军队和劫机分子的大量情报：在恩德培机场附近，驻有2个营的机械化步兵，装备若干防空火炮和坦克。平时，担任机场警卫任务的执勤分队不足70人。更令人振奋的是，劫机分子们并未像他们所宣称的那样，在关押人质的候机大楼里“遍布炸药”。

同时，美国中央情报局也发来了有关恩德培机场的最新情报。尔后，从肯尼亚又传来了好消息。肯尼亚治安警察司令说：“如果把作战飞机伪装成以色列航空公司的包机，并允许警察当局在机场上把飞机隔离起来，政府就同意以色列飞机在内罗毕降落。”肯尼亚总统对此给予了默许。这样就解决了飞机在往返恩德培机场途中需要加油等一系列的问题。

万事俱备，“霹雳行动”出笼了！7月2日下午3点，以色列国防军总参谋长格尔将军笔直地站在拉宾总理的办公室里。伏在办公桌上的拉宾总理正在审阅“霹雳行动”，手里像握短剑似地握着一支笔。

拉宾的手翻完最后一页文件，目光落在格尔将军脸上。“你知道这支笔的重量吗？”拉宾慢吞吞地说，“它关系到100多名以色列人的命运。”

格尔将军回答到：“不，它关系到整个以色列的命运。”

这个计划实在是太大胆了！简直近乎于天方夜潭式的神话！乌丁达位丁非洲中部，距地处西亚的以色列约有4000公里，中间还隔着埃及、苏丹、索马里、埃塞俄比亚、沙特阿拉伯等国家，尤其是劫机分子所在的乌干达本身就是一个狂热的反犹太人国家。以色列的对手绝不仅仅是几个恐怖分子，而是一个国家和它的全部国防军。在这样的情况下，与其说是去战斗，不如说是去送死！

“霹雳行动”的指挥官约纳坦·约尼·内塔尼亚胡

然而,恰恰就是这一点,使计划成为可能。出奇不意,攻其不备,这是以色列军队常胜不败的法宝。笔尖终于落到纸上,"霹雳行动"正式文本扉页上多了一行流利、优雅的希伯莱文字。那是拉宾的亲笔签名。

从特拉维夫向西,在荒凉的沙漠深处,有一座土木结构的大型机场。远处,坦克、装甲车往来驰骋,将机场附近完全封锁起来。为确保突击的胜利,以色列摩萨德人员和曾承建过恩德培机场的建筑人员,以旧图纸为基础,参考美国侦察卫星提供的最新资料、以惊人的速度建造了一座恩德培机场的实物模型,其跑道长度、位置、候机楼、塔台大小,同恩德培机场一模一样,连窗户都不少一扇!就在这里,即将远征的以色列士兵,在约尼·内坦尼亚胡上校的率领下,反复进行着战前的最后演练。他们奉命首批着陆,随即攻占机场大楼。约尼手里拿着计时秒表,对部下进行测试。头戴土黄色贝雷帽的突击队员一个个高扬着头,直挺着身子疾跑。弯腰奔跑也许对于躲避枪弹有利,但影响速度。在生命与速度之间,突击队选择了后者。

7月3日下午,在西奈半岛最南端的沙姆沙伊赫机场,突击队员们早已整装待发。根据"霹雳行动",280名突击队员由C-130"大力士"飞机负责运输,此外,还将出动波音707客机2架,而8架F-4E战斗机负责空中掩护,护送整个机群通过阿拉伯国家的对空警戒区,进入公海。

下午3点10分,参加行动的飞机,腾空而起,扑向遥远的天际。机群自沙姆沙伊赫起飞后,刚飞过蒂朗海峡就降低了高度。按预定方案,机群在整个飞行过程中将超低空飞行,离地面的高度不能超过15米。因为15米以上就可能被雷达发现!

参加行动的美制C-130"大力士"运输机

编队快到恩德培机场时，天气突然恶化，雷电滚滚，暴雨如注，飞机剧烈颠簸起来。机群冒着被雷电击中的危险，在能见度极差的情况下，靠机上雷达摸索前进。2个多小时后，飞机终于穿出了云层。恩德培机场已经在望。22点45分，整个机群抵达恩德培机场上空。此时的恩德培机场灯火通明，毫无戒备迹象。随着一声巨响，飞机降落到地面上。飞机停稳后，发动机没有停车，以便随时升空。

早已等候在机舱门口的乘坐吉普车、装甲车的突击队员们，如决堤的洪水一样，从飞机里喷涌而出，势不可挡。三组突击队员按预定方案分别扑向各自的目标。几名担负外围守卫任务的乌干达士兵还未弄清怎么回事，便被吉普车上喷吐的火舌打翻在地。

转眼前，突击队员们涌进了大厅，用希伯莱语高喊道："卧倒！"以色列人质都听懂了这句只有他们才能明白的命令，哗地一下趴在地上。顿时，劫机分子和乌干达士兵好像海潮退尽后的礁石，裸露在突击队员的枪口前。子弹像雨点一样扫射过去，殷红的鲜血四溅飞迸。劫机者和乌干达守军纷纷倒了下去。与此同时，其他两个突击小组也相继得手。

在停机坪上，突击队员们向排列得整整齐齐的米格飞机发射了"陶"式导弹。顿时火焰翻滚，猛烈的爆炸声响成一片，耀眼的白光照亮了夜幕。不一会儿，乌干达空军的精锐就不复存在了。

袭击塔台的突击队员也迅速占领了塔台。当他们冲进塔台时发现，塔台里的航空管制人员早已不知跑到哪儿去了。突击队员迅速捣毁了各种设备，恩德培机场变成了瞎子。整个行动像事先演练得那样流畅。从第一架以色列飞机落地到返航的最后一架以色列飞机起飞，只有短短的53分钟！

被营救出的人质

7月4日上午10点，由肯尼亚返航

约纳坦·约尼·内塔尼亚胡的墓地

的以色列机群，编队进入以色列领空。“霹雳行动”大获全胜，佩雷斯得意地称赞这次“霹雳行动”是前所未有的最远距离、前所未有的最短时间、前所未有的大胆作战。当乌干达总统得知这一情况后，先是气愤至极，谴责以军打死乌干达士兵和炸毁飞机的暴行，但最后却不由得赞扬说：“我作为一个职业军人，认为袭击非常成功，以色列特遣部队真是好样的！”这次行动以方死了4人，其中3人是人质，唯一阵亡的突击队成员是突击队指挥官内塔利亚胡上校，以色列总理内塔尼亚胡之兄。

“霹雳行动”在全世界引起了轰动。在本次行动中牺牲的、也是这次行动的指挥官约尼·内塔尼亚胡被以色列人民视为英雄。

(五)色诱逮捕以色列核工程师

因泄露以色列秘密核武库资料，一名以色列人被摩萨德用“美人计”诱捕回国。充当“美人计”诱饵的便是摩萨德特工谢丽尔·哈宁。

1960年，谢丽尔·哈宁生于美国。哈宁的父亲是一位生意人，经营着自己的连锁店，所以可以说她家庭条件比较优越。哈宁颇有魅力，柔和的面颊，性感的嘴唇，经过修饰的眉毛就像一弯新月，走在街头回头率颇高。

随着父母的离婚，哈宁的生活发生了巨大改变。失去了家庭温暖的哈宁选择出国到以色列学习希伯来语以及犹太历史。在这段时间里，她着实被这个美丽的国家深深迷住了。1978年毕业的时候，她选择加入了以色列国籍，参了军。1985年，哈宁嫁给了比她大6岁的以色列军官奥弗·本·托夫。由于哈宁相貌出众，反应敏捷，聪慧过人，而且对以色列有着无比的热爱，所以一下子走进了摩萨德的视线。

被摩萨德招募后，按照惯例，哈宁经历了一系列的间谍训练。这些训练非常残酷,可以说需要极大的勇气和耐心。但是哈宁坚持到了最后,并展示了自己的间谍天赋。她很快学会了如何坐在椅子上拔枪以及尽可能多地记住在她面前的屏幕上闪过的名字。她参加了许多模拟任务的执行,其中包括强行进入一间有人的旅店偷取所需的材料，半夜被叫醒在漆黑的夜里执行一些演习等。

她的性别本身就是一笔财富。就像摩萨德前主管梅尔阿米特说的:“女人拥有男人所没有的一些优势。现代情报史充满了女间谍利用自己的性别优势为自己的国家作出巨大贡献的故事。”在完成训练后,哈宁正式加入了摩萨德,主要在以色列驻外大使馆上作。她的身份是其他间谍的妻子或是女朋友。1986年,她接到了一个非同寻常的任务,这次任务也是她间谍生涯的顶峰,同时也是她的谢幕之作。她被派到伦敦吸引一位头发稀少的以色列籍年轻人。这个人就是莫迪凯·瓦努努。

核工程师莫迪凯·瓦努努,1954年10月生于摩洛哥的一个犹太人家庭,1963年举家移民以色列。虽然他学习很好,但没能通过飞行员测试,所以也就不能实现自己的理想。受到挫折的他参了军,在部队期间干得很不错。有人劝他就在部队干下去,但他想继续自己的学业。这是他的另一个目标,但由于物理考试不及格,他未能成功进入大学深造,再次未能得偿所愿。

心灰意冷的瓦努努回到了自己的家乡——位于以色列南部的比尔谢巴。回家后,他听说位于附近迪莫那市的核研究中心控制室正在招人。自从1958年建造以来，就不断有谣言说该中心的真实目的并不是以色列一直坚持的和平利用核能,而是在建造核武器。

1976年,瓦努努被该中心接收为实习生,参加了核物理以及其他科目的速成班,他还被要求签署了《国家安全秘密法案》。该法案禁止个人向外界泄露敏感的资料。

之后的8年,瓦努努是在该中心度过的。随着工作经验的增长,他也越来越多地进入到了敏感区域,接触到了一些敏感的东西。工作之余,他还在以色列的本古里安大学取得了哲学学位。正是在这所大学里,他参加了学生运动。作为一位在阿拉伯国家出生的犹太人,瓦努努发现自己经常被有着欧洲

“核泄密者”瓦努努

血统的犹太人瞧不起。他的世界观发生了改变，转为支持巴勒斯坦的正义事业。

核研究中心的官员多次要求他停止政治活动，但领导的警告不仅没有改变他的想法，反而加深了他对以色列政府的不满。而核问题也逐渐成了他心里的一个沉重包袱。他整天担心的是自己帮助建造的核武器将给世界造成多么大的危害。

1985年，正当瓦努努决定离开核研究中心的时候，他被告知被解雇了。在离开之前，他秘密拍摄了该中心内主要设施的大量照片，其中包括不同炸弹的模型。1986年初，瓦努努背着个背包，里面还有两卷没有冲洗的胶卷，离开了以色列。他流浪到了澳大利亚，在悉尼找到了个开计程车的工作，并开始参加一个教堂的活动。

瓦努努的新朋友中有一位叫奥斯卡·格雷罗，这是一位精力旺盛的哥伦比亚画家。当意识到揭露以色列的核秘密将给自己带来不小的收入时，格雷罗骗瓦努努说自己是位“国际记者”，将帮助他把这个故事出版。在这位哥伦比亚人的劝说下，瓦努努冲洗了胶卷。格雷罗随即准备将这个故事卖给新闻媒体赚大钱。他宣称，这个故事将比“水门事件”影响力更大。在被美国的《新闻周刊》等媒体拒绝后，1986年8月，格雷罗找到了伦敦的《星期日时报》。当时彼得·胡纳姆是该报的一名记者。他接到任务与格雷罗见面去辨别故事的真伪。

虽然格雷罗看起来满是吹嘘之词，但英国一位物理学教授说这此照片看起来是真的。于是，《星期日对报》派彼得·胡纳姆到澳大利亚直接找瓦努努了解情况。通过询问，胡纳姆发现瓦努努并没有说假话，他不知道的事情他就承认自己不知道。在两人两天的交谈中，瓦努努更加详细地介绍了这个核武器生产计划，透露的内容之详尽让胡纳姆都感到吃惊。瓦努努告诉胡纳姆以色列生产的这些核武器足以摧毁一座大城市，但其效果并没有经过作战检验。据胡纳姆讲，当时他完全沉浸在了瓦努努描绘的细节中。

按照他俩的约定，瓦努努将不从给报纸提供信息中获利，他将从出版一本书以及在一本德国杂志上连载刊出得到10万美元的酬金。

瓦努努随胡纳姆来到伦敦等待专家辨别故事真伪。正在此时，已经察觉了瓦努努活动情况的以色列摩萨德采取行动。他们派出年轻漂亮的哈宁来到伦敦。

在伦敦剧院街区中心地带的莱斯特广场，瓦努努首次见到了她。

这位女士自称"辛迪"。她说她是从美国到英国度假的美容师。分手时，她提议他们第二天在泰特美术馆见面。瓦努努非常愉快地接受了她的激请。

当晚胡纳姆曾安排了机会让瓦努努带"辛迪"到他家吃晚餐，但瓦努努最后打电话拒绝了邀请，理由是他"离开伦敦了"。随后瓦努努就消失了。

当最后《星期日时报》审查结束后，虽然瓦努努消失了，但该报还是把整个故事刊登了出来。1986年10月5日，英国《星期日时报》根据瓦努努提供的材料在头版发表了题为《以色列秘密核武库揭秘》的文章，并配发了瓦努努提供的核反应堆的照片作为佐证。全文整整有3个版面。文章称以色列的核武器库拥有多达200枚核武器，在世界核国家中位于前列。以色列的核秘密自此公诸于众。

以色列并没有否认该报报道的这个故事，但拒绝就瓦努努发表任何评论。两个月后，瓦努努出现在以色列一个法院的审判席上。直到这时，人们才看到了他的身影。他非常聪明地用一个独特的方式让世人知道了事情的真相。

在开庭的对候，他在自己的手上用黑水写下了下面一行字让现场的摄影师可以清楚地看到："1986年9月30日，瓦努努在意大利的罗马被绑架，是乘坐伦敦航空公司504航班抵达罗马的。"

内幕是这样的：漫长的等待让瓦努努对《星期日时报》越来越丧失信心，这时"辛迪"，也就是谢丽尔·哈宁劝他陪她去罗马玩玩。她说她姐在罗马有一套住房。她甚至还热情地替瓦努努买了一张商务舱机票。1986年9月30日，他俩乘坐伦敦航空公司的504航班直飞罗马。“辛迪”的一位朋友在机场迎接他们，并驱车把他俩送到了一处住宅。一个自称为“辛迪的姐姐”的黑发妇女为他们开了门。

正在这时两个壮汉袭击了瓦努努，将他按到了地下。“辛迪的姐姐”用一个针管给瓦努努强行注射了麻醉药。随后，瓦努努就失去了知觉。此后，“辛迪”一行乘坐一艘高速游艇将瓦努努带到了以色列海军一艘舰艇上，不过这艘军舰经过了伪装，看起来像一艘旧的货船。经过一周的航行，这艘以色列军舰总算从罗马回到了以色列。瓦努努被押解在摩萨德总部的一个单人间里。一个人朝瓦努努扔过去一份《星期日时报》，对他说：“看看你造成的损失吧！”

有读者可能会问，为什么摩萨德不在瓦努努披露秘密之前将他逮捕呢？

据彼得·胡纳姆后来分析，其实当瓦努努还在澳大利亚时，以色列摩萨德就已经盯上了他，但他们并没有足够的时间来决定到底是杀掉他还是绑架他。在错过了机会后，瓦努努来到了英国。但这时摩萨德又遇到了问题，因为当时的以色列总理西蒙·佩雷斯不想让英国首相撒切尔夫人难堪，所以他也没有容许摩萨德在英国的土地上逮捕瓦努努。

最后他们不得不决定将瓦努努引出英国，在其他国家来完成这个任务。事实上，这样的任务必然是非常耗费时间的，这也是瓦努努泄露机密后才被逮捕的真实原因。所以，可以想象，当时哈宁并不是伦敦街头唯一一位苦等瓦努努的摩萨德成员，还有其他人也在等着机会。

瓦努努受到的最严厉的指控是叛国罪。要是罪名属实的话，他将被判死刑。他的律师辩护说瓦努努并没有犯叛国罪，因为他并没有将核机密透露给以色列的敌对国，相反他将这个秘密公布于众的目的是满足公众的知情权。但由3个法官组成的秘密法庭并不认可这个辩护。法庭说通过将秘密透露给报纸，瓦努努等于让外国政府包括以色列的敌对国知道了这个秘密。虽然瓦努努最后逃脱了死刑，但也遭受了非同寻常的惩罚——被判18年监禁，其中头10年是单独监禁。

2004年4月份，瓦努努按期获释。这天，他受到来自世界各地近百名和平人士、反核人以及其他支持者的欢迎。虽然获得了释放，但由于沙龙领导的以色列政府仍然认为瓦努努给以色列造成了安全威胁，所以拒绝给他发护照，也不容许他出境。

在瓦努努被捕后，彼得·胡纳姆跟踪哈宁来到了以色列地中海沿岸的尼坦亚。哈宁和她丈夫居住在一间破旧的平房里。当被问及她到底是不是“辛迪”时，哈宁矢口否认。彼得·胡纳姆拍了几张她的照片后离开了她的家。就在胡纳姆见到她的当晚，平房又人去楼空。之后的几年里，哈宁和她的丈夫本·托夫一下子从公众的视野里消失了。一些人说她俩去了南非，还有一些人认为她可能已经被瓦努努的支持者暗杀。

核工程师莫迪凯·瓦努努

1997年，另一名《星期日时报》记者在哈宁的故乡见到了她。据这位记者透露，哈宁住在“一座隐蔽的别墅里”。但当问起瓦努努事件时，她同样不愿意多说。

对很多人来讲，哈宁就是一个英雄，是她帮助以色列将一位背叛者带回国内受审。他们说，要不是她，瓦努努可能会继续泄露更多的危害以色列国家安全的机密。

但对大批瓦努努的支持者来讲，瓦努努才是真正的英雄。他是一位爱好和平的人士。他认为世界有权力知道以色列正在研制的大型核武器库。他的崇拜者还认为他应该获得诺贝尔和平奖。

(六)摩萨德也有失手之时

摩萨德在半个多世纪的发展过程中，也遭受过不少挫败，使其在国内外形象均受损害。由于长期以来对摩萨德的赞誉，助长了它的骄横和大意，特别是近几年，摩萨德特工素质下降，失手颇多。

以色列总理内塔尼亚胡

●摩萨德糗事不断

摩萨德也不是每次都成功，特别是冷战后的行动失败多于成功，比如说摩萨德曾制定一份详尽的暗杀萨达姆的计划，结果两度失手；1998年，摩萨德在瑞士秘密行动失手，结果特工遭审判；1999年底，摩萨德特工制造叙利亚备战的假情报，差点把以色列拖入对叙利亚的战争；2000年，由于摩萨德特工使用加拿大假护照，也致使加拿大和以色列关系降温。

摩萨德最颜面无存的一次失败发生在1997年。特工在约旦一次毒杀哈马斯领导人哈立德·马沙尔的行动中失手。摩萨德5名特工用加拿大假护照，前往约旦首都安曼。两名特工佯装打架，一人用毒气喷雾器袭击马谢勒。但由于疏忽，两名特工当场被捕，其余特工随即逃到以色列驻约旦大使馆避难。他们随即被警卫和警察抓获，约旦国王侯赛因迅速通报了美、以当局。

事件令当时的约旦国王侯赛因勃然大怒，从而引发以色列与约旦的外交危机。最后，迫使时任以色列总理内塔尼亚胡给马沙尔送解药，而且还不得不释放哈马斯精神领袖亚辛。

丹尼·耶特姆是当时摩萨德的负责人，正是他下令展开暗杀马沙尔行动。他因行动失败而引咎辞职。后来，耶特姆在接受CNN访问时表示，他并不后悔作出暗杀的决定，只是遗憾行动没有成功。

1998年2月，本·托尔与4名同伙在瑞士克尼茨镇一所公寓安装电话窃听装置时被当场逮捕。当时的以总理内塔尼亚胡不得不向瑞士道歉。2001年7月7日，瑞士联邦法院刑事法庭经过5天审理，以间谍行为、匿名入境等罪名判处摩萨德特工本·托尔12个月徒刑，缓期一年执行。在以色列支付了200万美元保释金后，瑞士才允许本托尔回国。他是被证实身份后，在境外受审的第一名摩萨德特工。

2009年11月，摩萨德一名特工学员在特拉维夫市区进行安放炸弹训练，一名眼尖的妇女发现后报警，这名特工遭到警方逮捕。当时，这名特工学员正进行安放炸弹训练，在把一枚哑弹安放在一辆汽车底部时被这名妇女发现。这名妇女随即报警。警察把这名特工学员带回警局，经过询问得知这名“恐怖嫌疑人”原来是以色列情报机构的学员。

●“美女刺客”误杀无辜锒铛入狱

摩萨德女特工帕特丽西娅·罗克斯伯鲁

帕特丽西娅是一名南非人，她的原名叫做西尔维娅·拉菲尔，她的父亲是一名犹太人，母亲是一名基督教信徒。帕特丽西娅是在读了莱昂·尤里斯的著作《出埃及记》后对以色列开始感兴趣的。她在上世纪60年代初来到以色列当了一名英语教师。正是那时她被摩萨德相中，然后接受训练成了一名女特工。1969年，年轻貌美的帕特丽西娅曾以“美人计”俘获了英国记者乔恩·斯万，并作为他的摄影记者陪他采访了许多中东国家的要人，替摩萨德刺探到了许多高级机密。

但帕特丽西娅后来参与了在挪威利勒哈默尔市针对萨拉马的未遂暗杀行动，并搞错身份误杀了摩洛哥裔服务员阿赫曼德·布奇克希。帕特丽西娅被挪威警方逮捕后，挪威法庭判处了她5年半的有期徒刑。最后她回到了家乡南非，以拉菲尔的真名和自己的丈夫生活在一起。2005年，67岁的帕特丽西娅死于了癌症，她的前摩萨德同事在以色列为她举办了一个英雄般的葬礼。

我的代号是“007”：英国军情六处

“我是詹姆斯·邦德，代号007，为英国政府工作。”这句风靡全球的好莱坞电影旁白，为世人展示了一名无所不能的英国情报人员形象，也使英国情报机构及其间谍活动充满了无限的神秘感。因此，提起英国的军情六处，不少人会联想到007系列影片中的特工詹姆斯·邦德。“007”是一部享誉世界的英国电影系列剧中主人公、超级谍星詹姆斯·邦德的代号。“007”英俊潇洒、风流倜傥的形象，出生入死、战无不胜的经历，几十年来为无数东西方男女老幼津津乐道。而“007”剧中的原型就是英国军情六处的精英们。英国007系列“间谍小说之父”弗莱明所创作的第一部007系列小说《皇家赌场》中的双面女间谍琳德，就是以被丘吉尔称为“心爱女谍”的军情六处女间谍克里斯汀为原形改编的。可以说，神秘的军情六处在战争中为盟军提供了许多有战略价值的情报。

引子：英国特工海湾战争中的“木马计”

2007年伊始，伊拉克前总统萨达姆被判绞刑一事成了“热点”话题。而此时，一桩十几年前牵涉到老萨的旧案又被翻了出来——一部当时在英国面世的纪录片显示，为了能让英国特工在第一次海湾战争期间深入伊拉克搜集情报，英国政府悍然决定，将英国航空公司一架飞往印度的客机上的无辜乘客，“送给”萨达姆当人质，演绎了一出现代版的“特洛伊木马”。

1990 年 8 月 1 日深夜，英国航空公司的 149 航班从伦敦起飞，载着 376 名乘客飞往印度的马德拉斯。第二天凌晨，飞机中途降落在科威特的机场加油。然而，让机上乘客惊诧的是，机场上迎接他们的竟是荷枪实弹的伊拉克士兵。4 个小时前，伊拉克军队就占领了科威特。

随后，伊拉克总统萨达姆下令，将飞机上的 300 多人分别遣往科威特和伊拉克首都巴格达附近的军事、石油以及饮水净化厂等 70 多个战略设施，将他们作为“人体盾牌”，以保护这些战略设施免遭多国部队的轰炸。5 个多月后，经国际社会斡旋，这批人质才被释放。

007 系列电影之“黄金眼”

事情已经过去十几年了，如今，当年的那批人质仍在追问：我们乘坐的飞机难道竟是“特洛伊木马”？据英国最新的一部纪录片披露：为了能让机上的 12 名英国特工深入伊拉克搜集情报，英国政府悍然决定，将这架飞机上的无辜乘客“送给”萨达姆当人质。

英国航空公司的那架飞往印度的航班被伊拉克扣留后，时任英国首相的撒切尔夫人及其继任者梅杰一口咬定，该机飞临科威特上空时，英国政府对伊拉克军队已经占领了这个海湾小国的事情“毫不知情”，梅杰还否认了飞机上藏有英国的军事情报人员。然而，英国布莱克威制片公司最新制作的一部纪录片披露说，在客机降落在科威特机场前，撒切尔政府已经知道科威特被伊拉克占领，却未曾向客机发出任何警告、让其改降其他国家，而是让客机去“自投罗网”。

这部纪录片显示，英国政府之所以让客机“自投罗网”，原因只有一个：这架客机已经被英国政府当成了“特洛伊木马”——在飞机起飞前的最后一刻钟，至少12名英国军情六处的情报人员登上了这架民用飞机。在这个代号为“黑色行动”的小组成员中，有前英军特种部队队员，也有英国前情报官员，他们的任务就是混入科威特和伊拉克境内，到敌人后方执行秘密的情报搜集任务。

一些曾在当年执行“黑色行动”任务的前特种士兵在纪录片中称，在伊拉克军队包围了刚刚降落的客机前，“黑色行动” 小组的成员已经悄悄下了飞机，避开了伊军的视线，神不知鬼不觉地混入了敌人后方，为英国政府提供了有关海湾战争的重要情报。

一、军情六处概况

在英国的情报部门中，提到军情六处人们就会想到它的专职是搜集来自国外的种种秘密情报和反恐怖主义的组织。英国秘密情报局位于伦敦，它原被称为MI6，基本职责是在英国境外收集情报以支持政府的安全、防务、外交和经济政策。在英国的议会两院体制中由英国外交部负责MI6的事务。大约从1920年开始MI6被称作英国秘密情报局(SIS)，并作为法定名称正式记入《1994 年秘密情报法案》中。尽管几年前官方就不再用“MI6”这个名字了，但许多作者和记者继续用它来描述英国秘密情报局(SIS)。

(一)英国军事情报局

军情处，即 MI(Military Intelligence)，全称英国军事情报局(Directorate of Military Intelligence)，在 1963 年前隶属英国战争部，后隶属英国国防部的国防情报组。各个军情处均有不同的用途，成立时间亦不一样，二次大战时期发展成十九个属处，均有自己的代号。其后，因职责偶有重叠，各个军情处最后并合到军情五处（MI5）、军情六处（MI6）和英国国家通信情报局(GCHQ)了。有 MI 称号的军情处共 19 个，分别如下：

MI1—于第一次世界大战成立，负责解码及行政。已取消。

MI2—军情二处，主管二次大战中东及远东、斯堪的纳维亚、美国及苏联、中南美洲地区的情报，已取消。

MI3—军情三处，主理东欧的军事情报，已解散。

MI4—军情四处，负责二次大战时期之地图情报，1940 年 4 月被并合。

MI5—军情五处，成立于 1909 年 10 月，负责英国的对内军事情报，跟美国的联邦调查局（FBI）用途一样。1931 年改名为秘密保安局(Security Service)。

MI6—军情六处，也是成立于 1909 年 10 月，负责英国的对外军事情报，跟美国的中央情报局（CIA）用途一样。后期改名为秘密情报局(Secret Intelligence Service)。

MI7—军情七处，负责战争宣传，1940 年 7 月被并合到英国资讯部。

MI8—军情八处，正式名称电信情报局(Radio Security Service)，负责在二次大战的闪电战期间拦截及解读由纳粹德国电台播放的军事新闻情报，已被并合到英国国家通信情报局。

MI9—军情九处，成立于 1940 年 12 月，负责秘密援助纳粹德国占领区的义勇军和受伤的盟军，以及协助被德国俘虏的英国士兵逃走(直至 1941 年 12 月)，已解散。

MI10—军情十处,负责武器及技术支援分析,已被并合到英国国家通信情报局。

MI11—军情十一处,负责战场保安情报,已解散。

MI12—军情十二处,跟英国资讯部的监察部门合作负责秘密监察,已解散。

MI14—军情十四处,原来的军情十三处,因德国战略情报的重要而成立,直至 1943 年春天,负责纳粹德国及其占领区之高空照片情报,已被并合到 MI6。

MI15—军情十五处,负责 MI14 以外地区的高空照片情报,1943 年春天其职务被英国空军部夺去后负责领空防卫情报,已被并合到 MI6。

MI16—军情十六处,1945 年成立,负责科学情报。

MI17—军情十七处,1943 年 4 月起为英国军事情报局局长之秘书处,已解散。

MI19—军情十九处,1941 年 12 月接替 MI9 负责审问敌方俘虏以获取情报,已解散。

MI L(R)—负责与俄罗斯之情报机关联络。

MI L—随员组,已解散。

"军情六处秘史"

(二)军情五处与军情六处

英国的情报系统，对外由军情六处(MI6)主理,对内由军情五处(MI5)负责。结构上的分工，类似美国的中央情报局及联邦调查局。这两个机构的情报人员多数是出身剑桥、牛津的精英。

军情六处总部大楼

英国秘密情报局即原军事情报局的军情六处，是英国最主要的情报机构。军情六处成立于 1909 年,是英国负责国外谍报的机构,它受英国外交部的监督。该机构向几十个国家和地区派遣情报人员,重要的活动地区是东欧国家和中东地区。每年预算额为 2.5 亿英镑。在国内外共约有 2000 名工作人员。其下辖政治处、军事处、反间谍处、新闻处等十个处。英国秘密情报局除传统情报搜集外，还主要负责反恐情报、禁毒情报搜集和分析。在很长一段时间里,它一直是在处于极度机密的情况下进行工作,不受政府领导,政府部门的名单上没有它的名字。为了改变政府对其指挥上的被动局面,在前首相梅杰执政期间,他把军情六处拉到了政府的名下,业务上对英国外交部负责,为政府处理安全、防务、外事、经济方面的事物搜集情报。自冷战结束后,军情六处的工作重点从“苏联威胁”转向搜集国外情报、反恐怖主义活动以及反走私反毒品等一系列工作中来。

可见,军情六处(MI6)是与我们所熟知的美国中央情报局(CIA)性质相似的对外情报部门。

MI6 徽标

英国军事情报五处简称军情五处

军情五处五角大楼

(MI5),成立于1909年,是英国一个专门对付颠覆和恐怖活动的机构,与我们所熟知的美国联邦调查局(FBI)性质相似的对内安全部门。它的2000多名雇员中约有70%用于反恐怖活动,25%用于反间谍活动。军情五处受英国内务部的监督,设有5个分支机构,还有一个300人的总情报组,主要负责侦察工作和招募特工人员。MI5尽管1931年就改名为英国安全局,但其体制从未真正脱离过MI5的含义,而且至今还被普遍地称作MI5。英国安全局(或称为MI5)位于伦敦泰晤士河大厦。它是英国安全情报局,负责保护英国境内外的公民及其利益,防范针对国家安全的任何威胁。在英国的议会两院体制中由英国内务部负责MI5的事务。

二、军情六处的历史沿革

西方情报界把MI6看成是英国情报机关的“开山祖师”,从伊丽莎白的开创初期至今,它和它的前身都是严格保密的,也称秘密情报处,原为英国情报机构海外谍报系统。

(一)一战时期情报机构名扬四海

20世纪初，德国疯狂进行战争准备，将一批批间谍派往英国，而英国政界和情报机构对此却麻木不仁。一些有识之士认识到战争不可避免，督促在原来的基础上成立新的军事情报组织。这个建议得到了批准，但直到1909年8月23日，在原来保密局的基础上，新的情报机构——秘密情报局才正式露面。该局分为两大部分：一部分为秘密保安局，负责英国国内安全和反间谍工作；另一部分为秘密情报局，负责海外的间谍工作。因这两个部门属于战争办公室的第五处和第六处，所以又被人们称为军情五处(MI5)和军情六处(MI6)。

温斯顿·丘吉尔

秘密保安局的组织工作由弗农·凯尔上尉负责。他与伦敦警察厅进行合作，掌握了大量被军方忽略了的德国间谍情报。时任内政大臣的温斯顿·丘吉尔对此作了如下评价："我同那些默默无闻、勤勤恳恳工作的军官们进行了接触，他们经费少，活动规模小。但这些人却告诉我许多有关英国各港口的德国间谍和特工人员的情况。"由于军情五处的出色工作，第一次世界大战结束后，凯尔被封为爵士，晋升为少将。

军情六处由曼斯菲尔德·卡明上校领导。在他的领导下，军情六处在美国、俄国、瑞士和比利时等国都建立了联络站，还派遣间谍打入德国的兵工厂等重要部门，并从1914年开始使用刚刚发明的侦讯机侦听德国部队的无线电报。在密码破译方面，也取得了巨大的成就。尽管德国人经常变换密码，但军情六处仍能设法破译。军情六处曾不止一次地事先获悉德国舰只的袭击计划。特别是在日德兰海战中，由于破译了德军的密码，德国舰队战败龟缩港内，在其后的战争中几乎无所作为。

另外，霍尔领导的海军情报处在第一次世界大战期间也是功不可没。1916年9月，霍尔通过散布假情报，成功地将大批德军引诱至比利时沿海地区，从而解除了西线协约国的压力。他还多次在敌后大胆安插间谍窃取密码，并向美国透露德国无限制地袭击协约国和中立国的船只以及企图拉拢墨西哥的情报，最终将美国拉入战争。

第一次世界大战结束时，英国情报机构名扬四海。几乎所有欧洲国家都认为在伦敦乃至整个英联邦及其他许多国家首都发生的政治行动背后，都有英国情报机构的影子。

(二)二战时期创辉煌

一战后，英国的情报机构发生了很大的变化。军情五处的主要目标转向国内的爱尔兰新芬党和共产党活动。军情六处在卡明去世后，由于继任的奎克所·辛克莱缺乏权威，导致组织涣散，以至于二战开始时军情六处在欧洲的间谍网在一夜之间被摧毁殆尽。

1939年改组后的军情六处归国防部领导。主要负责在国外进行情报间谍活动，如打入敌对国的组织内部进行策反、招募等。总部设在伦敦威斯敏斯科桥南边一幢20层楼内，对外称“政府电信局”，该处由外交部控制。9月，第二次世界大战爆发，军情六处经历了组织上和行动上一系列不幸灾难。1939年11月9日，在荷兰边境小镇芬洛，两名英国高级情报官亨利·史蒂文斯少校和佩恩·贝斯特上尉，轻易被德国党卫队欺骗并劫持。军情六处从而失去了一个重要的情报渠道。军情六处第二任处长辛克

军情六处总部大楼

莱海军上将在任职 14 年之后，于 1939 年 11 月 4 日因患癌症去世，随即由其副手斯图尔特·孟席斯接任。面对困境，孟席斯毅然抛弃传统的刺探情报观念，把目光投向了刚刚接管过来的政府密码学校，决心依靠对密码学校的利用，从截获和破译德国电报中获取情报。他果然如愿以偿，布莱切利庄园破译人员获取的“厄尔特拉”(超级机密) 为英国赢得最后的胜利立下了奇勋。在当时，情报的搜集主要是由驻外情报站来提供。这些材料送回伦敦后，总部人员对其进行分类和分析后，分发给各“用户”——陆海空三军。

丘吉尔担任首相后，情报机构得到了前所未有的重视，英国的情报机构才真正走向正规。情报工作由在职首相直接负责，首相之下设联合情报委员会，该委员会由军情五处、军情六处、陆军情报署和海军情报处四个情报部门的负责人组成。并规定：军情五处处长能直通内政大臣，军情六处处长直通外交部，陆军情报署和海军情报处的处长则分别直通国防部和海军部。

情报工作受到丘吉尔首相的重视，大量才华出众和有献身精神的年轻人，从大学、从伦敦商业界、知识界纷纷应召加入秘密情报组织。1940 年 5 月，德国的闪电战使英国不得不关闭了在欧洲的各个情报网，军情六处只剩下在中立国为数不多的几个情报站。7 月 22 日根据丘吉尔首相的命令，新成立了特别行动属。特别行动属的任务是在海外进行破坏性活动。特别行动属由英国经济战争部部长休·道尔顿博士组建，不久，又由弗兰克·纳尔逊爵士接替道尔顿。值得一提的是，二战爆发后，英国从监狱释放了不少偷窃技术高超的保险柜撬窃犯等刑事犯罪分子，要他们为盟军服务。其中大多数人获准参加突击队，少数人参加军情六处，他们的主要任务是制锁、橇保险箱和爆破。这看来是不得已而为之的战时对策，因为按英国招收间谍的穿透标准来看，理想的间谍是一个出身于上等社会、有经济收入、性格开朗的年轻人。他必须受过比一般人稍高的教育，英俊、勇敢、顽强、比较冷静和客观，一如银幕上的“007”詹姆斯·邦德。因此，英国的间谍机构历来都重视从牛津和剑桥这两所世界名牌大学中招收间谍。

1942 年 5 月，特别行动属组织参与了暗杀纳粹党卫队保安局局长莱因哈德·海德里希的事件。5月27日,海德里希在捷克被暗杀,这次行动引起了德国法西斯分子百倍的疯狂报复。单在布拉格就有1万多人被捕，至少1300人被杀。最野蛮的暴行发生在利迪斯村,这个位于布拉格附近的小村庄,环境宁静优美,村里的红瓦房围着一座古老的巴洛克式教堂。一天夜里,党卫队突然包围了村子,全体村民不管男女老幼都被集中起来。党卫队以村里曾有村民掩护过暗杀者为由,把村民中16岁到70岁的男人通通枪毙,将妇女儿童全部用卡车送进集中营,然后一把火将整个村庄的房屋烧毁。特别行动属最值得称赞的成绩,是盟军在诺曼底登陆时,其特工人员成功地拖住了德国精锐的装甲部队,延误了他们抵达沿海地区的时间。

二战期间是英国情报机构最辉煌的时期。战时军情五处组织了对付不同类型间谍的专职部门,将空投或潜入英国的德国间谍一个个捕获。其中许多人还被军情五处“转化”为双面间谍。这些双面间谍为取得战争胜利作出了重要贡献。如代号为“塔特”的情报人员向德国反间谍机关提供十分逼真的假情报,以致德国人专程为他运送经费并奖给他一枚铁十字勋章。军情六处则由于重视使用无线电窃听技术获取情报而从1941年起一跃成为当时效率最高的情报机构。如在盟军实施北非登陆作战的“火炬行动”前,为掩盖进攻企图,成功地将一具尸体伪装成英国皇家海军陆战队“马丁少校”,他的口袋中装有盟军进军希腊的“计划”。当德国人“获取”这份盟军将在克里特岛、罗得岛、希腊和萨洛尼卡登陆的“情报”后,将主要兵力调离,从而使盟军的登陆作战一举成功。

英国情报工作在第二次世界大战中取得很大的成绩，也得益于各个情报机构的联合行动。如1940年英国获得情报:德国正策划把一名“西班牙青年运动”的代表派往英国,借考察名义刺探有关英国防御的情报。此时,英国刚刚经历敦刻尔克大溃退,损失惨重,但各个情报部门通力合作,制造了一个又一个假象，将英伦三岛仅剩的一个装备齐全的坦克团展现在这名间谍面前,让唯一的“喷火”式战斗机中队循环在他的头顶飞过。这名代表参观海港时,港内泊满了大大小小、形形色色的“军舰”,从而制造出一个坚不可摧的英国形象。后来这名间谍在给柏林的报告中宣称,所谓英国缺乏防备的说法纯粹是英国情报机构设下的圈套，其目的是诱使德国发动一场将导致毁灭性灾难的进攻。此外，在“火炬计划”、“霸王计划”等重大作战行动中都有各个情报机构密切合作的身影。

（三）战后以来“政府通讯总部”地位凸显

军情六处主要负责在国外进行情报间谍活动，如打入敌对国的组织内部进行策反、招募等。总部设在伦敦威斯敏斯科桥南边一幢20层楼内，对外称“政府电信局”或“英国外交部常务次官办事处”，该处由外交部控制。战后，英国的情报机构经历了冷战和冷战结束后两个发展阶段。

冷战时期，英国情报部门的主要任务就是追随美国与苏联对抗。20世纪70年代与战争结束时相比，情报人员与经费急速增加，间谍活动范围也由过去局限于军事方面扩展到政治、经济、文化、科学技术等各个领域。为刺探苏联的情报，军情六处向苏联派出了大批间谍，还把克格勃的瓦西里·米特罗欣等人发展为英国间谍；在国内，情报机构也多次成功地阻止了苏联的间谍活动。如1970年，军情五处通过跟踪、窃听莫斯科的无线电密码，侦破了朗斯代尔领导的一个苏联间谍网，当场缴获了200多页关于英国核潜艇技术的绝密文件。

随着通讯技术的不断进步，战后“政府通讯总部”得到了飞速发展。从上个世纪60年代起，“政府通讯总部”就在美国的帮助下，通过一套特殊的卫星监听系统，监听克里姆林宫的微波通讯，有时甚至可以听到苏共政治局委员与军队司令员之间的通话。此外，为了共同对抗以苏联为首的华约组织，英国还于1948年与美国、加拿大、澳大利亚、新西兰等国家共同签署了电子间谍网络协议。由“政府通讯总部”和美国国家安全局联合操作，并将这一系统以英美两国的国名缩写定名为“优库萨”(UKUSA)，其高度机密的代号是“梯队”。这个全球监听与拦截系统，其触角如今几乎笼罩了整个天空。

根据1994年通过的《英国情报机构法案》，冷战结束后英国情报工作的重点作了调整，军情五处的主要任务是应对国内各类恐怖活动和有组织犯罪活动。所有可判三年以上徒刑的犯罪案件，它都有权参与调查。军情六处则由外交大臣全权负责。主要任务是为政府就安全、国防、外交及经济政策搜集所需要的秘密情报。可以“用多种途径和手段获取并提供英伦三岛以外人士的行动和企图的情报,并采取相应措施”。

经过半个多世纪的发展,“政府通讯总部”的监听范围包括大西洋卫星两万对线路、8个国家电缆上的5000对线路。此外,还负责侦察其他国家间谍情报机关安装在英国政府机关或驻外使领馆内的窃听器的工作。2003年10月,“政府通讯总部”搬入耗资16亿英镑、坐落于格洛斯特郡切尔滕纳姆市郊的新总部大楼,成为当今世界上最先进的“间谍中心”之一。大楼总面积达100万平方米,设有地下铁路,其屋顶也经过强化,能抵挡大多数的导弹袭击和飞机撞击。“政府通讯总部”在本土建立了12个工作站,在海外设立了100多个监听站,昼夜不停地监听各国的电报、电话、卫星通讯及微波通讯。甚至在联合国安理会就伊拉克战争进行关键的表决之前,还出现了协助美国窃听安南秘书长和安理会成员国代表团电话的丑闻。“优库萨”自开始运行后,为英国提供的情报已占到所有情报总量的85%以上,真正成为了英国三大情报支柱之首。

然而,军情六处也并非无所不能。英国的情报机构在创造辉煌的同时,也应当看到它们并不像“007”影片中那样无所不能,甚至有败走麦城的时候。在英国负责原子弹设计的核心部门担任有色金属科研协会会长助理的梅利塔·诺伍德,在二战期间就一直为苏联提供英国情报,但直到2005年6月2日,她以93岁高龄在伦敦南郊的寓所中去世时,始终没有暴露身份,令英国情报机构名声扫地;同样也是最近才被人所知

新版007扮演者

的“霍拉”，这位仍健在的88岁英国老妇曾为“克格勃”提供科技情报长达40年，为苏联的工业发展做出了“巨大贡献”而没有被发现；二战期间，还有丘吉尔战争办公室的情报官员向莫斯科传递了大量高度机密的重要情报，包括盟军进攻法国的“霸王行动”绝密计划。其实，这样的“鼹鼠”也不在少数。而且，英国间谍尽管窃取情报的招数颇多，但也有屡屡失手之时。就在今年1月，俄罗斯公布了一段英国驻俄外交官利用“石头”在俄从事间谍活动的录像。俄还公布了英国四名间谍外交官的名单，让英国人尴尬不已。

（四）军情六处的重大改革

发展至今的军情六处，在情报搜集评估和辅助决策方面，仍然扮演着十分重要的角色，但也不免有“马失前蹄”的时候。据英国《卫报》报道，伊战前英国政府关于伊拉克大规模杀伤性武器的报告遭遇“惨败”，前内阁大臣巴特勒勋爵将责任归咎于英国主管海外情报收集工作的军情六处，批评其情报来源和情报处理漏洞百出。此后，在巨大的社会舆论压力下，军情六处开始了改革，最有标志性的举措是聘请一位商界人士担任高级情报质监员，监控所有机密情报的可靠性和准确性。

《卫报》援引情报部门内部人士的话称，这位高级情报质监员代号为“R先生”。他将负责审查所有英国间谍和特工提供的秘密情报。另外MI6还为其专门设立了一个名为“非执行主管”的职位，全面负责确保间谍人员收集情报的有效性。

据悉，“R先生”将同MI6其他4位高级地区主管拥有同样的地位，其将是仅次于MI6正副首长以及5位总管的人物。“R先生”将负责对英国驻全球各地间谍收集来的情报进行评估和判断。而此前MI6内部管理混乱，情报收集者同情报评估者之间职权交叉，模糊不清。情报部门官员透露，“R先生”将是一位“独立情报监督员”，今后他将在所有情报被送达MI6的“顾客”——英国首相府、财政部以及国防部之前，对情报进行全面“体检”。

巴特勒勋爵在报告中质疑英国在伊拉克的谍报人员的可靠性。2002年在伊拉克,MI6有五个主要的情报来源,但在伊战后的调查核实中,其可靠性遭到质疑。正是MI6的错误情报导致首相布莱尔称"伊拉克可以在45分钟之内发射生化武器",最后贻笑大方。巴特勒勋爵批评MI6没有在报告中坦白其在伊拉克收集情报能力的局限性。

情报部门的内部知情者说,只是在军事行动开始后,MI6的官员才有机会去伊拉克,并亲自核查当地密探的情报搜集工作。直到那时他们才发现,那些密探并不是他们以前所说的那类人。这一结果,对整个情报部门,同时也对英国政府,造成了极大的震动。大多数提供过关于核武器、化学武器和生物武器等秘密情报的伊拉克密探都被撤换。但在一份内部的调查报告完成后,没有任何高级官员因为对伊拉克大规模杀伤性武器情报的失察,受到解雇或降级处理。

当时MI6的掌门人是约翰·斯卡利特, 正是他在担任英国联合情报委员会主席时,一手炮制了有争议的关于伊拉克大规模杀伤性武器的文件。不过巴特勋爵并未"一棍子将其打死",称其大体上还是称职的,并反对他退出情报部门。"知恩图报"的斯卡利特开始积极推动MI6的内部改革,引进"情报质监员"就是重要的一步。

被新任命的"R先生"原是一家私营企业的高级管理专家,将致力于完善机构管理的专门技术层面。他还任命了一个曾负责国外情报部门的专业情报官员,组建一个负责内部监督的部门,以设法避免在伊拉克问题上的错误重演。今后英国政府部门一旦发觉MI6提供的情报有虚假或"掺水"的情况都可以向他反映。斯卡利特也正在推动英国情报部门的机构改革,包括招聘局外人担任高级管理层的顾问人员, 增加由资深情报官员任职的监督部门,以确保情报人员及其管理者能够在严密监督下开展工作。新的顾问人员在私营部门和公共管理部门有着丰富的管理经验,并且对MI6也有相当的了解。

MI6历来被外界批评为"等级森严、官僚傲慢、死气沉沉",管理层同执行层之间的信息传递不畅。虽然这种局面已开始得到改观,但一位匿名的官员指出，不管如何改革，MI6仍是一个秘密机构，而其好坏的最终判断标准是情报质量和结果，而不是表象。MI6拥有2500多名员工，年预算超过2亿英镑。

MI6的防范极其严密，带张纸片都能报警。军情六处前工作人员汤姆林森曾因私自保留了总部的详细结构图而于1998年被开除。据他回忆，在通往主楼的过道上，有6道自动防护门，工作人员要排成小队依次穿过这6道门到主楼工作。回忆起当初偷偷将大楼结构图拿出来的情景，汤姆林森仍然充满了恐惧，“我将图藏到自己的衣服里面，在门前按下密码6-9-2-1，结果自动门立刻有了反应：在衣服的窄缝里有了绿光，门带着嗡嗡的报警声开了。进入电梯后，我按了去往一楼的按钮。在电梯里只有我一个人，电梯门也是带着刺耳的报警声砰地关上了，我的心一惊。到达一楼后，电梯门开了，我才长长地出了一口气。”

军情六处一直忠于自己保密的传统。近些年虽然公开了一些自己的材料，但是那只是这个神秘大楼的极微小一部分。地面上的10层大楼只是这个总部大楼的一部分。据官方资料称，这幢大楼在地下还有5层，那里才是军情六处最隐秘的地方，军情六处最重要、最需要极度保密的各部门都在那里工作。在这里的计算机中心就是用来监控可能的恐怖袭击事件的。

三、军情六处人员的招募与培养

MI6的招贤纳士，用007的威望招募新人。自从第一部007电影于1962年10月4日公映后，007电影系列风靡全球，到今天历经40多年仍长盛不衰。影片的内容就是根据军情六处在冷战中的传奇故事改编的。1999年，美国米高梅影片公司在拍摄007系列电影《纵横天下》，选用了军情六处的总部大楼做了背景。军情六处总部大楼也因此第一次走入了全世界的视野。很

007 电影广告

快,来军情六处总部参观的人络绎不绝,商家更是借此机会及时开发出一条环军情六处总部大楼的旅游线路。但旅游者只能在外看一看总部大楼的外景,想象一下 007 间谍的工作罢了。不过军情六处也充分利用 007 的影响力,为自己招募谍报人员。"加入我们,你肯定将得到一个刺激的、有回报的生涯,像邦德那样为国家效力"。这就是军情六处在网站上的广告词。

(一)英国军情六处网上出题招特工

要想成为军情六处的间谍,申请者必须是英国公民,年满 21 岁,起薪为 52000 美元,但资深间谍可以拿到更多。申请者要忍受长达数月的甄别过程,并要接受军情六处对他们的个人、家庭、经济、宗教和是否服用过毒品等情况逐一询问。军情六处负责招聘的一位主管说,年薪并非军情六处吸引人的地方,而是这个机构工作的重要性。不过,这位也不愿透露姓名的主管表示,吸引女性到军情六处当间谍并非易事。英国军情六处每年通过公开招聘程序招收 250 至 350 名新人。军情六处不愿公开该机构的职员总数,但表示在去年的新人中,40%是女性,11%来自少数族裔。他们的职位包括语言专家、间谍、技术员、保安、司机和前台接待员。

英国情报机构招募特工十分严格,形式也多种多样。冷战结束后,英国情报机构军情六处启动了一项招募计划。作为该计划的一部分,军情六处在自己的网站上公开了一套试题,其中多是一些多项选择题。那些希望成为特工的人必须在不看答案的情况下完成试卷。如果顺利通过,他们便有可能在军情六处谋得一份差事。在设计上,这项富有幽默感的多项选择测验只为吸引对特工工作感兴趣的人,同时进一步拉近军情六处与普通大众之间的距离，但测验结果与应聘没有任何关系。一直以来，军情六处给人的印象仅是神秘，似乎普通人很难迈进它的大门。为了摆脱这种形象，他们采取了一种“包容一切”的做法，搜罗全英国最出色的人才。根据军情六处网站上的消息，这家情报机构希望招募的人才可谓五花八门，其中包括语言专家、行政助理以及 007 影片中 Q 博士的现实版技术专家。要成为军情六处的一名特工，申请者首先需要填写一份表格。表格中有一栏，要求申请者填写他们的种族、性生活以及是否存在任何缺陷等内容，所有这此均是他们能否被最终录取的因素。

英国政府直到 1992 年才承认军情六处的存在，也就是说，这个情报机构已经拥有很长的历史。但保密的传统仍未改变。对于其特工人员来说，他们必须面对死亡威胁，但即使是他们的死也成为高度机密。这是所有应聘者必须要考虑的因素。在某次招募计划中，军情六处登出了招聘一名仓库副经理的广告，薪水为 26138 英镑。对于这个职位，外人很难猜测所谓的副经理究竟要从事什么工作。此外，军情六处还提醒应聘者不能与父母、亲密伴侣或者配偶以外的其他任何人谈论应聘一事。想不想试一试自己能否被军情六处录用?那就做一下军情六处设计的考题吧。你有两分钟时间阅读并熟记为你设计的假身份，一定要记清啊。两分钟后开始回答下面的选择题，每题限时 10 秒钟。小试一下，得了满分你也来军情六处试一下吧。

下面开始记住你的假身份：你被派往假想国 Transeuratania。你是一个素食主义者。Metropoligrad 的食物比较糟糕，只有咖啡还过得去，在最豪华的酒店，一壶咖啡的价格不到 1 个先令。你的名字叫斯蒂芬妮·约翰逊，于 1974 年 12 月 14 日出生于斯凯格内斯。在 A 级考试中，你的地理得分为 A，法语得分为 A，经济学得分为 B。你有两个姐妹和一个兄弟，在大学攻读的是地质学。现在英国煤炭公司(British Coal Associates)从事管理顾问工作。

测试题(选择题)

1.你叫什么名字?

A.琼斯蒂芬森

B.斯蒂芬妮·约翰斯顿

C.斯蒂芬妮·约翰逊

2.Transeuratania 的货币是什么?

A.Transcuratania 卢布

B.Transeuratania 兹罗提

C.Transeuratania 先令

3.你最喜欢的食物是什么,

A.意大利蘑菇饭

B.鲜橙烩鸭

C.蔬菜烤乳羊

4.你在 A 级考试中的得分是多少?

A.ABB

B.CAB

C.AAB

5.你就职于哪家公司?

A.CBA

B.ABC

C.BCA

6.你曾获得何种学科学位

A.地质学

B.地理学

C.管理学

7.你兄弟的名字叫什么?

A.约翰·斯蒂芬森

B.约翰·约翰逊

C.史蒂芬·约瀚斯顿

8.你的生日是哪天?

A. 1974 年 12 月 17 日

B. 1974 年 12 月 14 日

C. 1974 年 12 月 19 日

测验结果

0–2 分:非常不理想。也许应该在阅读职位描述之后再尝试一次。

3–4 分:我们觉得很一般。可能你并不知道这是一项什么工作,那为什么又阅读

我们的介绍呢?

5–6 分:还可以做得更好。在真实的特工考试中,这一得分还无法达到令人满意的程度。但这并不是一次真正意义上的特工考试,如果相信自己能够加入我们的行列,为什么不递交申请呢?

7–8 分:还不错,应该说比较理想。你可能拥有我们需要的一些技能,虽然从此次测验来看,这也只是一种可能。也许,你愿意申请加入我们的行列。

选择题标准答案(1:C;2:C;3:A;4:C;5:C;6:A;7:B;8:B)

(二)军情六处的"美女"间谍

军情六处自从柏林墙倒塌以来,重新强调招募间谍的重要性,认为女性更适合这项职业。在军情六处的工作人员中,妇女已占了大多数。她们来自各行各业,有市场营销人员、教师、资金筹措者、海外援助工作者、学者和记者。一大批活力四射的女性情报人员,已经在英、美、俄等国的谍报机构里占据着越来越重要的位置。

军情六处招募女性间谍的历史由来已久,早在越战中期,在河内弹痕累累的街道上,人们经常能够看到一名英国未婚中年妇女,她总是骑着一辆自行车在大街上闲逛。人们对此习以为常,所以很少有人注意到她。当她骑车出城时也没有人加以阻止,她就这样一路畅通地来到一些军事设施附近。这名英国妇女名叫达芙妮·帕克,其公开身份是英国驻河内的总领事,但是她的真实身份则是英国秘密情报局派驻河内的间谍,她的任务是收集的军事和经济情报。

为了完成情报搜集任务,她采取了一种只有游击队才会使用的办法:与普通老百姓混成一片。于是她经常骑着自行车,混在车流中,在河内的大街

帕克

上到处乱逛。当西方外交官以安全起见而对自己的行动严格限制，每次外出要带上一名有政府背景的人时，帕克却十分轻松地干着她的工作。她的经历在当时的伦敦军情六处总部变成了传奇，人们越传越玄，后来竟然有传闻说，当帕克最后被迫也带上一个“保镖”时，就专门买了一辆双座自行车，她让那人坐后座，自己在前座，这样自己可以牢牢地控制方向盘，照样随心所欲地想去哪儿就去哪儿。

20 世纪 60 年代初期发生的刚果紧急事件中，帕克发挥了极大的作用，但像她这样杰出的女性当时毕竟是少数。在她这一代人中，很少有人能够成为英国秘密情报局的情报官。帕克在 78 岁时回忆说，她所从事的工作是一项不分男女的工作，她非常喜欢这份工作。喜欢归喜欢，那时像帕克和像她这样干情报这一行的女性，有时为了事业不得不牺牲自己的个人生活，虽然她们敢做敢为，足智多谋，但是却没有一个人能够爬到情报部门的最高位置。不过，这种情况已经不复存在了，帕克在情报部门服役时出生的新一代女性正在悄悄地改变着军情六处。现在军情六处招收的女性数量已经超过男性。

冷战结束以来，由于英国多次爆出间谍案，互联网也开始有人公开英国间谍的身份，其中有 7 位女性间谍被列上了名单。这些人当中，有一位可以说是英国典型的新一代女性谍报人员。她先从牛津大学毕业，后来进入了英国外交部，这当然只是一个公开身份。在经过两年的语言训练以后，她被派往西欧为军情六处工作。这个人就是吉莉恩，时年 28 岁。

28 岁的吉莉恩可以说是新一代英国女间谍的代表人物，她的经历就是军情六处培训女间谍的典型过程。从大学毕业，到进入军情六处工作，其中有一套约定俗成的程序要走。一般是先由军情六处指定牛津大学一些指导老师为招聘人员，这些指导老师可以推荐可能的人选，受到推荐的人就可以到卡尔顿饭店去接受军情六处的面试。卡尔顿饭店位于伦敦中部，可以俯瞰对面的圣詹姆斯公园。整个会谈充满了神秘感。吉莉恩没有走这样的程序。在她上大学的最后一年，专门负责为军情六处招募情报人员的“职业咨询者”到各所大学去巡视，但是却没有能够发现令他满意的人选。就在这时，他发现了吉莉恩，而且认为莉恩安十分适合做这项工作，因此，他强烈建议吉莉恩能在今后从事外交行业。吉莉恩通过了外事部门的入门考试和第一轮公务员选拔后，一名高级官员建议她试试“调解员”这项工作。所谓“调解员”，实际上就是外事部门对军情六处的一种别称。

吉莉恩从牛津大学毕业后进入军情六处供职，接受了两年的语言培训，然后被派往西欧某地从事间谍活动。像所有新人一样，吉莉恩在军情六处设在汉普郡的训练基地接受培训，其中包括使用轻型武器及各种从事间谍工作所需要的知识和技能。吉莉恩最初被安排在军情六处总部工作，但很快就被派往海外。像许多新加盟的谍报人员一样，吉莉恩在训练结束后不久即被派往国外工作。曾有英国议员批评军情六处让毫无经验的人到国外去冒险。但军情六处的反应是，他们没有足够的奖金让这些人在伦敦练手，只能让他们到真实的环境中去锻炼。对于自己的首份工作，吉莉恩也不敢多提什么，因为拒绝这份工作意味着会使她未来的晋升受到很大影响，而且有可能导致她被解雇。吉莉恩的第一个职位是在英国驻某中亚共和国使馆里，她在那里的主要任务是搜集关于核扩散的情报。军情六处在冷战后关注的主要问题是防止核扩散、各国的经济和军事情报以及国际犯罪和恐怖活动等。在外国工作都有风险级别，有些国家的工作站都是A级，在美国的华盛顿和纽约都是B级，欧洲国家大都是C级，而英联邦国家都是D级，相当于没有或者威胁很小。吉莉恩所驻的国家是前苏联某加盟共和国，在这个亚洲国家，英国军情六处的主要任务是防止大规模核武器扩散。军情六处在冷战结束后开始对经济、政治与军事信息都加以重视，另外对恐怖主义组织也给予了足够的重视。由于吉莉恩在被派驻的两个国家的工作成绩出色，她得到了上司的褒奖并被派往阿富汗接受更为艰巨的任务。

吉莉恩说，从事谍报工作使她真正了解了自己的潜能。她认为，女情报人员各有自己的特长，但平和的心态、坚强的意志和处变不惊的心理素质是她们共同的特点，也是她们能够胜任危险的情报工作的保证。负责培训新进入军情六处的女情报人员的史密斯教官认为，越来越多的职业女间谍将会给她们效力的谍报机构的工作方式和手段带来深远的影响。

(三)招募针对“乳房炸弹”的“拆弹部队”

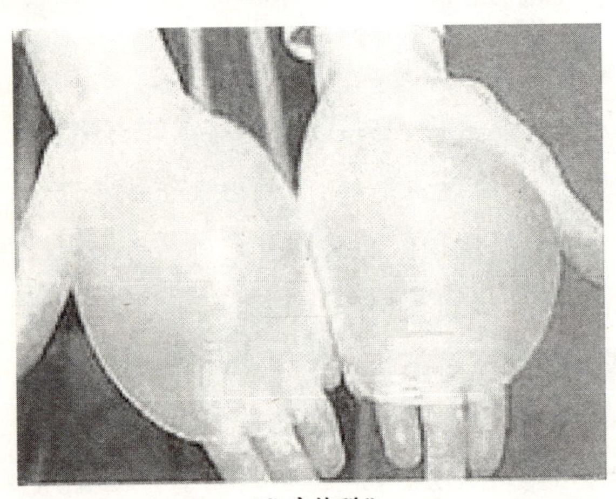
“乳房炸弹”

2010年5月23日，据英国媒体报道，英国军情六处(MI6)近日获悉，“基地”恐怖组织正图谋以前所未闻的“乳房炸弹”发动恐怖袭击。为了防患未然，MI6正在其网站上发布广告，试图招募大量秘密特工组建一支特殊的“拆弹部队”。

据报道，这一令人震惊的“乳房炸弹”秘闻是MI6最近在监控巴基斯坦和也门等聊天网站时意外发现的。MI6获悉，参与的女性自杀式袭击者或许会先接受外科手术，把藏在胶囊内的烈性炸药“季戊四醇四硝酸酯”(PETN)和隆胸胶植入她们的乳房内，然后再像普通隆胸整容手术一般缝合伤口，使之成为两枚威力强劲的“乳房炸弹”！

可怕的是，无论从外形还是手感上来看，这种“乳房炸弹”都与普通隆胸所用的硅胶假体几乎没有任何区别。因此当这些胸前藏有“乳房炸弹”的女人弹出现在机场时，乘客和安检人员都只会把她们当作是性感美丽的窈窕女郎，做梦也不会想到她们正暗藏着无限杀机！据业内人士介绍，PETN是制造Semtex塑料炸药的主要材料，只要一包8盎司(约227克)的PETN，即可轻松炸穿近13厘米的钢板装甲，对于民航客机而言，这足以让机身豁开一个致命的大洞，从而导致机毁人亡。

最让人忧心的是，由于这种“乳房炸弹”极其隐蔽，即便是目前世界最先进的机场“安检扫描仪”都对其束手无策。一旦混过机场安检成功登机后，这些人弹即可神不知鬼不觉地在飞机上用针筒将一种名为TATP(三聚过氧丙酮)的粉末注入乳房并将“乳房炸弹”引爆。为了避免遭人制止，她们完全可以谎称自己是糖尿病人，从而以注射“胰岛素”的名义，明目张胆地用针筒引爆“乳房炸弹”！一名英国军情六处安全部门的高级内幕人士透露说：“许多基地极端组织的女成员都学会更巧妙地用炸药来武装她们自己，一些人甚至将炸药植入了她们胸前的一对巨乳中。”一名军情六处安全专家也惊呼称，“乳房炸弹”无疑是一个足以绕过所有安全防线的“大规模杀伤性武器”！

MI6招秘密“美男特工”

为了将这些胸前藏有“乳房炸弹”的女恐怖分子从人群中甄别出来，英国军情六处(MI6)决定展开一场大规模的旨在打击“乳房炸弹”的反恐行动。因此，MI6在其网站上发布广告，招募特工组建一支特殊的“拆弹部队”——招募广告称，打击“乳房炸弹”的反恐行动将主要在英国展开，但一些特工将被秘密派往中东“基地”组织所控制的地区，他们将渗透到恐怖组织内部，然后通过各种渠道搜集情报，以便及时找出那些已经在胸前埋藏了“乳房炸弹”的女恐怖分子，并设法拆除或者引爆“乳房炸弹”。

MI6在广告中称，即将招募的这些特工男女均可，但条件是他们必须有良好的人际交往能力，能够顺利地与那些女性恐怖分子建立“密切关系”，并通过二者之间的“密切关系”来“实现任务目标”。这意味着，被招募的男性特工或许像007电影中的情节那样施展“美男计”，诱惑那些可能在胸前装有

"乳房炸弹"的女恐怖分子上钩,从而在后者完全不设防之际"一探虚实",并设法拆除或者引爆"乳房炸弹"。目前,MI6已经成立了一个专案小组,专门负责调查"乳房炸弹"的威胁。

(四)军情六处的各种秘密武器

英国军情六处的情报官原来与美国同行相比要稍显逊色，原因是英国军情六处的人员较少,所使用的技术设备也比较陈旧。但如今他们也开始使用手提数字扫描仪等设备。这种扫描仪可以将所有资料都存储其中,在情况紧急时,它还能通过卫星用脉冲传输方式将盗来的资料传输出去。这些高级设备由特种支援处开发研制。特种支援处的人员由国防部门的保密专家、声像技师和科学家组成,他们各兼其职,各负其责,致力于化学、电子支援设备、电子监视系统以及爆炸系统的开发与研制。

这些高级小巧的设备可以把情报人员装备成电影中007詹姆士·邦德那样。比方说,情报人员的鞋子里可以放一个身份识别发射装置,总部可以通过卫星来对其一举一动进行监控。另外,像落笔无痕的圆珠笔、貌似普通但可以在普通的卡带的磁面的中间录下长达10分钟谈话的录音机,对于他们来说都是小意思。其实,在军情六处创建之初,军情六处的首任掌门人卡明爵士一直对研制隐形墨水很着迷，他甚至从英国皇家学会请来了一位研制隐形墨水的专家。特工们还会随身携带含有自杀药丸的戒指。

军情六处的人会像007一样使用一些高科技的小玩意，不过有时候受到条件所限,他们也经常用一些"土办法"。比如在二战时的意大利,军情六处的人为了夹带文件通过敌军的查验岗哨，就把文件卷在战马的生殖器上面,顺利过关。当然,把羊剃光了藏文件再贴好羊毛,这种事情也时有发生。正如军情六处首任掌门人卡明爵士的代号C就像是一个密码,情报机构中的密码更是随处可见。卡明爵士的继任者休·辛克莱尔自掏腰包买下了布莱奇利庄园,军情六处的密码破译机构就在庄园之中。在最鼎盛的时期,面积不过0.22平方公里、堪称弹丸之地的庄园,竟然进驻了大约1.2万人。

四、军情六处重要掌门人

(一)首任掌门用"钢笔刀"自断双腿

提到军情六处,就不得不提到军情六处的首位掌门人——曼斯菲尔德·史密斯·卡明爵士,007的传奇经历、鬼巧利器,以及情报机构内部的保密与泄密之争,所有扣人心弦的情节都在他身上一一体现。不过现实中,这位"007掌门"的自我牺牲可比詹姆斯·邦德要大得多。

曼斯菲尔德·卡明爵士(左二)

早年间在军情六处做过事的人,可能会被一个场景吓得噩梦连连:一个老男人会在会议中突然攥住钢笔、开信刀或是匕首,猛扎自己的腿,尽管那是假肢,也足够令人心惊胆战了,这个人就是军情六处的首任掌门人卡明爵士。关于他的腿,曾有一段传奇。1914年,他在法国遭遇了严重的车祸,儿子在车祸中丧生,卡明自己为了从撞毁变形的车中脱身,竟然用军情六处特制的秘密武器"钢笔刀"割断了自己的左腿。

但也有人指出这是卡明自己胡编的故事,因为医院的病例显示,卡明的双腿都在车祸中受伤,而左腿是在车祸一天之后才被截肢的。关于如何失去了一条腿,卡明自己甚至讲述了几种不同版本的故事,也包括在会议室中用刀扎假肢的惊悚场面,他似乎在借这些故事和疯狂举动来不断地提醒别人注意——他为军情六处做过怎样的自我牺牲。

之所以需要提醒,是因为在卡明爵士执掌军情六处的20世纪初,很少有人知道军情六处这个秘密情报机构的存在,更少有人知道卡明是这个机构的首脑。直到20世纪30年代,一个叫做康普顿·麦肯兹的英国作家写了本回忆录,描写他一战期间在地中海东岸为英国情报机构服务的故事,其中提到英国情报机构的重要人物会在看文件时用绿色墨水签下一个字母C,这个C也成了他的代号。好事者发现,C恰恰是曾经为军情六处工作过的卡明(Cumming)的姓氏首字母,于是真相大白,首任掌门在死后将近10年后才被验明正身。尽管回忆录出版之时卡明早已入土,但军情六处仍然气急败坏地认为康普顿在回忆录中泄了军情六处的密,如此看来,作家真的是情报机构的天敌。

似乎是生前早有预料,卡明爵士并不赞成属下们将自己的秘密工作内容写成书告诉大众。在一次交通堵塞中,卡明对自己的管家说:“我也要出版一本回忆录,四开大,封面用大红字写着标题‘秘密情报局长的轻率言行’,有400页厚,页页都是空白!”

因为卡明(Cumming)与“首领”(chief)在英文中都是“C”开头,或许是巧合,或许是出于对卡明的尊敬,此后军情六处的历任掌门都被称为“代号C”。007系列小说的作者伊恩·弗莱明也是出于对卡明的敬意,他取了卡明的名字——曼斯菲尔德的首字母M,作为小说中情报机构首脑的代号,书写M时也是用绿色墨水。无论是军情六处内部还是小说作者,都对这个机构的初创者充满怀念,冷血的特工们有时也是蛮有人情味的。

(二)第三任掌门人孟席斯与“超级机密”

军情六处第二任处长辛克莱海军上将在任职14年之后,于1939年11月4日因患癌症去世,随即由其副手斯图尔特·孟席斯接任。孟席斯早年就读于伊顿公学。毕业后任皇家近工步兵团和近卫骑兵团军官。参加过第一次世界大战,获上尉衔。1915年12月开始从事情报工作,1919年起,供职于英国军情六处。1939年起,出任该处处长,代号“C”。在整个第二次世界大战期

“艾尼格马”密码机

间，主持对德国进行情报战和反情报战。他的对手是德国海军上将威廉·弗兰茨·卡纳里斯。

1940年夏季，英德空军在不列颠上空展开激战。令德国飞行员颇为费解的是，英国人似乎总是知道敌机在哪里，总是在半道上恭候德机。德国人把这归结于雷达的威力。可是在德机的猛烈攻击下，英国雷达网不是已遭到摧毁、失去作用了吗？在北非战场，英国第8集团军司令蒙哥马利对德军的一举一动了如指掌：作战计划、兵力部署、人员实力和士气、补给匮乏，他甚至知道隆美尔患病暂离前线。终于，蒙哥马利在适当的时机发动了著名的阿拉曼战役并获全胜。更令德意军目瞪口呆的是，在地中海浓雾弥漫的夜晚，航行在5个不同方向的5艘意大利运输船同时遭到盟军飞机的截击，这无论如何也让人难以相信是盟军空中侦察的结果。对于正在北非苟延残喘的德意军来说，失去一次次补给，无异于雪上加霜。这一切正是盟军掌握的秘密武器——“超级机密”的杰作。通过它，盟军可以知道德军指挥机构的所有来往密电。这是整个战争期间最大的机密，战争结束30年后英国才将此事解密。

这一切始于20世纪30年代。当时，英国秘密情报部门——军情六处副处长斯图尔特·孟席斯上校一直在考虑英国情报机构面临的一个最棘手的问题：如何揭开纳粹掌握德国政权后采用的新的外交和军事密码的秘密。问题棘手，是因为这些密码不同于当时所有国家使用的密码。它们不是由数学家设计的、可以被其他数学家逐步破译的密码，而是由一台机器编制的，这台机器被恰如其分地称作“谜”（“艾尼格马”为译音）。

“艾尼格马”机器最初是一个名叫胡戈·科赫的荷兰人发明的，1919年他获得这台“秘密写作机器”的专利权。本来它是供那些想对付竞争者、保守自己生意秘密的公司使用的，但它在商界的运气不佳。后来，德国人将其改装成军用型，使之更为复杂而可靠。德国海军于1926年开始使用“艾尼格马”，陆军于1928年开始使用。1933年，德国最高统帅部通信总长埃里希·弗尔吉贝尔上校决定，“艾尼格马”将成为服务于德国国防军新式闪击战术服务的完美的通信装置。从此，德军最高统帅部与其下属各军、师地面部队，以及同空军、海军、党卫军及其它国家机构之间的秘密通信，都是用该机器加密的。

“艾尼格马”密码机结构坚固，便于携带，陆军最小的单位也能使用它。如同费尔吉贝尔所断言，它是绝对可靠的，因为最出色的数学家也需截获大量电文，并进行数星期研究之后，才能破译一个密码。到那时，所获情报已毫无价值可言。而只需调节一下转子和插头，机器瞬间就可产生无数不同的密码。由于机器性能复杂，即使被敌方缴获，也无关紧要，因为除非他了解变化无穷的调节程序，否则这机器毫无用处。尽管如此，德国情报部门还是采取种种措施，严防它落入敌人手中。

1938 年 6 月，孟席斯上校接到他在东欧的一名特工人员哈罗德·吉布森少校的报告。一名拒绝说出自己真实姓名的波兰犹太人(姑且称他为 X)通过英国驻华沙使馆同吉布森接触，声称他曾在柏林制造“艾尼格马”机器的秘密工厂当过技术员和理论工程师。因为是犹太人，他被驱逐出德国。现在，他提出可以凭记忆为英国制造一部最新式的军用“艾尼格马”密码机。他要求的酬报是：一万英镑，给他及其亲属发英国护照，并允许他们在法国居住。

开始，孟席斯对此疑虑重重。哪有这等好事！谍报机构常受各方骗子干扰，一万英镑非同小可。即便此人不是骗子，他又是怎样离开德国的？盖世太保为何不杀他？或许是纳粹德国设法将英国密码破译引入歧途？军情 6 处经过数周的调查和争论，认定 X 值得一见。

两个月后，两位英国密码专家乘东方快车抵达华沙，经考察证实 X 可靠无误之后，遂将他按计划转送法国。在当地的军情 6 处驻扎官的监视下，他复制出一台完美的“艾尼格马”密码机。然而一年以后，X 的这种“艾尼格马”密码机过时了，因为德国又制造出更先进更复杂的“艾尼格马”密码机。攻破这一新秘密成为英国密码专家最紧迫的任务，因为战争已迫在眉睫。就在此时，事情发生了转机。

早在 1927 年，波兰总参谋部的密码局就开始破译“艾尼格马”密码，并取得一定进展。30年代末期，随着战争威胁日趋明显，波兰人清楚地意识到，他们将是纳粹德国实现其建立新欧洲日耳曼帝国野心的牺牲品。为此，波兰总参谋部的情报部内部经常展开讨论，准备将他们在破译德国“艾尼格马”密码方面的成果与英法盟国共同分享。经波兰总参谋长批准，波兰决定一旦战争临近，即把“艾尼格马”密码向盟国公布，作为波兰对共同防务事业的一个贡献。

1939年夏，波兰开始贯彻这项决定，邀请法国和英国军事情报部门的代表前来华沙会晤。英法不知为何故开会，他们仅被告知“有些新情况要通知”。7月24日，距德国入侵波兰仅5周的时间，三名英国军官和两名法国军官抵达华沙。其中的两名英国人是密码破译专家，另一位就是大名鼎鼎的军情六处头子孟席斯上校。

次日上午，波兰情报军官将来访的英法军官带到波兰密码中心，进入一间地下室——密码破译工作间。在这圣堂般的房间中摆放着几张桌子，桌上放着几个盖着布的盒状物。波兰密码破译局局长格维多·朗格尔中校将大家召集到其中的一个盒状物前，未加任何解释，突然揭开盖布。

展现在英法军官眼前的竟是一部“艾尼格马”机器。这是波兰密码专家制造的德国密码机的精确复制品。波兰专家详细介绍了其制造和使用过程。接着，朗格尔领着英法军官来到下一个房间，这里有一个更加令人吃惊的表演等着他们。6部波兰人研制的被称为“博姆”的机器装置安放在这里，排成一行。当朗格尔合上开关时，电动机嗡嗡作响，鼓轮转动。当机器停止时，灯便闪亮表示一份电文的密钥设置被找到了。英法客人们目瞪口呆，他们不敢相信自己竟然看到了纳粹德国党卫队总部刚刚发送的已经脱密的一份电文。

朗格尔解释道，对老式“艾尼格马”密码，同时运转的6部“博姆”机可在2个小时内确定密钥设置，但对付德国新近改装的“艾尼格马”机，将需要60部“博姆”运行10小时来完成同一任务，这是波兰力所不及的。朗格尔表示，为抵抗共同的敌人希特勒，波兰将把他们所有密码学的秘密交给有大量高级设备的英国和法国，因为它们是欧洲唯一能抵抗德国的两个强国。

波兰的“艾尼格马”样机和“博姆”机的图纸抵达英国不到一星期，德国军队便越过了波兰边界。几个月后，法国也遭到入侵。英国情报人员则在波兰人奠定的基础之上，向德国情报机构的秘密发起最后冲刺。很快，英国制表机公司制造出他们的第一部“博姆”——万能机器，安装在布莱奇雷庄园的一座砖楼里。万能机器并非电子计算机，当时还没有这项技术，它只是一台数据处理机，约 2.4 米(8 英尺)高，底座宽 2.4 米(8 英尺)，外形酷似一个老式的钥匙孔。它的工作原理十分复杂，其关键在于转子的接线上，它们能自动模仿“艾尼格马”的电路。此外，随着越来越多的数据的输入，机器自身的脱密效率也在不断提高。

1940 年 5 月的一天，布莱奇雷庄园终于破译出第一批“艾尼格马”密码情报，内容是有关德国空军人员的调动和驻丹麦德军的补给分配情况。情报价值并不大，但其意义却非同寻常。从此，“超级机密”(奥尔特拉)便成为所有来自布莱奇雷的情报代号，它也成为丘吉尔及盟国在整个二战中的一张王牌。

德国人在战争期间共生产了十多万部“艾尼格马”密码机。德军的通信联络越多，布莱奇雷庄园的工作量就越大，破译和情报分析速度也就相应提高。有时德国收报者由于接收条件太差而要求发报人重发电文时，英国监听站仅用一遍就可把电文完整地记录下来。这样的高效率使英国情报机关能够抢在收报者之前了解电报内容。据统计，从 1943 年底到 1945 年 5 月，布莱奇雷庄园每月破译、发送“艾尼格马”密电近 8.4 万条。“艾尼格马”通信无疑是整个战争期间盟军最重要的高级情报来源。为了保证其安全，英国情报机构从一开始便采取了一系列保密措施。甚至在战前，他们围绕“艾尼格马”机器展开活动时就瞒着政府。比如战争前夕重要的华沙之行，孟席斯只是告诉张伯伦政府，他去华沙协商战时两国情报机构的协调问题。因为他们无法相信，这些身居要职但满脑子绥靖思想的政治家和部长大臣们能够保守这个秘密。

战争一爆发，军情六处即组织所有知道“艾尼格马”事宜的人员撤离波兰和法国，他们来到布莱奇雷庄园与英国情报人员并肩战斗。军情五处则速捕了20多名在英国的德国间谍。至于布莱奇雷庄园，更是绝对机密的地方，除战时内阁和军方少数几个决策人物外，无人了解其中内幕。为防止德军在战场缴获“超级机密”文件，规定只能口头向英军作战指挥官传达“超级机密”情报。除少数几名高级军官，其他指挥官并不知道情报来源，只知道这是绝对可靠的情报。

此外，德军还有可能从英国对抗措施的有效程度上推断其密码已被破译，因此所有“超级机密”情报都要伪装成来自其它渠道，如间谍、德国叛徒、缴获德国文件、纳粹人员的疏忽轻率等。如果没有合适的借口，宁可不使用“超级机密”。如在1940年11月12日，布莱奇雷庄园截获并破译了一批德国空军总司令发给其驻西欧各航空站的密码电报，获悉德国空军将出动500多架轰炸机对考文垂市进行空袭。此时，英国至少有48~60个小时的预警时间，若及时采取应急疏散和防御措施，考文垂市不会有太大危险。然而，德军一旦得知考文垂市民已在轰炸前疏散，肯定会考虑到密码泄密。而当时战争刚刚开始，“超级机密”诞生不过半年之久，丘吉尔首相实在不忍就此断送这个秘密武器。为了整个战争的胜利，丘吉尔断然决定不将此情通知考文垂市，不惜付出重大代价以换取“超级机密”的安全。

从二战至今，有些“超级机密”文件仍未解密，但是，已有充分证据表明，“超级机密”情报对下述作战行动产生了极大影响：不列颠之战；阿拉曼之战；摧毁轴心国在地中海的补给运输；攻占西西里岛的地面战与空战；大西洋海战；诺曼底登陆战，包括成功的欺骗计划和摧毁德军在英吉利海峡附近的机场及诺曼底滩头阵地；解放法国北部的地面战；对德国的战略轰炸等。“超级机密”的作用正如盟军总司令艾森豪威尔将军于1945年7月致信孟席斯所说的：“你们提供的情报对我来说极其珍贵。它大大简化了我的指挥工作，挽救了成千上万名英美士兵的生命，并极大地加快了打垮敌人、最终迫其投降的进程。”

（三）军情六处新掌门人闪亮登场

2009年11月1日，英国秘密情报局即军情六处迎来了新掌门人——

约翰·索沃斯

现年53岁的约翰·索沃斯。索沃斯拥有丰富的外交工作经验，但他在情报工作方面却资历浅薄，不少人对其任命持保留态度。而在索沃斯接受任命不久，他的妻子就将数十张家庭生活照曝光于社交网站，更惹人质疑他的专业素质。

代号为“007”的英国军情六处特工詹姆斯·邦德早已闻名世界，长久以来大家都未曾将这个银幕上的人物与现实生活相联系，但人们的这一习惯恐怕要随着军情六处新掌门人曝光而发生改变。2010年10月28日，英国秘密情报局(也就是军情六处)的负责人约翰·索沃斯发表公开讲话，表示目前的工作重点是对抗恐怖主义和防止核武器扩散。这是该机构建立一百年来，首次有领导者公开发表演讲，可谓石破天惊之举。

军情六处现任掌门人约翰·索沃斯拥有丰富的外交工作经验，2009年上任之前担任的职务是英国常驻联合国代表。他曾在诺丁汉大学攻读物理和哲学，毕业后进入军情六处实习，之后被派往也门担任情报人员，但他对搜集情报工作不感兴趣，不久就“跳槽”到外交部。因此他在情报工作方面被看作资历浅薄，此前不少人对其任命持保留态度，并颇多非议。在10月28日的讲话中，索沃斯向世人展示了邦德的真面目。他向公众介绍了军情六处的运作方式，诸如如何招募特工等。索沃斯表示，单靠外交手段无法解决核武器扩散问题，仍需要依靠情报工作来阻止部分国家发展核武。他还明确表示，虐待俘虏是非法和不道德的，否认军情六处曾对被俘恐怖分子实施酷刑。

索沃斯是继1968年“外来者”约翰·伦尼获任军情六处首脑以来，第二位“空降”掌门人，也是二战以来第二位没上过牛津或剑桥的首脑，上一位是上世纪70年代担任军情六处首脑的莫里斯·奥德菲尔德。外表俊朗的索尔

妻子在网上公布的家庭生活照

斯出生于英国华威郡，童年时光在古典优雅的小镇巴斯度过。他曾就读于巴斯男子中学，在体育方面颇有天赋，至今还保持着学校400米跨栏跑的纪录。中学毕业后，索尔斯先后进入诺丁汉大学和圣安德鲁斯大学学习物理和哲学。他热衷于学术研究，同时兴趣广泛，擅长网球和自行车运动。索沃斯在诺丁汉大学攻读物理和哲学，毕业后进入军情六处实习，不久就“跳槽”到外交部。

他的妻子谢利·索沃斯似乎没有意识到丈夫新职位的敏感性。英国首相办公室宣布索沃斯将成为军情六处新局长当天，谢利就在著名社交网站“脸谱”的个人主页上，用象征军情六处“一号人物”的代号“C”称呼丈夫以示祝贺，还将数十张家庭照上传，索沃斯无意中大大曝光了一把。谢利的“脸谱”账号没有设置任何隐私保护，这意味着浏览网站的上亿网民都可以看到这些信息。人们可以在照片中清晰辨认出索沃斯夫妇?他的父母?儿子以及儿子女友等家庭成员。在其中一张照片里，索沃斯的造型姿势“抄袭”了007系列电影主角詹姆斯·邦德的经典形象，只是前者身上只穿着一条泳裤。

有关部门迅速删除了网上的照片，但并不妨碍这些照片出现在英国的各类报章杂志上。连美国国务卿希拉里·克林顿也不忘就此事和索沃斯开玩笑，她祝贺索沃斯荣任军情六处掌门人后对他说：“腿真漂亮”。照片曝光事件不但令索沃斯及家人的安全受到威胁，也让外界对索沃斯的职业素养产

英国情报官之女手持黄金步枪照片轰动网络

生怀疑。“这正是人们所担心的,有经验和做好准备的人一般不会犯这样的错误。”一名前军情六处局长接受《星期日泰晤士报》采访时说。时隔一年多,索尔斯家又有人在网上“自我曝光”了。2010年10月底,索尔斯的女儿科琳娜在自己的Facebook页面上上传了一张手持黄金AK47步枪的照片。据称伊拉克前总统萨达姆·侯赛因曾用过这支枪,照片一经传出立即引起轰动。对于科琳娜上传照片的行为,一名英国安全官员表示:“她的举动十分愚蠢。考虑到她父亲职业的敏感性,她在贴出这种照片前应三思。”

一些军情六处前首脑将照片曝光事件视作索沃斯缺乏情报工作经验的表现,认为不应该任命他为这一机构的掌门人。“这是一个糟糕的错误”,军情六处一名前首脑直言不讳地向《星期日泰晤士报》发泄自己的不满。在他看来,任命一名只在军情六处短暂工作过的人为首脑,会打击特工们的士气,“他们(特工)把一生奉献给了秘密情报局。”“我知道什么样的人受欢迎:拥有政府部门工作风格?丰富的人际关系等。但这些不应该成为挑选军情六处首脑的主要标准。首脑的主要职责是领导秘密情报局,尽管索沃斯有许多才能,但我并不确信他有能力做到这一点。”

这名前首脑还毫不留情地抨击英国外交大臣戴维?米利班德,认为他不该选择索沃斯为军情六处新掌门人,“一名毫无经验的外交大臣才会做出这样的决定,索沃斯有能力,工作也相当勤奋。但米利班德没有考虑担任军情六处局长所需的能力。”军情六处首脑人选原则上由外交部常务次官彼得·里基茨等3名官员组成的委员会决定,但英国政府一名内部人士说,首相戈登·布朗授予米利班德决定权,人选事实上由米利班德一人说了算,“如果你把3名常务次官放进一个房间里,他们总会知道自己的顶头上司想要什么结果”。

英国外交部一名消息人士说，米利班德之所以支持索沃斯出任军情六处掌门人,原因在于他认为这一情报部门的掌门人需要具有外交?谈判和政治技巧,以处理军情六处眼下面临的复杂形势。这名消息人士说,索沃斯的任命让军情六处不少内部人士感到相当失望和不满，他也认为索沃斯上任前不应出现家庭照曝光的事件,“他(索沃斯)一年前就知道自己会得到这一职位,结果还弄出这种事情,真是荒谬。”

索沃斯也不乏支持者。他们认为索沃斯丰富的外交经验能帮助他胜任军情六处局长这一职位。索沃斯曾任英国驻美国?叙利亚?也门?南非等国外交官和前首相托尼·布莱尔的首席外交政策顾问,获任军情六处首脑前是英国常驻联合国代表。“我完全支持对约翰·索沃斯的任命”,前英国外交大臣戴维·欧文说,“他完全可以胜任这一职位，我从来不认为这存在任何问题:他聪明而严肃,富有经验。”索沃斯当年离开军情六处后进入英国外交部,于上世纪80年代被派驻南非,当时的英国驻南非大使是罗宾·伦威克。伦威克是英国时任首相撒切尔夫人最器重的大使，得到他的青睐是索沃斯后来开拓仕途的重要财富。

在索沃斯驻南非期间,正值种族隔离制度行将崩溃的时代,英国需要与南非黑人团体加强联系，包括索沃斯在内的一帮年轻外交官因此得到提拔?得到展现个人才能的机会。撒切尔夫人执政后期,索沃斯受命负责策划英国

时任英国常驻联合国代表约翰·索沃斯

轮值欧盟主席国任期内的事务，在撒切尔下台后，他又得到新外交大臣道格拉斯·赫德的常务秘书这一美差。布莱尔上任后，立即发现索沃斯的才能。“他(布莱尔)有点厌烦了那些拿腔拿调的上流精英阶层总教训他不该做什么。约翰有点像他自己——直爽、随意但很有权威——我觉得他(布莱尔)在索沃斯身上看到了自己的一点影子。”一名观察家说。

索沃斯 2001 年被任命为英国驻埃及大使，两年后布莱尔将他派往伊拉克，负责评估伊拉克战争爆发后的局势。索沃斯到达伊拉克首都巴格达不久就发回一份题为《伊拉克：出了什么问题》的报告。他在报告中说，英国政府必须尽快出台以巴格达为中心的战略。他抨击美国对巴格达的管理呈现“难以置信的混乱”，建议英军接管巴格达防务。尽管布莱尔最终没有派遣英军接管巴格达防务，但索沃斯的建议得到不少人赏识。欧文说，假如当时英国政府听从索沃斯的建议，“至少可以减缓” 巴格达局势恶化的态势。索沃斯还曾经作为英国外交使团负责人参与有关伊朗核计划的谈判。索沃斯大学时学习物理专业，“他可能是(使团中)那个真正明白核弹是怎么回事的人。”

按知情人士的说法，索沃斯本人十分渴望担任军情六处首脑，“他盯着这一职位已经好几年了”。工资肯定不是索沃斯选择军情六处的决定性因素。军情六处局长年薪据估计为 18 万至 20 万英镑之间(约合 29 万美元至 33 万美元)，与一名高级别大使相当。但索沃斯在未来几年任期内可能根本没时间花钱，他的生活将与军情六处牢牢绑在一起。“他的生活会立刻发生改变”，军情六处一名内部人士如此形容索沃斯担任军情六处首脑后的生活，“他的朋友不可能给他家里打电话或写信，他将从正常生活中消失，住在伦敦中部的一个秘密地点，而不是自己家里。他的安保措施每周必须接受评估，司机会使用不同的路线把他从住所送到办公室。”索沃斯履新后将使用象征军情六处“一号人物”的代号“C”。这一传统源于军情六处创始人兼首任首脑曼斯菲尔德·史密斯·卡明。此后，历任军情六处掌门人均沿用这一做法。

上任后，索沃斯每天到达办公室后第一件事是与 8 名军情六处高级官员召开晨会，讨论眼下的重要行动和优先事项，接着与各位高级官员展开单独会谈。他还要经常向首相和外交大臣汇报工作，与其他情报部门负责人开会交流情报，同美国中央情报局等其他国家情报机构展开合作。除了忙碌的生活，索沃斯上任后面临着切实的挑战。英国议会曾发表报告显示，军情五处和军情六处可能在巴基斯坦、古巴关塔那摩等地参与虐囚。军情六处因此遭英国警方调查。尽管索沃斯前任约翰·斯卡利特对虐囚指控予以否认。但对于索沃斯来说，如何处理与美国中央情报局的关系是一个难题。他需要在保障与美国方面合作的同时，确保这种合作不会引发英国民众对军情六处的反感。军情六处一名内部人士说，索沃斯面临的另一挑战是在预算可能遭到削减的情况下保持军情六处行动规模。军情六处现阶段有大约 1800 名工作人员，这名内部人士认为，管理这样一个庞大部门对索沃斯来说是一个相当大的挑战。

此外，1999 年至 2004 年任军情六处局长的理查德·迪尔洛夫担心，索沃斯与现任英国政府高级官员关系密切，这可能会影响他工作的独立性。英国三大情报机构之一——政府通信总部的前负责人弗朗西斯·理查兹也承认这是一个问题，“军情六处有义务按领导人意志行事，但他们也不能只说上司们想听的话”。但欧文认为，索沃斯 2003 年向英国政府提交有关伊拉克局势的报告表明，他完全可以保持工作的独立性。“他已证明他敢于向当权者说真话”，欧文说。理查兹对索沃斯的未来也颇有信心：“(一开始)周围人总会有一些焦虑和观望情绪，但我觉得约翰会坐稳位子，证明自己的能力，就像他过去所做的那样。”

五、军情六处重大事件揭秘

(一)“间谍之王”或是牛虻原型

卡明属下中最有名的人物就是被称为“间谍之王”的西德尼·赖利，而此人除了身为间谍之外,还与石油的利用有着千丝万缕的联系。彬彬有礼、英俊潇洒的赖利原名叫乔治·罗森布伦,犹太人,他于1893年离开了乌克兰南部港市敖德萨。他能言善辩,有时说自己是天主教牧师的儿子,有时又声称自己是俄罗斯贵族之子。但他实际上是苏格兰场政治保安处的特工人员,之后成为了英国军情六处俄国分部的领导。

1901年,赖利假装成一名药物推销员,被派往德黑兰去调查有关澳大利亚淘金者威廉·诺克斯·达奇的事情。达奇花1万英镑从波斯国王那里买到了开采权,去寻找当地的油田资源。英国政府对这种新能源进行了评估,希望英国也能介入此事。

赖利认为石油的发现非常重要, 建议买下波斯北部省以及俄国境内的领土。他的建议未被采纳,直到1905年,英国政府得知达奇已经破产。他已经在波斯采到石油,但质量并非如其所言。他跑到欧洲,希望为从波斯买来的特权找到一个买家。英国决定买进。

赖利于是被派往法国戛纳, 据说达奇在那里准备与罗思柴尔德银行的法国分部谈判。赖利伪装成一位天主教神父,上了罗思柴尔德家族的游艇,在上面假装为孤儿乞求捐助。他故意混淆黑白,将达奇拉到了自己的一边,告诉他英国政府愿意付出双倍价格来购买他的特权。历史书中并未记载下赖利如何处理的这笔钱,但的确有达奇与英国政府完成交易的记录,英国波斯石油公司也因此而诞生。在丘吉尔的建议下,这家公司后来将名称改为了著名的英国石油公司。英国政府获得了51%的股份。

1908年,波斯境内再次开采出石油,这一次石油的质量保证了英国数十年的重要燃料资源供应。丘吉尔下决定将英国海军舰队的燃料从煤转变为石油,这一举措使英国在一战获得了极大优势。一艘军舰足可以与陆地上装满石油的坦克媲美。赖利乔装改扮完成的秘密使命让英国受益匪浅,但赖利自身却变成了这一成功事件的牺牲品。他在1919年被授予军功十字勋章之后,在苏联被逮捕,在莫斯科附近的森林中被处决。

1901年,赖利曾经与妻子一起搬到了中国东北的旅顺口居住,并且游历中国。但有人指出赖利在中国期间其实在充当双重间谍,同时为英国和日本搜集情报。赖利和一个中国工程师何良顺一起,利用自己的海运公司作掩护,为日本海军窃得了俄国的旅顺港防务计划。依照这个防务计划,1904 年 2 月 6 日,日本海军才得以迂回驶过俄国保护海港的雷区,对俄国舰队发起了突然袭击。

更为神奇的是,不但有人怀疑赖利是邦德的原型,还有人认为赖利是小说《牛虻》中"牛虻"的原型。因为《牛虻》的作者伏尼契在伦敦与赖利相识,并且同游意大利。

(二)英国曾招募占星师对抗希特勒

英国国家档案馆最新解密的一份文件显示,二战时期,在反对阿道夫·希特勒的战争中,英国有一个非常特别的"武器"——占星家路易斯·德霍尔。这位出生在德国的占星家曾被英国情报部门雇佣,并提出"以占制占"的建议对付希特勒。

阿道夫·希特勒

德霍尔于 1903 年出生在德国柏林郊区的一个小村庄,父母是匈牙利人。他是一名银行家和小说家,并利用所有业余时间研究占星术。1935 年,希特勒开始迫害犹太人时,拥有部分犹太血统的他被迫逃亡英国,改名为路易斯·德霍尔。

到达伦敦后,德霍尔称自己是一名匈牙利贵族的儿子,还是一位英国大银行家的孙子,同时也是当时伦敦市长的亲戚,他将自己包装成为一名著名占星家。一次在西班牙大使馆晚宴上,一位西班牙公爵夫人要求德霍尔向英国外交大臣哈利法克斯爵士展示对希特勒的占星预言。

德霍尔声称自己可以预测纳粹德国的作战计划, 以及希特勒的占星师可能告诉希特勒的一些事情。不久后,在当时首相丘吉尔授意下,英国军情六处下属的特种战执行局雇佣了德霍尔。他被任命为英国陆军上尉,负责一个心理研究办公室，应对来自德国占星师的挑战。

德霍尔称，希特勒自1923年就开始痴迷占星术，他有很多御用占星师，包括瑞士人卡尔·克拉夫特，对他们的话“言听计从”。为此，德霍尔向特种战执行局副主管查尔斯·哈姆布罗提出一项建议，利用占星术对付希特勒。

于是，英国特工利用各种宣传手段，在世界各地的报纸上发布大量虚假的“占星预言”，称星相变化表明“希特勒不久后将死在柏林”，用“命运”的力量影响希特勒的思想，并使他对自我决断力产生怀疑，动摇其统治地位。

由于德霍尔对希特勒心理的独特理解，1941年他还被派往美国，以破坏美国人心中“德国人不可战胜”的想法，并说服他们加入盟军对德开战。德霍尔在美国不断进行巡回演讲，称金牛座的希特勒将被一名天秤座的人取代，他将于一年内死在柏林。随着珍珠港事件的爆发和美国的参战，德霍尔完成任务。

由于美国方面不再需要他的服务，德霍尔于1942年被召回伦敦。此时，他才发现自己所在的“心理研究办公室”已经被解散了。据新解密的文件称，对于如何“处理”德霍尔，很多高级官员给出不同的方式，包括将他送入军营或者一个遥远的乡村角落。但害怕德霍尔损害情报部门的声誉，军情五处认为应该让他保持快乐状态，因此决定继续雇佣他。

1941年至1943年间，德霍尔向英国情报部门提交了数百份关于希特勒的占星报告，并描绘出这些报告对纳粹德国作战计划产生的影响。英国国家档案馆解密的战时文件中，官方结论认为：德霍尔做出了一些“有用的预测”，尽管还不清楚多少信息能起作用。

为了让英国占据战术优势，德霍尔为希特勒以及很多其他名人，比如蒙哥马利和日本天皇都做出了占星预言。国家档案局解密的文件显示，他的一些预测真的实现了。他预测出德国入侵希腊位于地中海东部的克利特岛、中途岛战役、蒙哥马利对战德国“沙漠之狐”隆美尔的战役等。战后，德霍尔离开了英国，并在20世纪60年代于瑞士逝世。

(三)走进冷战时代的军情六处

很多人都以为，二战之后英国军情六处很快就将矛头重新对准了苏联。事实上，军情六处遇到的第一个问题是如何让自己存活下来。英国历史学家吉斯·杰弗瑞在新书《英国军情六处秘史 1909–1949》中，讲述了军情六处在冷战初期的那段秘闻。

1945 年夏天，英国保守党在大选中落败，政权回到工党手中。新任首相艾德礼对军情六处没有多少感情，认为在二战结束之后这样一个部门只会是“鸡肋”。当时英国朝野不断有动议提出让军情六处和军情五处合并。

后来，英国议会安全委员会主席史蒂沃特在有关职责分工的草案中写道：“事关海外谍报的工作还是应当归属军情六处。”最终，艾德礼认同了这一看法。不过，此后一年，各方一直在权责问题上讨价还价，最后达成协议：军情六处负责西欧、伊比利亚半岛、北欧、南非以及中东欧、苏联还有巴尔干半岛等区域的情报收集。

然而，这一权责划分惹恼了军情五处。刚刚被艾德礼委任为军情五处主管的珀西·希尔斯通写信给首相称，治下的中东安全处不能因为军情六处的权责范围而被取消，因为国内很多安全事务都与中东有藕断丝连的关系。

为了平息这场争执，军情五处被安排“仍对巴勒斯坦地区的情报负责”，其余部分留给军情六处。但军情六处主管门则思认为这是希尔斯通的个人野心在作怪，于是去信史蒂沃特表达不满。两大情报机构的矛盾一直在延续，互相拆台的风波也闹得沸沸扬扬，直到门则思和希尔斯通在 1948 年冰释前嫌，达成情报共享的协议。

在冷战初期的军情六处历史中，值得一提的是一起名叫“科比事件”的间谍战。之所以取名“科比”立案，是因为当时参与调查的军情六处人员都爱喝一种产自加拿大的威士忌“科比”。那是 1945 年 9 月 9 日，军情六处发现在苏联驻渥太华大使馆工作的英格·考尔岑克其实是一名密码破译人员。情报人员随后发现，考尔岑克背后是苏联驻加拿大军事情报处主管扎博庭。

扎博庭手中握有一张愿为苏联效力的欧洲精英名单。名单上有在加拿大工作的英国核专家阿伦·囊梅，而这位专家早前已经将重要的铀–235样本交了出去。军情六处随后挖出的情报更令他们吃惊,因为他们发现在军情六处效力多年的哈罗德·金·菲尔比早就为苏联传递情报了。

剑桥大学毕业的菲尔比是英国至今都家喻户晓的人物,当年他利用“斯坦利”的化名,长年与苏联驻伦敦的情报主管鲍里斯·库伦特查尔德秘密接头。据库伦特查尔德后来说,加拿大情报网被破获的消息就是从菲尔比口中得知的。

菲尔比的“苏联间谍”身份让军情六处大为紧张,因为菲尔比不仅长期在军情六处卧底,还是英国派驻美国中情局的高级联络官,负责协调英美的反苏联间谍行动。军情六处将这一情况向艾德礼做了汇报，后者利用当年11月访美的机会,建议美国总统杜鲁门展开联合调查。

但令英国人意外的是,杜鲁门拒绝讨论这项合作计划。所以,这起事件虽然在1946年就被曝光，但菲尔比却在10多年后成功叛逃苏联。他在1968年出版的回忆录《我的无声战争》很快登上世界各国的畅销书榜。菲尔比事件也成为英国情报机构有史以来最大的笑柄。

如前所述，摆脱萧墙之乱的军情六处很快就在冷战时代找到了自己的位置。20世纪40年代末,丘吉尔的“铁幕演说”掀起东西方的再次对立。在1947年,时任英国外交大臣贝文直言不讳地表示,与苏联友好的外交关系已经不再,英国安全部门必须看清楚,眼前要面对的是一个反西方并且在逐步扩张的共产主义阵营。

在1947年,根据当时军情六处的报告,情报人员已经对德国共产党地区一级开始的所有领导人的决议信息了若指掌。一位代号“厨师”的女性卧底被军情六处雇用,长年潜伏在汉堡提供情报。军情六处给这位卧底的“报酬”现在看起来少得可怜,只是保证给她每天提供1500卡路里的罐装牛肉以及500克抹有黄油的面包。

除了德国,军情六处陆续在法国、西班牙以及巴尔干半岛和北欧地区增派情报人员。甚至于在中东的耶路撒冷也不忘追踪当地的共产主义组织。在当时的英国政府看来，阻止犹太移民进入巴勒斯坦是成功遏制共产主义进入中东的关键。军情六处的文件显示，英方认为，苏联希望让当地人感到，是苏联的力量让犹太人在巴勒斯坦建国，而不是得助于西方。

为了让苏联感到英国已“洞察先机”，军情六处在1948年煞费苦心地制造了一份假文件，上面写着“英国情报机构已经在保加利亚、罗马尼亚以及中东地区破获了犹太人非法移民通道，并获悉背后有着苏联力量在操控”。为了让这份文件看起来更像真的，军情六处的特工还特意把它携带到维也纳著名的“花花公子”夜总会，让在那里时常出没的苏联特工发现。只不过这场费尽周折的情报恐吓战最后被证实几乎没有起到什么作用。

(四)007之父拯救英国军情六处

作为007的缔造者，大家对英国悬念小说大师伊恩·弗莱明的名字可谓耳熟能详。但鲜为人知的是，在英国军情六处(MI6)处于分崩离析的危险境地时，是弗莱明拯救了这个老牌情报机构。

建议输入“新鲜血液”。据最新曝光的二战秘密文件披露，尽管使军情六处摆脱了分崩离析的命运，不过弗莱明却在无意中为秘密情报局(即军情六处)遭“剑桥”间谍网成员的渗透提供了便利。“剑桥”间谍网被看作是对军情六处构成最大威胁的情报网。二战期间，弗莱明曾在英国海军情报部门工作。据这份60多年后披露的文件称，弗莱明是英国海军负责与军情六处进行联络的官员，这段经历为他创作邦德系列小说提供了宝贵的背景知识。

二战爆发后的几个月里，英国海军高级将领对军情六处的工作极为不满，以至于派了一位陆军官员掌管这个情报机构。按照传统，军情六处掌门人一般是由海军军官担任。另外，他们还对温斯顿·丘吉尔展开游说活动，让海军建立自己的情报机构。新曝光文件显示，弗莱明对这一想法持反对态度，他警告说，一旦军情六处被“降级”，英国海军的情报搜集工作将面临巨大危险。

他在1940年4月撰写的一份报告中建议，他们应向军情六处输入“新鲜血液”，对军情六处进行大换血，英国海军将领们接受了这一建议。在弗莱明的 007 小说中，邦德便是前来应征的“新鲜血液”。007 系列影片《雷霆谷》中就有这样一段情节：邦德在行动中“被杀”，报纸上登载的一则讣告称他于 1941 年加入军情六处。

实际上，正是对“新鲜血液”的渴望，才致使军情六处匆忙中在 1940 年 6 月至 7 月间招募了金·菲尔比以及后来的约翰·凯恩克罗斯，他们二人均是苏联克格勃“剑桥”情报网的成员。冷战初期，“剑桥”情报网给军情六处造成重大破坏，险些令其从历史舞台上消失。英国海军中有关军情六处的情报档案被送到伦敦南郊的英国国家档案馆保存。作家菲尔·托马斯利发现了这段秘闻。

军情六处第一任掌门人是海军司令曼斯菲尔德·史密斯·卡明爵士，代号“C”。后来，军情六处的每一位负责人都继承了这一称号。而弗莱明小说中邦德的顶头上司、代号“M”的称谓灵感就来自于此。卡明爵士的继任者亦为海军官员——海军上将休·辛克莱爵士，结果英国海军渐渐养成了遇事直接向军情六处掌门人发号施令的习惯。

辛克莱爵士 1939 年 11 月去世后，他的副手斯蒂沃特·曼茨接掌帅印，引起海军将领们警觉。20 世纪 30 年代，经费问题已经使英国海军高层对军情六处提供的情报标准不满。文件援引一位海军情报官员的话说，军情六处送往海军的情报报告一无是处，差不多都是些毫无价值的情报，有时甚至让海军官员情不自禁地大笑不止。

二战之初，弗莱明作为英国海军情报机构负责人约翰·戈德弗利海军少将的私人助手加入情报机构。戈德弗利对弗莱明的建议大加褒奖，他后来宣称，倘若弗莱明是情报机构负责人，而他是弗莱明助手的话，英国海军的情报搜集工作可能会大有改观。戈德弗利任命弗莱明担任负责与军情六处联络的官员，同时他开始游说高层建立内个独立的海军情报机构。戈德弗利认为，海军“并没有获得我们需要的情报，目前的机构满足我们需要的可能性微乎其微”，海军元帅杜德利·庞德爵士对此表示赞同。

庞德建议时任海军部部长的丘吉尔，应允许海军挑选他们自己的人担任军情六处副处长,试用期六个月。文件称,如果这项措施依旧不能使情况有所好转,“那么我们应该建立一个独立的机构，副处长应具有做到这一点的必要知识。”丘吉尔答应同新任军情六处掌门人曼茨商讨此事,但他告诉庞德,在对英国整个情报机构的评估完成前,应该暂停实施建立独立海军情报机构的计划。

因报告很大程度上对军情六处的失职置若罔闻，英国海军高级将领坚持认为其毫无用处，重新游说高层建立海军自己的情报机构。当时还担任《星期日泰晤士报》国外部主管的弗莱明代表军情六处,成功说服戈德弗利和海军将领不要建立独立的情报机构。他说:“我认为向现存机构输入新鲜血液强过撤换因循守旧但经验丰富的掌门人。”

(五)军情处眼皮底下特工遇害

电影与现实的最大区别是,代号007的詹姆斯·邦德永远不死,而真人版的英国特工却命丧黄泉。据英国媒体报道，现年31岁英国特工加雷恩·威廉姆斯,2010年8月24日下午被发现陈尸公寓。至今警方仍未就其死因做出具体说明,只表示其死亡已经近两周。外界也有人猜测威廉姆斯很可能因与同性恋人发生争执而惨遭毒手，认为此事件可能是外国间谍为了窃取情报所为。

据英国媒体报道，死者威廉姆斯是英国国家通信情报局一名负责监听任务的特工,死前正借调到军情六处工作。威廉姆斯负责进行窃听设备的研

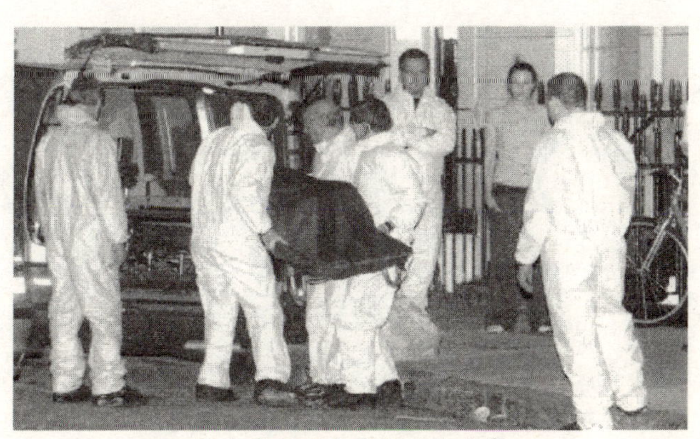

警方将遇害者遗体运出公寓

发。23 日,警方接到威廉姆斯的朋友报案,称多日未见其踪迹,于是前往其在泰晤士河边的公寓查看,结果发现威廉姆斯已成一具开始腐烂的尸体。尸身被塞在了一个大旅行袋里,放在浴缸内。警方经过尸检后,得出的初步结论是威廉姆斯可能遭人下毒、勒杀或死于窒息。

威廉姆斯所住的这栋公寓距离军情六处总部仅数百米,而且保安措施严密,大门口设置有眼球扫描仪。由于现场没有强行闯入的痕迹,调查人员怀疑凶手可能与威廉姆斯相识。事发现场留下了一部手机和一些手机卡。它们看似经过精心排列,犹如举行过某种仪式。此外,警方还发现了一些女性衣物,由于尺寸和威廉姆斯的体型相当,警方怀疑他可能有异装癖。

威廉姆斯的死讯传出后,有知情人士透露,他之前曾与同性恋人发生激烈争吵,不排除情杀的可能性。但对于这一消息最感到震惊的还是威廉姆斯的邻居们。与威廉姆斯有过一面之缘的邻居劳拉·霍顿指出,一头棕发的威廉姆斯身体结实、温和有礼,说话带有威尔士口音,喜欢骑自行车。霍顿说,威廉姆斯家中的窗户始终紧闭,窗帘也很少拉开,从不告诉外人他是做什么的。

对于威廉姆斯的死,他的老师更为惋惜,其中学数学老师杰兰特评价说:"他或许不是我见过的最出色的数学家,却是最好的逻辑学家。"但也有中学同学称,威廉姆斯性格"天真","容易受骗"。威廉姆斯曾以优异的成绩从英国班戈大学数学专业毕业,2000 年前往剑桥大学圣凯瑟琳学院深造数学,但一年后因未能通过考试而退学。获知死讯的威廉姆斯父母及妹妹哀恸不已,不愿对外发表言论。

这起凶杀案惊动了英国政府,不但副首相克雷格亲自听取简报,首相卡梅伦也将监督破案进展。由于在威廉姆斯的公寓内没有找到笔记本电脑和 MP3 之类的电子设备,英国情报部门担心,这些可能存有机密档案的物品恐怕已被凶手取走,转卖给他国情报单位,或者落入恐怖分子手中。一名英国众议院前议员感叹:"这起谋杀案给我们敲响了警钟。我们情报部门每天每分钟都要保持警惕。"

六、军情六处与克格勃的生死搏杀

(一)英国超级间谍斯金纳之死

1964 年,35 岁的斯金纳在英国国际电脑公司工作。1968 年 3 月,他又出任了英方驻莫斯科办事处主任。在一次外国驻苏大使馆人员的舞会上,斯金纳“结识”了一位叫柳德米拉的已婚女士。此后,在斯金纳的要求下,苏联方面将柳德米拉分配给他作日常秘书。

1970 年,斯金纳与自己的妻子离婚了,柳德米拉也与自己丈夫分道扬镳。直接与柳德米拉联系的克格勃官员杂列克夫对柳德米拉说:“你不能感情用事,堕入情网,你要吸收斯金纳加入我们的组织。”阿列克夫的话对柳德米拉来说就是命令,于是,她约斯金纳在莫斯科郊外会面。柳德米拉故意把话题扯到克格勃身上, 接着给斯金纳讲了事情的经过, 斯金纳听了淡淡一笑:“没关系,我挺乐意跟他们谈谈,我可以利用一切办法帮助苏联从国外搞到大功率计算机。”

1973 年,在克格勃组织同意后,柳德米拉与斯金纳正式结婚。斯金纳取得了克格勃头目的信任,在莫斯科官场左右逢源,成为具有特殊待遇的神秘人物。另一方面,国内对他也备加宠爱。世界上第一流银行英国米兰银行也看中了这位奇才,任命他为驻莫斯科的首席代表。斯金纳摇身一变,俨然又成了一个“银行家”。

1981 年,有一件“奇事”引起了克格勃机关对斯金纳的怀疑。在一次鸡尾酒会上, 斯金纳和一位即将参加苏联军事演习会议的高级武官会面。事后,这位武官发现他随身密藏的一个装有作战演习图册的“公文夹”不见了,这件事使他们开始怀疑斯金纳可能是“双料间谍”。阿列克夫向斯金纳施加压力“让柳德米拉回到苏联来。”可他非返回英国不可,那里有他的妻子和儿子。斯金纳虽然这么说,但他觉得大势不妙。善施心计的斯金纳不得不向苏联有关部门提出,自己要回伦敦处理一些商业事务,然后做通柳德米拉的工作,再返回苏联。

1983 年 6 月,英国间谍斯金纳在莫斯科神秘地被杀。这件事当时在英国引起了极大震动,成为舆论界议论不休的一大谜团。苏联解体后,英国有关部门才在报刊上公布了这事件的真相。斯金纳原来是英国军情六处打入克格勃的间谍,他骗取了克格勃的信任,以此为掩护,刺探苏联的情报。

(二)蛙人之死:007 原型死亡之谜

1956 年 4 月,赫鲁晓夫访问英国,在他乘坐的“奥尔忠尼启则”号军舰抵达英国港口后,苏联警卫人员发现在水下出现了一名来路不明的蛙人。后来,这名蛙人神秘失踪。英国媒体普遍认为,这个神秘蛙人就是英国王牌特工莱昂内尔·克莱伯——电影“007”的原型之一。

当晚,赫鲁晓夫在军舰甲板上举行了盛大的招待会,应邀出席招待会的有英国的著名政治家、银行家、企业家和其他实业界人士。

服务员托着放满各种冷热饮料的托盘,轻盈地走在甲板上,把饮料一一送到客人手上。宾主的寒暄声、清脆的碰杯声和室内乐队的悠扬乐曲声不绝于耳。海风习习,涛声阵阵,灯火通明的巡洋舰的影子倒映在深色的水面上,使美丽的夜色更加迷人。

解密邦德真实 007

然而,并非所有的人都沉醉其中。苏联警卫人员和特工们警觉地留意每一个值得注意的声音,注视着巡洋舰周围方圆数海里的海面,巡洋舰上各种保安技术设备也在紧张地工作。当招待会的气氛达到高潮时,一直监视着新型水声显示仪的特工发现,在离巡洋舰不远的地方有拍水声,还有深水潜泳的种种迹象。

警惕的特工随即发出了约定的信号,立即行动起来。这时,监视器的屏幕上出现了一个身穿保暖潜水服的蛙人。只见他慢慢接近巡洋舰的底部,藏到巡洋舰的龙骨下面,几秒钟后浮出水面,不一会再次下潜……特工们紧盯着监视屏幕,推测这个蛙人在巡洋舰底部的活动目的。忽然,已锁定的目标不见了。

这个蛙人后来到底怎么样了,至今众说纷纭。据说,从那天晚上以后没人再见过他。第二天,英国报纸报道了有关潜泳爱好者克莱伯的消息,说他对巡洋舰很有兴趣,因此冒险潜入舰底观察巡洋舰的水下结构。不料由于缺乏专业知识,再加上下潜时供氧装置漏气,他拿生命当了儿戏。但是,英国反对派的报纸却做了另类报道,说蛙人克莱伯是英国皇家海军的一名少校。

对英国政府的这个丑闻,苏联方面并未要求英方作出解释。但英国首相艾登却认为有必要就这一事件向赫鲁晓夫表示歉意。他在给赫鲁晓夫的信中说:"赫鲁晓夫先生,据英国政府所知,一切都是军情六处人员的工作热情过高所致。您应该知道,情报部门有自己的工作规程。我们对所发生的一切向您深表歉意。"

半个世纪以来,这个"蛙人之死"被称为"冷战最大悬案"。多年来,英国媒体普遍认为,这个神秘蛙人就是英国王牌特工莱昂内尔·克莱伯——"007"系列电影的原型之一。与此有关的两国高层人士对这件事可能了解很多,甚至了如指掌,可是什么也不透露。相反,好奇的人们说了很多,但对事情的真相却知之甚少。第一种说法是:克莱伯是按英国军情六处的计划行动——在巡洋舰底部放置一种高灵敏度的装置;第二种说法是:克莱伯要把一种爆炸力极强的磁性水雷放到巡洋舰底部,这种水雷会在巡洋舰离开英国领海,到达公海时爆炸;第三种说法正相反:克莱伯按军情六处的安排,想盗走克格勃放置在巡洋舰底部的装置。军情六处对此不作任何反应。

(三)潜伏英国军情六处

著名间谍哈罗德·金·菲尔比

哈罗德·金·菲尔比1912年1月1日出生于一个富裕的英国家庭,父亲老菲尔比当时担任大英帝国殖民地的文职职员,是一位知名的阿拉伯语言学者。后来,老菲尔比还担任过丘吉尔的顾问、沙特阿拉伯的创建者沙特的顾问等职务。

老菲尔比很懂得教育孩子的重要性,在很早的时候就把儿子送到英国的学校学习。17岁的时候,菲尔比以优异的成绩进入了剑桥大学,这时的剑桥大学,学生们谈论的、争辩的并不是学问,而是社会主义思想。苏联已经成功建立社会主义国家之后,引起了这帮年轻人的兴趣,他们对共产党人羡慕不已,学校里各种各样的社会主义协会纷纷成立。

1933年,菲尔比游历柏林的时候,亲眼目睹了法西斯的残暴,回国之后就立志要参加反法西斯事业。因为当时的很多人认为苏联社会主义是与法西斯主义针锋相对的,只有为苏联更好地工作才能更有效地反对法西斯。1934年,菲尔比在维也纳进入苏联情报机关,成为一名情报员。

1936年,西班牙内战爆发之后,苏联与德国、意大利的关系更加紧张。菲尔比接到的任务就是到西班牙的内部部门进行潜伏。紧接着,菲尔比在《泰晤士报》谋得一随军记者的职务。在做随军记者期间,菲尔比觉得记者的生活太过于无味了,而且也接触不到核心的东西。他认为只有深入敌人内部,才能更好地为苏联社会主义服务。就在这时,有一位记者为他的前途点起了明灯,那就是《每日镜报》的史沫特莱。当史沫特莱问菲尔比有什么打算的时候,菲尔比说出了自己的想法:参加英国军队,反对法西斯主义。几天后,史沫特莱说已经把菲尔比推荐给秘密情报局了,菲尔比大吃一惊,自己多年以来梦寐以求的东西终于可以得到了。原来，第二次世界大战爆发之后，英国的秘密情报局明显缺兵少将，急于招人。军情五局最后只是简单地看了菲尔比的档案，就将之招募到麾下。这样，菲尔比顺风顺水地潜伏到了秘密情报局的第五处，他利用这里的便利条件，了解到了英国秘密情报局海外间谍的情况。

在二战结束之前，英国与苏联之间的矛盾日益显现，为此秘密情报局成立了第九处，专门负责苏联的情报工作。菲尔比敏锐地觉察到，这是一个非常重要的机会。因此就向自己的控制人克罗托夫通报了此事，克罗托夫也立即与莫斯科联系，等待莫斯科的指示。

莫斯科觉得这是一次难得的机会，于是下令，不惜一切代价让菲尔比成为第九处的处长。此时，菲尔比遇到了一个棘手的问题，那就是如何得到上司的信任。就在这时，第五处的处长考吉尔犯了一个大错，他得罪了美国联邦调查局。早在二战期间，美国与英国之间的情报合作就一直没有间断。此次，秘密情报局奉命起草一份给联邦调查局局长胡佛的信，考吉尔素来对美国联邦调查局没有什么好感，他就在信中将胡佛痛骂了一番。信被外交部退了回来，菲尔比马上利用这一机会，重新写了封信，就此得到了秘密情报局局长孟席斯的信任，孟席斯要菲尔比担任第九军情处处长。菲尔比上任了，他立刻规定了一个章程，在局长的带领下，搜集和整理来自英国本土以外的世界各地有关苏联和共产党人的间谍和颠覆活动的情报，至此，苏联的情报完全就在他的掌控之中了。

一天上午，菲尔比被孟席斯召进办公室，让他看一叠材料。菲尔比大吃一惊，原来这是外交部转来的文件，上面说苏联驻伊斯坦布尔副领事沃尔科夫写信给英国大使馆副领事佩奇，说他要求政治避难，条件就是他说出苏联在英国外交部的两名间谍以及情报界的5名间谍。在英国没有答应他的条件之前，他是不会说的。沃尔科夫还特意强调，电报联系是不安全的，苏联已经破译了英国的密码。

菲尔比自然知晓自己就在这些间谍之中。幸运的是，这份材料并没有送到军情五局，而是送到了秘密情报局。而现在负责反间谍的人恰恰就是菲尔比，因此，他就有足够的时间通知莫斯科，让他们对付沃尔科夫了。菲尔比对孟席斯郑重地说，这个问题十分复杂，需要好好研究一下情报，然后再行动。孟席斯也同意这个看法，就让他在第二天早上汇报，同时严守机密。

菲尔比认为最好的办法是自己能走一趟，这样才能更好地掌控整个局势。第二天，他就对孟席斯汇报说，沃尔科夫的名字有好几个，现在还不能确定，因此最好去看一下。虽然沃尔科夫提议用安全的邮件，但是时间必定太长了。孟席斯自然同意这个做法，但是他建议军情五局驻开罗情报站的罗伯茨去。可是罗伯茨不愿坐飞机，菲尔比提出了自己亲自出马的建议。

一切准备就绪之后，菲尔比来到伊斯坦布尔，立刻与佩奇联系。由于佩奇联系不上沃尔科夫，菲尔比决定亲自到大使馆去看看，但询问的结果是根本就没有沃尔科夫这个人。菲尔比非常高兴，因为他知道莫斯科已经把沃尔科夫解决掉了。原来，菲尔比得知事情的第一时间就与克罗托夫会过面，当天克罗托夫就致电莫斯科说了这件事情。5天后，沃尔科夫被强行送回了莫斯科，之后沃尔科夫就消失了。

菲尔比在处长的位子上没有干多长时间，就被调到美国了，主要担任秘密情报局的驻美代表，负责与美国情报机构的联络。菲尔比知道这个职务的重要性，他并没有与自己的联系人商量这件事情就立刻答应了。此时菲尔比得知联邦调查局破译了苏联内务部的电报，获悉了二战期间英国驻美国大使馆内潜伏着苏联间谍，并且那个间谍的地位非常高。菲尔比清楚知道联邦调查局会怎样行动，他们马上要对英国外交部美洲司司长麦克莱恩动手了。

菲尔比一时找不到好办法来解救麦克莱恩，就在这时，另一个苏联间谍、外交部的伯吉斯喝酒闹事，英国方面决定让伯吉斯回国。菲尔比看到了机会，决定让伯吉斯与麦克莱恩一块儿出逃。1951年5月25日，英国外交部授权军情五局下周审讯麦克莱恩。也就是在当天，伯吉斯租了一辆轿车，前往麦克莱恩的家中。当俩人刚离开家，军情五局的人立刻跟了上来。麦克莱恩与伯吉斯来到火车站，上了火车并成功地甩掉了那些跟踪他们的人。

第二天，军情五局的驻美代表彼特森给菲尔比打电话说自己的秘书已经放假了，能否让他的秘书过去帮忙。菲尔比以为麦克莱恩出事了，于是直接到彼特森那里。彼特森见到菲尔比的第一句话就是："金，鸟儿飞了。"菲尔比大喜过望，但是又要装出大吃一惊的样子，问是不是麦克莱恩。彼特森说，不仅是麦克莱恩，连伯吉斯也一块儿逃走了。

伯吉斯的出逃，立刻令菲尔比身处险境。他们之间的联系非常多，菲尔比马上成了首要的嫌疑犯。不过菲尔比并不愿意像伯吉斯那样逃走，而是打算就这样混下去，他宁愿自己多受点苦。他把那些可能带来麻烦的间谍工具全部毁掉了。

但是，美国的情报局并不打算就此罢休，哈维向局长史密斯呈递了一份报告，指出菲尔比与伯吉斯交往很密，并知道麦克莱恩还办理过沃尔科夫的案件，因此他推断菲尔比也是一名苏联间谍。之后，史密斯致信秘密情报局，说他对菲尔比不信任。

军情五局根据哈维的报告对菲尔比做了一些调查，发现问题远远比想象中严重，随即将其逮捕。最先审讯菲尔比的是军情五局的怀特，他要求菲尔比交代他与伯吉斯的关系，菲尔比很轻松就把这个问题推托过去了。在审讯进行到僵持阶段的时候，审讯菲尔比的人换成了国王的法律顾问密尔摩。密尔摩是一位非常有能力的审讯官，菲尔比早就知道他的厉害之处，并装出极力配合他的样子，但是并不给他一丝机会抓到有利的证据。经过一番较量，密尔摩最后对他也是无可奈何。

最后审讯他的是威廉·斯卡登。在审讯菲尔比的过程中，这位审讯官为他设了好几个圈套，但是聪明的菲尔比就是不上当。最后，菲尔比是苏联间谍的论断只得被高悬，不过他以后不能在秘密情报局干了。

平安挺过了审讯的菲尔比在离开秘密情报局后过上了平静的生活。三年之后的 1954 年 4 月，一位苏联特工叛逃英国，供出了麦克莱恩与伯吉斯都在莫斯科，他们的叛逃是由当时在华盛顿的一位第三人策划的。消息一出，英国上下大吃一惊，菲尔比再次受到了秘密情报局的审讯。不知为何，在审讯过程中，秘密情报局故意放过了菲尔比。而国会上下也因菲尔比一案闹得不可开交，外交大臣和艾登都为菲尔比开脱。外交大臣麦克米伦在下院声明,菲尔比在政府任命期间自觉地履行了自己的职责,并没有任何证据表明他曾经帮助过伯吉斯与麦克莱恩。

菲尔比的胜利,引起了大洋彼岸的不满,美国中央情报局局长史密斯和联邦调查局局长胡佛对此很是不解,但是他们也是毫无办法,因为他们找不到任何有力的证据来证明菲尔比确实是一位苏联间谍。于是他们把菲尔比的档案封存起来,但这并不表明他们就相信菲尔比的清白。1956年菲尔比来到黎巴嫩,以《经济学家》和《观察报》撰稿人的身份继续为秘密情报局工作,只是外人都不知道罢了。

菲尔比就这样工作了5年, 可是苏联间谍戈利钦叛逃美国后再次供出了菲尔比为苏联间谍的秘密。消息从美国辗转到英国后,秘密情报局就将菲尔比从情报局名单上除去了。1962年,菲尔比再次被秘密情报局关押审讯,在事实面前菲尔比作了一些坦白,但是对大多数还是保持缄默。在1963年1月,菲尔比逃走了,他投向了莫斯科的怀抱。

七、军情六处糗事仍然不断

(一)英间谍开博客死磕军情六处

英国军情六处(MI6)可谓是历史悠久、大名鼎鼎,但特工理查德·汤姆林森在多年前被解雇后,就与其反目成仇,寻找各种机会揭它的老底,上演了一场"蚂蚁撼大树"的角斗。

2006年4月,汤姆林森开办了"理查德·汤姆林森对MI6"的博客,关于MI6内部消息的帖子陆续出现在博客上。他还把MI6在蒙克顿训练总部内部设施的一系列照片发到网上。在一篇为纪念自己被解雇11周年的帖子中,他还提到了两名MI6情报官的名字,让当局大为紧张。

1990年，汤姆林森经过严格选拔后进入MI6，此后参与了多次秘密行动。1992年，进入MI6东欧部，负责俄罗斯方面事务，并曾从莫斯科获取了关于弹道导弹试验的情报。1993年，他成为驻波斯尼亚的秘密情报官。在一次塞族对萨拉热窝发动的袭击中，他的腿部受了伤。1995年4月，汤姆林森突遭解雇，理由是"工作不力"，当他要求人事部门作出解释时，得到的答案是："你凭什么要求知道理由呢？"

觉得冤枉的汤姆林森不断上诉劳动仲裁法庭，但均告失败。之后，他打算出版一部回忆录，也被MI6以各种手段进行阻挠。

为了摆脱MI6的控制，汤姆林森利用假护照混出了海关，先后逃亡到法国、西班牙、澳大利亚、新西兰、瑞士、德国和意大利。但是MI6步步紧追，使得汤姆林森不断在当地被警方拘留。1998年，当汤姆林森在澳大利亚再次试图出版他的回忆录时，英国当局以违反《国家安全法》为由把他抓回了伦敦，并关押了半年。

但是，这些经历并没有动摇汤姆林森和MI6对着干的决心。当MI6与戴安娜王妃之死有关的传闻四起时，他没忘记往火上浇一勺油，称追逐戴妃汽车的狗仔队摄像师是英国特工假扮的，司机保罗是收取报酬的MI6线人。

1999年5月，美国《环球情报评论》杂志网站上出现了一份MI6海外特工名单，116名间谍的真实姓名被曝光。尽管网页当天就被撤销，但名单已经迅速传遍网络，几天后还被莫斯科一家报纸刊登出来，成为全世界都知道的"公开秘密"。尽管汤姆林森一直否认他与名单泄露有关，但MI6深信这是他的手笔。

2001年，汤姆林森的回忆录在俄罗斯出版。在这本书中，他详细记述了在世界各地执行间谍任务的经历，以及MI6新手受训的内容，MI6对此大为光火。这本书出版后，汤姆林森沉寂了几年，这次再次"出山"，可见其与MI6"死磕"之志不改。

(二)英国特工名单网上大泄密

1999年5月，许多已经将因特网当作每日生活一部分的人在网上游览时，在无意间拜访美国加利福尼亚州一家杂志《行政情报评论》所办的网站，发现一份奇特的名单。这份名单由一个个排列整齐的人名组成，每个人名的后面还标出了派驻海外的地点和详细时间，有心人数了数，总共116个人。名单末尾的注释更让人吃惊，原来这是一份英国情报机构军情六处(MI6)海外秘密情报人员的名单。这份可称是绝密的名单竟然在国际互联网上被人堂而皇之地公布出来，如果不是亲眼看到，真会让人怀疑这是天方夜谭。

5月13日，军情六处知道了这个迟到的消息，立刻就慌了手脚。一方面，通过英国政府紧急给美国政府发照会，要求立刻关闭公布该名单的站点。另一方面"辟谣"，召开新闻发布会声称此名单不真实，暗地里却通知所有名单中涉及的海外特工注意防范，以免发生危险。此外，军情六处的保安部门也对此事展开了秘密调查。

不久，公布该名单的美国杂志《行政情报评论》关闭了自己的站点。与此同时，英国新闻媒介也被劝阻不要透露名单及该网址中的其他有关内容。但是，该名单和有关内容很快又在别的网址上出现。接着，又有一些网址出现了同样的内容。很显然，这份绝密名单已经通过因特网这个最便捷的工具泄露出去。这还仅仅是军情六处发现的，至于到底有多少人从网上"当"下了这份名单，军情六处更是无从得知了。

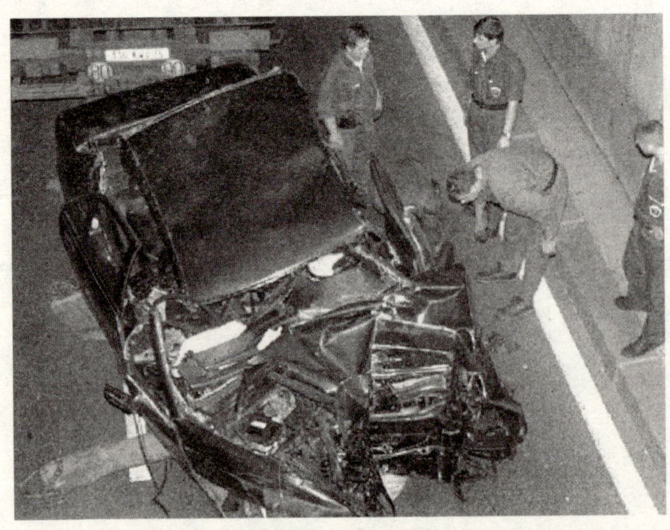

戴安娜王妃车祸现场

至于这份名单的真伪，在英国媒体的紧迫不舍下，也逐渐得到证实。据英国《太阳报》报道，这份名单中所泄漏的情报员平均年龄约47岁左右，身份特征非常类似，几乎全是英国剑桥或牛津大学的毕业生，都是高级知识分子，能操多国语言，和王室关系良好，几乎有四分之一的人曾获得过国家颁发的各种荣誉勋章。

在报道中，《太阳报》还特地提到了名单上的两个人。一个是迈克尔子爵，此人已经不是第一次被指认为军情六处的特工了。1985年，英国和苏联爆发大规模间谍战，苏联一口气驱逐了30多名英国驻苏联大使馆的外交官，指责他们是间谍，其中就有迈克尔。而此次迈克尔就在名单上，看来绝非空穴来风。《太阳报》还指出，迈克尔在不到40岁的时候，就获得了英国政府颁发的英帝国军官勋章。当时就有人指出，迈克尔很可能在正常的外交工作之外还有"卓越"的贡献才会获得此项殊荣。另外一个人是剑桥大学退休教授普里查德。普里查德今年已经72岁了，他在这份名单上出现并非因为他是海外特工，而是他一直被新闻媒体认为是军情六处在剑桥大学招聘特工的代理人，此次出现在名单上似乎也证实了新闻媒体的猜测。

迫于强大的压力，军情六处发言人不得不承认，这份名单上的116人当中有很多并非是军情六处的特工，而是普通的外交人员，但是，其中仍然包括了几十名军情六处的特工。该发言人还表示，目前最重要的是要采取紧急措施，以保护这些特工的人身安全。军情六处和英国政府对在互联网上公布名单这种不负责任的做法表示了强烈不满。英国政府负责指导新闻媒介报道国家安全事务的戴维·普尔弗诺夫特说，在互联网上公布名单是一个非常严重的事件，可能会危及到英国情报人员的生命安全。

对这次泄密事件严重程度的评估也正在进行中，因为军情六处尽管有2000多名工作人员，但真正的海外秘密特工不过350多人，这次一下子就泄露了几十个，对军情六处的打击可想而知。可以想见，军情六处不会轻易放过泄密者。在追查泄密者时，军情六处的保安部门首先将目光盯在了被辞退的前特工汤姆林森身上。

汤姆林森得知军情六处将其作为怀疑对象时，立刻站出来声明自己与

老法耶兹(左)和他的代表律师

此事牵无干系。但也表示自己不会返回英国洗脱嫌疑。汤姆林森还指责军情六处企图利用该名单来给他抹黑。

汤姆林森还没什么眉目，军情六处又将目光盯在了与戴安娜王妃同遭车祸而死的男友法耶兹之父老法耶兹身上。老法耶兹是埃及富商、百万富翁、英国哈格斯百货公司的老板。他与英国政府的关系一向不佳，多次公开提出批评。

据登载名单的美国杂志《行政情报评论》称，该杂志收到了一封不知从什么地方发来的电子邮件，上面列有116个英国特工的人名，于是便在互联网上公布。同时该杂志还在公布的名单末尾注明“未辨明真伪，可能是真，也可能是假”。

当老法耶兹得知军情六处又怀疑到自己身上时，立刻予以否认。由于此次泄密事件事关重大，军情六处最终将不得不自己吞下这颗泄密苦果。

(三)英国军情六处摆乌龙被冒牌塔利班骗走十万美元

2010年11月26日，据香港《星岛日报》报道，英国媒体揭露，军情六处(MI6)摆了一个大乌龙，轻信一名骗子所言，以为他是塔利班高层指挥官，还安排他跟阿富汗总统卡尔扎伊会面，北约官员还和该名假塔利班代表会晤了3次。据悉MI6曾向该名骗徒支付至少10万美元，事件曝光后，MI6尴尬万分。

事件最先由美国《纽约时报》报道，之后英国传媒跟进，揭露骗子轻易骗了 MI6，令 MI6 以为他是塔利班领导层二号人物曼苏尔。而曼苏尔在塔利班的地位仅次于最高领导人奥马尔。据报这名自称是曼苏尔的“冒牌货”，从巴基斯坦边境进入阿富汗，并在北约和阿富汗官员的协助下，与阿富汗官方代表举行了 3 次秘密会谈。此人后来还搭乘北约飞机前往喀布尔，并被安排入总统府与阿富汗总统卡尔扎伊会面。

英军在阿富汗战场上

这名“冒牌货”在会谈时显得愿意谈判，并不坚持要北约部队撤出阿富汗。后来，一名曾与曼苏尔打过交道的西方外交官终于揭穿骗徒面目，并告诉阿富汗政府，这名男子外貌不像曼苏尔本人。

此外，塔利班用网络电话躲避英军情六处的侦察。阿富汗塔利班武装组织利用网络电话 SKYPE 躲避英军情六处的侦察。SKYPE 是时下流行的网络通讯软件，可实现网络与网络、手机及电话之间的免费通话。英国《星期日邮报》网站援引上述消息人士的话报道，塔利班武装人员眼下用它与藏匿在各地的同伙联络，以躲避英军侦察。传统移动通讯信号能够被英国空军侦察机截获，相比之下，网络电话依靠先进、复杂的加密技术，隐蔽性高、难以监控。这名消息人士说：“这项技术的问题是，获取它容易，破解它却相当困难。”英国政府通信总部负责人戴维·佩珀曾告诉下院议员，网络电话正“严重削弱”当局监控通讯系统的能力。英国和美国政府已投入可观资源，研究如何破译 SKYPE 密码。

(四)英国军情六处经费缩水,50多名特工欲跳槽

英国秘密情报局眼下面临遭人“挖墙脚”境遇。2010年10月17日,《澳大利亚人报》报道,迄今已有50多名军情六处特工有意“效劳”澳大利亚秘密情报局。据报道,澳大利亚秘密情报局曾将招聘启事“植入”英国军情六处总部,吸引英国情报人员前往堪培拉任职,出任澳大利亚秘密情报局总部的12个中层管理职务。军情六处不少中层官员对应聘“兴趣强烈”。

一些知情者告诉《澳大利亚人报》记者,澳大利亚秘密情报局这次招聘吸引了众多英国情报人员的眼球,凸显军情六处内部“士气低落”。情报分析师哈维说,他对军情六处出现“智囊流失”并不感到惊讶,“他们有理由(选择)离开”。按照哈维的说法,情报人员不仅薪水受限,而且还时常因虐俘事件而名声受损。此外,受政府财政瘦身影响,军情六处下一个财政年度预算拨款可能不会像过去那样风光。在过去一个财政年度,军情六处所获拨款大增,相比其他机构“阔绰不少”。另外,一些内部人员抱怨军情六处的内部管理架构,职位缩编、退休年龄提前等政策给情报人员留下“有限”的晋升空间。

“跳槽”的英国特工在拥有澳大利亚公民身份的同时可保留英国国籍,另外,还可享受全额养老金及搬家补助。《澳大利亚人报》报道,现阶段,英国初级资历的特工年薪在4.36万美元至7.24万美元之间。澳大利亚工资水平普遍低于英国,但那里的温暖气候和生活质量每年都吸引许多英国人前往定居。近年来,每年约有1.2万名英国人移居澳大利亚。定居澳大利亚的英国移民数十年来翻了一番有余。事实上,军情六处早有向澳大利亚秘密情报局人事调动的历史,每年几乎都有2名至3名英国特工加入澳大利亚秘密情报局。不过,《澳大利亚人报》报道,澳大利亚秘密情报局这次如此大规模地“挖人”还是头一次。

后记

经过一番紧张的写作，书成之后，我们确有如释重负之感。有什么能比完成一本广大读者喜闻乐见的读物更快乐的呢？说实在的，对虽不年轻、但对初学写作者在我们来说，写这样一部长篇确是很吃力的。

我们撰写此书既着眼于这四大间谍机构的过去，更注重间谍机构的现在。冷战结束后，世界的间谍组织不但没有消失，反而又被赋予新的使命。因此，本书更多的是关注冷战后美国、俄罗斯、以色列、英国的间谍情报活动，以让广大读者了解当今世界间谍组织的典型事件和活动。从而认识当今世界形势的复杂性。

值此本书付梓之际，我们还必须表达一下自己的感谢之情。首先，应感谢广大专家学者，没有他们的研究成果和著作，不可能有我们今天的拙作；其次，还要感谢台海出版社的领导和编辑，没有他们的支持和帮助，是不可能有本书面世的。

作　者

2011年3月于北京